Siegfried Lenz

Wasserwelten

Von Meer und Küste, Fluß und Hafen,
Wracks und Tauchern und dem Glück,
einen Fisch zu fangen

Nebst einem Epilog: Kleines Strandgut

Herausgegeben
von Hanjo Kesting

| Hoffmann und Campe |

2. Auflage 2010

www.hoca.de
Typographie und Satz
Farnschläder & Mahlstedt Typografie, Hamburg
Druck und Bindung Druckerei C. H. Beck, Nördlingen
Printed in Germany
ISBN 978-3-455-40048-9

HOFFMANN
UND CAMPE

Ein Unternehmen der
GANSKE VERLAGSGRUPPE

Inhalt

Seit dem Märzmorgen, an dem ich durch das Eis des Lyck-Sees brach, hatte ich eine besondere Beziehung zum Wasser – eine Art dämmerndes Heimweh verbindet mich mit ihm, ein sanfter neurotischer Eros beginnt wirksam zu werden, sobald ich unter die Oberfläche tauche; es gab schon Augenblicke, da hielt ich mich für einen masurischen, rundköpfigen Bruder Undines.

»Ich zum Beispiel«, 1966

Vorwort von Hanjo Kesting

Undines Bruder
Die Wasserwelten des Siegfried Lenz

Von früh auf fühlte er sich vom Wasser angezogen, von früh auf war er mit dem Wasser vertraut. Den Lyck-See in Masuren befuhr er als Junge mit dem Boot und dem Binsenfloß, dort lernte er, bevor er lesen lernte, das Schwimmen, Tauchen und Fischen, dort genoß er die Schönheit der Fische, die Verheißungen des Horizonts, die Märchenwelt reglos gespiegelter Kindheit. Dem See bot er seine zarte Freundschaft an, die auch nicht erschüttert wurde, als er an einem Märzmorgen durch das mürbe Eis brach und nur mit Mühe gerettet wurde. Das Unglück nahm er als eine Vertraulichkeit, es befestigte nur sein Verhältnis zum See und zum Wasser.

Früh war bei Siegfried Lenz die Ahnung da, daß er sich auf dem Wasser würde bestätigen müssen: »Ich sah mich als Boot, durchschnitt mit meinem Bug die Wellen, und die einzige Spur, die ich zurückließ, war die schaumige, sacht sterbende Linie des Kielwassers.« So steht es in dem einzigen autobiographischen Text, den wir von Lenz kennen und der mit »Ich zum Beispiel« überschrieben ist. Weiter heißt es da: »In trüber Voraussicht erkannte ich, daß ich meine Höchstleistung auf dem Wasser vollbringen würde.« Noch mit achtzehn, als er sich zur Marine meldete, hielt er sich für einen Favoriten des Wassers, des Meeres, für einen »ausgemachten Günstling der einflußreichen Wassergeister«.

War es nur ein Kindheits- und Jugendtraum? Auch als Schriftsteller ist Siegfried Lenz vom Wasser nicht losgekommen. Das Wasser ist in seinen Romanen und Erzählungen allgegenwärtig, in allen Erscheinungsformen durchzieht es sein Werk: als Meer, als Fluß, als See, als Hafen. Ebbe und Flut bestimmen seinen Rhythmus, Inseln, Küsten, Fjorde, große und kleine Schiffe bilden seine Schauplätze. Sein Personal besteht zu großen Teilen aus Menschen, die am Wasser und vom Wasser leben: Fischer, Angler, Taucher, Matrosen, Hafenarbeiter, Schauerleute. Wenn der Autor der Erzählung »Der Mensch auf dem Meeresboden« einmal verwundert konstatiert, daß sich die meisten Menschen mit dem knappen Drittel Festland auf unserer Erde begnügen, dann gilt diese Feststellung zweifellos nicht für ihn selbst. Siegfried Lenz fühlt sich unwiderstehlich von der weitaus größeren Wasserfläche angezogen, die den Globus bedeckt. Seine Bücher sind ohne das Wasser nicht denkbar. Und wie alle Wasserläufe der Welt zuletzt ins Meer einmünden, so führt auch der Strom von Siegfried Lenz' Erzählen am Ende unfehlbar zum Wasser, als folge es einem verborgenen Gesetz.

Als ich ihn kennenlernte, vor nunmehr fünfunddreißig Jahren, um ein erstes Gespräch für den Rundfunk mit ihm aufzunehmen, fielen mir zunächst seine Augen auf, Augen von einer tiefen, ungewöhnlichen Bläue, die ihr Gegenüber – so kam es mir vor – nicht fest fixierten und klar ins Auge faßten, sondern in denen etwas Weiches, Verschwimmendes, Flutendes war, fast möchte ich sagen, etwas von der Farbe und der Bewegung des Meeres. Unwillkürlich fiel mir beim Blick in diese Augen die Beschreibung ein, die Sophia Hawthorne, die Frau des berühmten Schriftstellers, von Melville gegeben hat, nachdem dieser zu einem nachbarschaftlichen Besuch nach Lenox gekommen war. Sie rühmt das Wahrnehmungsvermögen seiner nicht sehr großen Augen und fährt dann fort: »Manchmal weicht seine Lebhaftigkeit einem außergewöhnlich stillen Ausdruck in diesen Augen, ein zurückgenommener, verschwommener Blick, der dir gleichzeitig das Gefühl gibt, daß er in diesem Augenblick auf das genaueste wahrnimmt, was vor ihm ist. Es ist ein merkwürdiger, träger Blick, von dem aber eine ganz einmalige Kraft ausgeht. Er scheint dich nicht zu durchdringen, sondern dich in sich aufzunehmen.«

Bei jeder späteren Begegnung mit Siegfried Lenz hat sich dieser Eindruck erneuert, sogar noch über die Bilder des Fernsehschirmes, als bei der Feier seines achtzigsten Geburtstags die Kameras für einige Sekunden auf seinem Gesicht verweilten. Die Vermutung war nicht abzuweisen, dieser Schriftsteller besitze eine besondere Beziehung zum feuchten Element. Tatsächlich ist er, wie vor ihm Melville, aber auch Conrad und Hemingway, ein Schriftsteller des Wassers und des Meeres. Es sind aber nicht die fernen Gewässer der Südsee oder der Karibik, zu denen er sich hinträumt, sondern die heimatlichen Gewässer, die er aus eigener Erfahrung kennt: Nordsee und Ostsee, das Wattenmeer, die nord- und ostfriesischen Inseln, die Seen Dänemarks und Schleswig-Holsteins, die Elbe, der Hamburger Hafen. Die Seekarte des Lenzschen Werkes zeigt eine vertraute Topographie. Das gilt für frühe Erzählungen wie »Das Wrack« und »Die Flut war pünktlich«, die auf der Elbe bzw. am Wattenmeer spielen, und für die Erzählung »Das Feuerschiff«, die ein festliegendes Schiff an der Küste der Ostsee zum Schauplatz hat. Es gilt nicht weniger für den großen Roman *Deutschstunde* mit seinen wechselnden Schauplätzen: hier das Dorf Rugbüll am nordfriesischen Wattenmeer, wo der Maler Max Ludwig Nansen seine verbotenen Bilder malt, dort die Elbinsel mit der Jugendstrafanstalt, wo der Erzähler Siggi Jepsen seine Geschichte zu Papier bringt: »… schau ich zum Fenster hinaus, fließt da durch mein weiches Spiegelbild die Elbe; mach ich die Augen zu, hört sie nicht auf zu fließen, ganz bedeckt mit bläulich schimmerndem Treibeis.«

Nicht denkbar ist der frühe Roman *Der Mann im Strom* ohne den Hamburger Hafen und die Präsenz des großen Flusses, der bereits mit den ersten Sätzen ins Bild kommt. In der Erzählung »Einstein überquert die Elbe bei Hamburg« wiederum, einem in nur drei Sätzen erzählten novellistischen Glanzstück, gewinnt der Fluß in aller Genauigkeit des realistischen Details ein quasi surrealistisches Ansehen, als gerieten Zeit und Ort durch den unwirklichen Fahrgast an Bord der Fähre für einen Augenblick aus den Fugen.

Eine andere Erzählung, zwölf Jahre früher entstanden,

heißt »Stimmungen der See« und handelt von dem Versuch einer Ostseeüberquerung in einem kleinen Fischkutter. Erzählt wird die – einigermaßen zeittypische – Geschichte einer Flucht aus dem Dritten Reich. Doch im Verlauf der Erzählung verlieren die Personen allmählich an Bedeutung neben dem eigentlichen Protagonisten der Geschichte, dem wandelbaren, launischen, übermächtigen Meer, das sein Gesicht innerhalb weniger Stunden unaufhörlich verändert und das Gesetz des Handelns bestimmt.

Lenz' Schilderung ist von einer intensiven Genauigkeit, die seine intime Vertrautheit mit den maritimen Vorgängen belegt. Er kennt die »Stimmungen der See«, die wechselnden Farben des Wassers, die unberechenbaren Strömungen, die Launen des Windes, die Wolkenbildungen, die Bewegungen des Bootes, das auf den Wellenkämmen reitet, torkelt, trudelt oder schwojt. Jederzeit ist spürbar, daß der Autor sich nicht nur kurzfristig »kundig gemacht« hat – so wie man sich für einen bestimmten Zweck gewisse, genau umgrenzte Kenntnisse aneignet –, Siegfried Lenz kennt sich tatsächlich aus. Er kennt die Küsten und Inseln, Flüsse und Seen Norddeutschlands, die Gewohnheiten der Bewohner, ihre scheinbar nüchterne Wesensart, ihre Einsilbigkeit und Kurzangebundenheit, ihre schwere, oft mühselige Arbeit, aber auch die Eigenarten der nautischen Berufe: Typen und Formen von Schiffen und Booten, die Handgriffe der Seeleute, ihre Sprache und Fachausdrücke, das besondere Vokabular, das ihre Redeweise prägt. Solche Kenntnis erwirbt sich nicht von heute auf morgen, sie setzt lange Beschäftigung aus Neigung und innerer Affinität voraus.

Siegfried Lenz hat sich einmal einen »Bruder Undines« genannt, aber man könnte ihn auch einen Nachfahren von Odysseus, Robinson und Ahab nennen, von Figuren also, die schon früh seine Phantasie besetzt hielten. Wie sie suchen die Helden seiner Bücher den Kampf, das Abenteuer, die Möglichkeit der Bewährung. Doch bleibt ihnen die Erfahrung des Scheiterns und der Niederlage nicht erspart, auch wenn sie durch Geduld und Ausdauer verzögert wird. Schon in dem frühen Roman *Duell mit dem Schatten* erklärt der Protagonist: »Am Aushalten ... erkennt man den Grad der Mündigkeit. Aushalten, das heißt, dem Gleichmut der Welt seinen eigenen Gleichmut entgegensetzen.«

Der Satz ist ein Schlüsselsatz für Lenz, eine Konfession des Schriftstellers, der lebenslang geschrieben und »ausgehalten« hat: den Gleichmut der Welt und ihre Widerstände. Wenn zur Vollendung eines Schriftstellers, mit Goethe gesprochen, die Fülle gehört, die Stetigkeit in verschiedenen Lebensphasen, dann gibt es dafür in unserer Literatur kein besseres Beispiel als Siegfried Lenz. In über fünfzig Jahren hat er ein Werk von erstaunlichem Umfang hervorgebracht: vierzehn Romane, über hundert Erzählungen, Theaterstücke, Essays, Reden, Rezensionen, daneben die vielen Forderungen des Tages, denen er sich nicht entzogen hat, ohne der Gefahr zu erliegen, zum »Oberkellner der Aktualität« zu werden.

Das auffälligste Merkmal dieses Schriftstellers ist Stetigkeit, Stetigkeit in jeder Hinsicht und in allen Lebenslagen: in seinem persönlichen Leben, in seiner Beziehung zu bestimmten Orten, im Verhältnis zu seinem Verlag, in seinen literarischen Themen, seiner Technik, seiner epischen Geduld. »Ich habe früh festgestellt«, hat er in einem Gespräch gesagt, »daß, wenn man schreibend leben möchte, Sitzfleisch dazu gehört, nicht nur Inspiration, sondern Sitzfleisch, Starrsinn, Ausdauer.«

Blicken wir einen Augenblick zurück. Lenz' Debütroman *Es waren Habichte in der Luft*, der 1951 erschien, handelte von Schrecken und Entscheidungsnot, von der Möglichkeit richtigen und falschen Handelns. Der Roman war durch Thema, Sprache und Form typisch für die frühe Nachkriegszeit. Der Autor zeigte, daß er seine Lektion gelernt hatte – die geschichtliche Lektion eines jungen Deutschen, der im masurischen Ostpreußen geboren worden war und die Heimat seiner Kindheit und Jugend unwiederbringlich verloren wußte. Der als Siebzehnjähriger in den Hitler-Krieg zog und durch ihn seiner Illusionen (wenn er denn welche gehabt hatte) beraubt und um einige schmerzhafte Erfahrungen bereichert wurde. Davon hat Siegfried Lenz in der autobiographischen Skizze »Ich zum Beispiel«, später auch in der Erzählung »Ein Kriegsende« berichtet. Den Satz von André Gide: »Ich baue nur noch auf die Deserteure«, hat er beherzigt, sein Gewehr weggeworfen und sich durchgeschlagen von Versteck zu Versteck in den dänischen Wäldern. Er war neunzehn, als Krieg und Naziherrschaft zu Ende waren, er begann zu schreiben, als die Bundesrepublik gegründet wurde, und er war bereits einer ihrer bekanntesten Schriftsteller, als sie im Wirtschaftswunder blühte und mit ihrer Vorgeschichte allzu schnell fertig zu werden schien.

Dieser Erfahrung, diesem Thema ist Siegfried Lenz niemals entkommen. Vor allem seine beiden dem Umfang nach größten Romane sind davon bestimmt: *Deutschstunde* und *Heimatmuseum*, erschienen 1968 und 1978. Diese Bücher stellen so etwas wie epischen Geschichtsunterricht dar, ohne in dieser Kennzeichnung völlig aufzugehen. Nicht zufällig hat Marcel Reich-Ranicki mit Blick auf die beiden Romane Thomas Mann zitiert: »Nicht deutscher kann's zugehen, als wo Deutsches mit Deutschem gezüchtigt wird.«

Trotz dieser Romane ist Lenz seinem Wesen nach ein Geschichtenerzähler. Die Welt liefert ihm unaufhörlich Stoff für Geschichten. Stoff zugleich für die alte Schriftstellerhoffnung, die Welt durch Geschichten wenn nicht begreifbarer, so doch überschaubarer zu machen. Lenz war ein Wegbereiter der Short story in der jungen Bundesrepublik, neben Weyrauch und Schnurre, Borchert und Böll – er ist heute ihr letzter großer Vertreter in seiner Generation. Die Kurzgeschichte war nach dem Zweiten Weltkrieg kein literarisches Genre unter anderen, sie war gleichsam Programm. Knapp dem Umfang nach, klar im Umriß, nüchtern in der Thematik, glänzte sie durch eine Eigenschaft, die Alfred Polgar einst an Hemingway rühmte: kein Gramm Literaturfett. Man denke an eine Erzählung wie »Das Wrack« von 1952, die den Autor der *49 Stories* – Lenz selbst hat darauf hingewiesen – als literarisches Vorbild unverkennbar durchscheinen läßt. Noch deutlicher sind die Verbindungen zu der im selben Jahr erschienenen berühmten Erzählung »Der alte Mann und das Meer«. Doch hat Lenz sich von Hemingways Feier der Tat, den »Momenten gewaltsamer Erprobung«, allmählich gelöst, um auch die Vor- und Nachgeschichten zu untersuchen und dem notorischen Scheitern die »Vision der Ausdauer« entgegenzusetzen.

Bei Lenz findet man keine zornige Anklage gegen die Gesellschaft (was nicht mit Gleichgültigkeit und Apathie zu verwechseln ist), aber auch keinen verzückten Gebrauch der eigenen Kunstmittel (obwohl er ein Meister des Metiers ist und jüngere Autoren viel von ihm lernen können). Man könnte sagen, daß er erzählt, wie er fischt, doch gilt auch die Umkehrung: Wenn er über die »Kunst, einen Fisch zu fangen« berichtet, erfahren wir gleichzeitig viel über das Handwerk des Schreibens: »Vorbereitung ist alles, und diese Vorbereitung beginnt, wenn die innere Einstellung zur Beute nichts mehr zu wünschen übrigläßt – mit dem Angelgeschirr, mit seiner kunstvollen, bedächtigen Auswahl und Zusammenstellung.« Kennzeichnend für diesen Schriftsteller ist eine epische Behutsamkeit, die ihm den Ruf eingetragen hat, ein Traditionalist zu sein, ein altmodischer Erzähler fast im Sinn des neunzehnten Jahrhunderts. Tatsächlich begegnet in seiner besten Prosa der sensitive Reichtum der russischen Novellisten dem Lakonismus der Angelsachsen.

Das ist nicht als Einwand zu verstehen. Und ist auch

von den Millionen Lesern, die Siegfried Lenz gefunden hat, nicht als Einwand verstanden worden. Obwohl dieser Autor die Welt keineswegs vernunftgemäß eingerichtet findet, will er doch bessern und erleuchten, will *aufklären*. Beides wird ihm zuweilen angekreidet, wie auch die Haltung des Epikers, die Welt und die Menschen lieber zu verstehen als zu verurteilen. Vor vierzig Jahren hat er, der von literarischen Theorien wenig hält, sein episches Programm formuliert: den Wunsch, wie er damals sagte, einen »wirkungsvollen Pakt mit dem Leser« zu schließen. Da Lenz nie dazu neigte, den Mund voll zu nehmen, brauchte er später wenig zurückzunehmen. Das hat ihn auch davor bewahrt, die politischen Möglichkeiten des Schriftstellers zu überschätzen.

Von der Literatur hat er gesagt, sie sei eine »Wieder-Erfindung der Welt«. Die Formel verblüfft durch ihre Einfachheit, was ihre Gültigkeit nicht einschränkt. Bei dem Versuch, die Welt durch Geschichten zu verstehen, mag die Erfahrung des Scheiterns am Ende stehen, doch ist sie nicht gleichbedeutend mit Resignation. Vielleicht liegt es daran, daß Lenz sich immer wieder, vor allem in seinen Rundfunkarbeiten, mit dem Hamburger Hafen und, als Hinterlassenschaft des Krieges, den »Wracks von Hamburg« beschäftigt hat, die ihn auf eine düstere Weise faszinierten: von dem frühen Hörstück »Die Nacht des Tauchers« (das dem Roman *Der Mann im Strom* um einige Jahre vorausging) bis hin zu dem späten Dialog »Die Bergung«. Das Wrack in seiner doppelten Bedeutung: als Zeichen des Scheiterns, aber auch als Aufforderung zur

Bergung, mithin zum Neubeginn, gehört zu den bestimmenden Leitmotiven von Lenz. So wie die Hauptfiguren dieser Texte Taucher sind, so reiht sich der Autor ein in die Garde jener »Gedanken-Taucher«, die, wie Melville schrieb, »zum Grund der Dinge hinabtauchen und mit blutunterlaufenen Augen wieder in die Höhe kommen«.

»Ich brauche Geschichten, um die Welt zu verstehen«, hat Siegfried Lenz gesagt. Auch seine Wasserwelten sind reich an Geschichten, die meist nur beiläufige Anstöße brauchen und an scheinbar geringfügige Ursachen anknüpfen. Da reicht ein Weg durch den Hafen aus, um auf Geheimnisse zu stoßen, die in Geschichten verborgen liegen, und ein Spaziergang am Meeresufer genügt, um dem aufgesammelten Strandgut neue Geschichten abzulesen. Wie geht das zu? Man rührt mit der Frage an das Geheimnis der Kreativität. Der Maler Max Ludwig Nansen drückt es in der *Deutschstunde* mit den Worten aus: »Man beginnt zu sehen, wenn man aufhört, den Betrachter zu spielen, und sich das, was man braucht, erfindet: diesen Baum, diese Welle, diesen Strand.«

Hanjo Kesting, April 2007

Meer und Küste

… das gleiche Bild sehen wir selbst in allen Flüssen und Meeren. Es ist das Bild vom unfaßbaren Phantom des Lebens, und das ist der Schlüssel zum Ganzen.

Herman Melville, *Moby Dick*

≈

Also hier, wo Hilke und ich unseren Butt peddeten, soll es entstanden sein: Leben und all das; haben Sie so was schon mal gehört? Hier aus dem Watt, aus der schlammgrauen oder tonfarbenen Einöde, die von Prielen durchschnitten, von flachen Tümpeln durchsetzt war, soll sich nach Per Arne Scheßel, dem Schriftsteller und Heimatforscher, der Aufbruch vollzogen haben: wer atmen konnte und all das, erhob sich eines Tages vom Meeresboden, wanderte über den amphibischen Gürtel an den Strand, wusch sich den Schlamm ab, entfachte ein Feuer und kochte Kaffee. Mein Großvater schrieb das, dieser Einsiedlerkrebs.

Jedenfalls, wir waren draußen im Watt, um unsern Butt zu pedden, zogen über den glitschigen Meeresboden weit vor der Halbinsel, Hilke immer voran. Mit uns fischten die Seevögel. Hilke hatte ihr Kleid hochgezogen und vor dem Bauch gerafft, ihre Beine waren mit Mudd bedeckt bis zu den Kniekehlen, der Rand ihres Schlüpfers war schwarz vor Nässe. Die Seevögel fischten, indem sie ihre geöffneten Schnäbel durch das Wasser der Tümpel zogen, klappten, schmatzten. Die scharf eingeschnittenen Rinnen der Priele, ihre Verästelungen zur offenen See hin: wenn das Meer zurückwich, ließ es sich hier gut fischen. Wir nahmen uns meist bei der Hand, traten in einen grauen Tümpel oder an den Rand eines flachen Priels und ließen uns einfach einsinken in den Schlamm, fühlten, tasteten mit den Zehen, zogen unsere Beine, einander stützend, heraus und arbeiteten uns systematisch weiter durch Schlick und Schlamm, immer gespannt und darauf gefaßt, daß sich unter der Fußsohle etwas krümmte; es schlug, es zappelte und bog sich, sobald wir einen Flachfisch aufgespürt hatten, eine Scholle, einen Butt, sehr selten eine Seezunge, und Hilke schrie und quietschte jedesmal, wenn sie den Fisch entdeckt hatte und festtrat: ich kenne keinen, der so ausdauernd Butt pedden konnte wie meine Schwester Hilke. Obwohl sie sehr kitzlig war, sich jedesmal schreckhaft aufbäumte und quietschte, ließ sie kaum einen Flachfisch entkommen, sie hielt ihn so lange unter dem Fuß, bis ich ihn gepackt und hervorgezogen hatte.

Manchmal sackte sie bis zu den Schenkeln ein, dann riß sie ihr Kleid bis zur Brust hoch. Manchmal glitschte sie über eine flache Tonschicht wie über Eis. Es machte ihr Spaß, wenn es im kühlen Mudd gluckste und sabbschte, wenn Blasen platzten, wenn sie weich und stetig einsank in den Grund. Nie vergaß sie, die Strömung in den Prielen zu beobachten. Wenn der wellig geriffelte Grund des Watts härter wurde, hüpfte sie auf einem Bein und landete jedesmal auf einem der schnurförmigen Kotkringel der Sandwürmer. Sie fing Muschelkrebse, Scherenasseln und Borstenwürmer, beobachtete sie eine Weile in der offenen Hand und setzte sie ins Wasser zurück. Sie sammelte leere Wellhornschnecken, warf die Gehäuse in ihren Schlüpfer; der Gummizug am Schenkel verhinderte, daß sie sie verlor. Das alles gehört unbedingt zur Szene.

Deutschstunde, 1968

≈

Eine seltsame Wasserwelt liegt zwischen der Küste und den Inseln, das Watt, vom Hochwasser überflutet, von der Ebbe weithin freigegeben. Priele und Rinnen durchziehen das Schwemmland in Schlingen und Windungen, durch die der Ebbstrom zurückfließt ins Meer. Kleine und schmale Rinnsale sind es zuerst, die in ständig wechselnden, mäanderartigen Mustern das hohe Watt zeichnen und sich in die Wattströme ergießen. Mit größter Wucht reißt die gewaltige Strömung dann die Wassermassen durch die Seegatts zwischen den einzelnen Inselleibern hinaus in die offene See.

Wenn zur Flutzeit alles mit Wasser bedeckt ist, ahnt der Unkundige nicht, warum das Gebiet für die Schiffahrt solche heimtückischen Schwierigkeiten hat. Darum stecken auch längs der Priele, der tiefen Rinnen, die Birkenstämmchen, Pricken genannt, die den Schiffahrtsweg quer durchs Watt anzeigen, und Baken und Tonnen bezeichnen ja überall Tiefen und Untiefen.

Eine neue Welt offenbart sich dem Wattwanderer. Offen liegt bei Ebbe der Boden, in schönen Mustern geriffelt und gerippelt, in Schlick und Sand stehengebliebene Wellenformen. Wie bei einem Festlandfluß gibt es auch auf dem Meeresboden den Prallhang, wo in der Prielschlinge der Strom auf das Ufer prallt und seinen »Steilhang« zerstört. Er bewirkt gleichzeitig auf der Innenseite, auf dem sanfteren Gleithang, das Ablagern von weiterem Schlick, der schon manchem Ungeübten zur großen Mühsal wurde. Das Ganze ist ein ähnlicher Vorgang, wie er an den Kanten der Inseln zu beobachten ist, nur wesentlich schneller, weicher, geräuschloser, aber nicht minder gefährlich.

Im Schlick und Sand des Wattenmeeres lebt eine eigene Tierwelt, die sich während der Ebbezeit in ihren nassen Wohnungen, in Röhren und Trichtern, verbirgt. Muscheln, Würmer, Krebse vergraben sich tief im Sand. Denn sie wissen, daß sie jetzt den nahrungsuchenden Vögeln frei ausgesetzt sind. Silbermöwen gehen auf Jagd, Austernfischer, Seeschwalben, Brandenten.

Wo die Möwen schreien ..., 1976

≈

Dann die Trübnis des Wattenmeers, niedrige Wolken im Westen, stoßartiger Wind, der die Priele krauste und die Tümpel, und der das Gefieder der Seevögel sträubte, das ferne Motorengeräusch eines einzelnen Flugzeugs, der sandige Schimmer der Halbinsel, die Höhe des Deichs – noch sicherer, noch unbezwinglicher vom Watt her – und weit hinten auf der Düne die Hütte des Malers.

Ich trug den Korb mit den Fischen. Ich folgte Hilke durch das Watt, warf nach fischenden Seevögeln, versuchte, wie sie, auf einem Bein zu hüpfen. Ich zertrat gelbliche Schaumhügel, die der Wind zusammengeweht hatte. Die Fische zappelten im Korb und klappten beim Atmen ihre Kiemendeckel ab. Mehrmals forderte Hilke mich auf, ihr mit dem strömenden Wasser eines Priels die Beine abzuwaschen, über die sich muddrige Fäden zogen; sie stützte sich dabei auf meinen Rücken. Die Schneckenhäuser in ihrem Schlüpfer stießen gegeneinander, es klang wie eine Klapper. Ich setzte meinen Fuß auf winzige Erhebungen und ließ den Schlamm durch die Zehen quellen. Der rotblaue Ring auf Hilkes Schenkeln stammte aus Gummizug, er sah quaddlig aus, man mußte an einen Kranz von Insektenstichen denken. Der Wind warf ihr Haar hin und her, manchmal war ihr Gesicht ganz verdeckt.

Deutschstunde, 1968

≈

In jedem Jahrhundert sieht eine Karte von Schleswig-Holsteins Westküste anders aus. Die großen Buchten, die Halbinseln haben ihre Umrisse verändert, Inseln wurden vom Festland losgerissen, wurden geteilt und überströmt von der See. Dafür sind neue Landstriche gewonnen worden, wo einst Meer und Watt mit salzigen Fluten ihre Herrschaft ausübten. Das ist wohl der auffallendste Unterschied zur fördenreichen Ostseeküste: das Wattenmeer, das sich ausgesprochen verkehrsfeindlich auswirkt und keine größeren Häfen zuläßt.

Der Anschauungsunterricht über die Wirkungen von Ebbe und Flut, die Eigenarten des Watts und der Neulandgewinnung sind hier ebenso deutlich wie vor der Küste von Ostfriesland. Reist man im Westen Schleswig-Holsteins nordwärts, so zieht sich am Rande der Geest ein Dünenwall, hier Donn genannt, von Süd nach Nord, von Heide und Ginster bewachsen, und ist ein Aussichtsweg von wunderbarer Weite. Was davor liegt, ist gewissermaßen Neuland, dem Meere abgerungen in jahrhundertelanger Arbeit. Marschhöfe liegen auf ihrer Warft, beschattet von Silberpappeln und Eschen. Schräg stehen die Bäume vom ewigen Westwind. Aber umgeben sind sie von Feldern, die hinter den See- und Flußdeichen wohlgeschützt seit langem gute Ernten bringen. An vielen Stellen sieht man Deiche weit entfernt von dem heutigen Küstensaum die Marsch durchziehen, ein Zeichen dafür, wie die Landgewinnung vorgerückt ist.

Aus der Luft sind die neuen Köge besonders gut zu erkennen, die grauen Schlickmassen, die sich hinter den Lahnungen fangen, wo der Queller schon Fuß gefaßt hat, diese merkwürdige Salzwasserpflanze, die in ihren vielen Armen Sickerstoffe, Sand und Lehm auffängt und damit die Verlandung einleitet; das erste Weideland vor dem Sommerdeich, wo man schon Schafe grasen läßt, hinter dem Deich Marschwiesen für Rinder und schließlich die üppigen Felder mit Korn und Kohl.

Aber auch von ganz eindeutig umgekehrter Entwicklung weiß man. Zum Beispiel Büsum, das kleine Seebad, der Fischereihafen, lag einst am Nordende einer Insel. Sie wurde von Süden immer mehr von der See verschlungen, gleichzeitig wurde vom Festland her Land gewonnen, so daß Kirche und Ort schließlich am südlichsten Punkt der Halbinsel Norderdithmarschen einen neuen Geschichtsabschnitt erleben, also auf dem Festland.

Wo die Möwen schreien ..., 1976

≈

Unmittelbar neben dem Pfad zog sich eine Flutlinie von Seetang, verdorrtem Pfeilgras und Geröll hin, und parallel zu ihr liefen andere, ältere Linien: jede große Flut hatte so ihre Markierung hinterlassen, ihren Erinnerungsstreifen, der von der winterlichen Kraft der See zeugte oder von ihrem winterlichen Grimm. Jede Flut hatte etwas anderes erbeutet, eine hatte weißgewaschenes Wurzelwerk aufs Land geschleudert, eine andere Korkstücke und einen zerschlagenen Kaninchenstall, da lagen Tangknollen und Muscheln und zerrissene Netze und jodfarbene Gewächse, die wie groteske Schleppen aussahen, und meine Schwester und der Akkordeonspieler gingen an allem vorbei zur Halbinsel. Sie stiegen nicht hinauf zum Gasthaus »Wattblick«, sie gingen auf der Seeseite vorbei, Hand in Hand jetzt, von sprühender Gischt getroffen, mit brennenden Gesichtern. Draußen, wo die Halbinsel flach in die Nordsee stach, waren die schafwolligen Schaumkronen der Strandwellen zu sehen, die aus schwarzer Weite anliefen und sich im seichten Grund zerschlugen, wie ein Lauffeuer schäumten sie heran, bergauf und bergab, begleitet von einem unablässigen Summton.

Die Halbinsel stand in der See wie ein scharfer Schiffsbug, sie stieg nur langsam an zu einem gefalteten Dünenbuckel, der baumlos war, mit hartem Strandhafer bedeckt. Dort nisteten die Möwen. Dort bauten sie ihre kümmerlichen Nester in jedem Frühjahr; zwischen der Hütte des Vogelwarts und der Hütte des Malers, die frei am Fuß einer Düne lag und ein niedriges, aber sehr breites Fenster zum Meer hin hatte.

Deutschstunde, 1968

≈

Den tiefsten Einschnitt bildet die Eider-Treene-Mündung. Hier war es, wo der Schiffahrtsweg von Haithabu begann – oder endete, der zu Wikingerzeiten die Frachten in die Schlei und damit in die Ostsee beförderte. Später wurde von Herzog Friedrich III. Friedrichstadt gegründet als Konkurrenzunternehmen zu dem königlich-dänischen Glückstadt an der Unterelbe. Glückstadt sollte eigentlich Hamburg überflügeln, was ihm nicht gelang. Und Friedrichstadt wurde nicht ein Welthafen, sondern ein freundliches Städtchen, geeignet für den Umschlag ländlicher Erzeugnisse aus der Umgebung.

Noch etwas weiter nördlich: Husum ist durch seine Lage dazu bestimmt, den Verkehr zu den Halligen und den Inseln zu übernehmen. Es hat zeitweise auch den Handel nach Schleswig hinüber besorgt. Im großen und ganzen aber ist es jetzt der Markt für die umliegenden Gräsermarschen. Tausende von Mastochsen wechseln dort alljährlich ihren Besitzer. Im Frühjahr bringen die Geestbauern ihr Magervieh zum Verkauf an die Marschbauern, die es im Laufe des Sommers heranmästen und dann der Fleischindustrie zuführen.

Erstaunlich ist doch, wie man im vorigen Jahrhundert zum Beispiel von der »grauen Stadt am Meer« sprach, während die Künstler unserer Zeit, allen voran Emil Nolde aus Seebüll im äußersten Norden Schleswig-Holsteins, wahrhafte Farbensymphonien in dieser Landschaft sahen.

Sicher ist beides da, regenverhangene graue Tage und trostlose Wochen, die das Gemüt verzagt machen. Aber auch das andere stimmt: flammenprangende Wolkenberge türmen sich über dem Meer, über der Marsch, die golden erglüht. Die See rollt heran mit schäumenden Wellen, Abendsonne verfärbt das Blau zu flüssigem Rot, bis die Sonne herabtaucht in den unendlichen, verblassenden Ozean. Auch über den Gärten flutet das gleiche Licht, das der Seewind und die Feuchte zum Strahlen bringt. Die Blumen strotzen vor Kraft, ihre Farben brennen in intensivem Glanz, der Erdboden, dunkelbraun, verströmt seinen gesunden Duft, den man zu riechen meint, wenn man ein solches Bild betrachtet. Das sind die Themen, mit denen sich ein Maler, der verfemt war und nicht malen und ausstellen durfte, über diese Zeit hinweghalf – mit der Natur verbunden und durch sie gehalten. Seine Aquarelle, die er seine ungemalten Bilder nannte, oft nur postkartengroß, sind Skizzen seiner Schöpferkraft. »Der große Gärtner« heißt eines seiner späten Bilder. Gottes Geist schwebt über den Blumen der Erde, berührt sie mit sorgender Hand. Hoffnung regt sich, daß nach dem Grauen neues Blühen verheißen wird.

Und jeder weiß um die Geschichte der Halligen, der Nordfriesischen Inseln überhaupt, daß sie vor Jahrhunderten abgerissen sind vom Festland, daß vielleicht sogar ein viel größeres Land versunken ist, zu dem unsere Inseln und Helgoland und vielleicht auch Großbritannien gehörten, die allein noch aus dem Meer aufragen – wobei an vielen Stellen das Wort »ragen« keinesfalls angebracht erscheint.

Und die Tatsache, daß diese Inseln Land sind, zum Land gehören und nur zeitweilig Inseln sind, hat mich vor einigen Jahren zu einer Geschichte veranlaßt:

Die Frau, die ihren Mann unwiderruflich haßt, wird ihn eines Tages dadurch los, daß sie ihn, einen eifrigen Wattgänger, ins Watt hinausschickt mit einer zurückgestellten Uhr.

Wo die Möwen schreien ..., 1976

≈

Die Flut ist pünktlich

Zuerst sah er ihren Mann. Er sah ihn allein heraustreten aus dem flachen, schilfgedeckten Haus hinter dem Deich, den Riesen mit dem traurigen Gesicht, der wieder seine hohen Wasserstiefel trug und die schwere Joppe mit dem Pelzkragen. Er beobachtete vom Fenster aus, wie ihr Mann den Pelzkragen hochschlug, gebeugt hinaufstieg auf den Deich und oben im Wind stehenblieb und über das leere und ruhige Watt blickte, bis zum Horizont, wo die Hallig lag, ein schwacher Hügel hinter der schweigenden Einöde des Watts. Und während er noch hinüberblickte zur Hallig, stieg er den Deich hinab zur andern Seite, verschwand einen Augenblick hinter der grünen Böschung und tauchte wieder unten neben der tangbewachsenen eisernen Spundwand auf, die sie weit hinausgebaut und mit einem Steinhaufen an der Spitze gesichert hatten. Der Mann ging in die Hocke, rutschte das schräge Steinufer hinab und landete auf dem weichen, grauen Wattboden, der geriffelt war von zurückweichendem Wasser, durchzogen von den scharfen Spuren der Schlickwürmer; und jetzt schritt er über den weichen Wattboden, über das Land, das dem Meer gehörte; schritt an einem unbewegten Priel entlang, einem schwarzen Wasserarm, der wie zur Erinnerung für die Flut dalag, nach sechs Stunden wieder zurückzukehren und ihn aufzunehmen mit steigender Strömung. Er schritt durch den Geruch von Tang und Fäulnis, hinter Seevögeln her, die knapp zu den Prielen abwinkelten und suchend und schnell pickend voraustrippelten; immer weiter entfernte er sich vom Ufer, in Richtung auf die Hallig unter dem Horizont, wurde kleiner, wie an jedem Tag, wenn er seinen Wattgang zur Hallig machte, allein, ohne seine Frau. Zuletzt war er nur noch ein wandernder Punkt in der dunklen Ebene des Watts, unter dem großen und grauen Himmel hier oben: er hatte Zeit bis zur Flut …

Und jetzt sah er von seinem Fenster aus die Frau. Sie trug einen langen Schal und Schuhe mit hohen Absätzen; sie kam unter dem Deich auf das Haus zu, in dem er wartete, und sie winkte zu seinem Fenster hinauf. Dann hörte er sie auf der Treppe, hörte, wie sie die Tür öffnete, zögernd von hinten näher kam, und jetzt wandte er sich um und sah sie an.

»Tom«, sagte sie, »oh, Tom«, und sie versuchte dabei zu lächeln und ging mit erhobenen Armen auf ihn zu.

»Warum hast du ihn nicht begleitet?« fragte er.

Sie ließ die Arme sinken und schwieg; und er fragte wieder: »Warum bist du mit deinem Mann nicht rübergegangen zur Hallig? Du wolltest einmal mit ihm rübergehen. Du hattest es mir versprochen.«

»Ich konnte nicht«, sagte sie. »Ich habe es versucht, aber ich konnte es nicht.«

Er blickte zu dem Punkt in der Verlorenheit des Watts, die Hände am Fensterkreuz, die Knie gegen die Mauer gedrückt, und er spürte den Wind am Fenster vorbeiziehen und wartete. Er merkte, wie die Frau sich hinter ihm in den alten Korbstuhl setzte, es knisterte leicht, ruckte und knisterte, dann war sie still, nicht einmal ihr Atem war zu hören.

Plötzlich drehte er sich um, blieb am Fenster stehen und beobachtete sie; starrte auf das braune Haar, das vom Wind versträhnt war, auf das müde Gesicht und die in ruhiger Verachtung herabgezogenen Lippen, und er sah auf ihren Nacken und die Arme hinunter bis zu ihrer schwarzen, kleinen Handtasche, die sie gegen ein Bein des alten Korbstuhls gelehnt hatte.

»Warum hast du ihn nicht begleitet?« fragte er.

»Es ist zu spät«, sagte sie. »Ich kann nicht mehr mit ihm zusammensein. Ich kann nicht allein sein mit ihm.«

»Aber du bist mit ihm hier raufgekommen«, sagte er.

»Ja«, sagte sie. »Ich bin mit ihm auf die Insel gekommen, weil er glaubte, es ließe sich hier alles vergessen.

Aber hier ist es noch weniger zu vergessen als zu Hause. Hier ist es noch schlimmer.«

»Hast du ihm gesagt, wohin du gehst, wenn er fort ist?«

»Ich brauche es ihm nicht zu sagen, Tom. Er kann zufrieden sein, daß ich überhaupt mitgefahren bin. Quäl mich nicht.«

»Ich will dich nicht quälen«, sagte er, »aber es wäre gut gewesen, wenn du ihn heute begleitet hättest. Ich habe ihm nachgesehen, wie er hinausging, ich stand die ganze Zeit am Fenster und beobachtete ihn draußen im Watt. Ich glaube, er tat mir leid.«

»Ich weiß, daß er dir leid tut«, sagte sie, »darum mußte ich dir auch versprechen, ihn heute zu begleiten. Ich wollte es deinetwegen tun; aber ich konnte es nicht. Ich werde es nie können, Tom. – Gib mir eine Zigarette.«

Der Mann zündete eine Zigarette an und gab sie ihr, und nach dem ersten Zug lächelte sie und zog die Finger durch das braune, versträhnte Haar. »Wie sehe ich aus, Tom?« fragte sie. »Sehe ich sehr verwildert aus?«

»Er tut mir leid«, sagte der Mann.

Sie hob ihr Gesicht, das müde Gesicht, auf dem wieder der Ausdruck einer sehr alten und ruhigen Verachtung erschien, und dann sagte sie: »Hör auf damit, Tom. Hör auf, ihn zu bemitleiden. Du weißt nicht, was gewesen ist. Du kannst nicht urteilen.«

»Entschuldige«, sagte der Mann. »Ich bin froh, daß du gekommen bist«, und er ging auf sie zu und nahm ihr die Zigarette aus der Hand. Er drückte sie unterm Fensterbrett aus, rieb die Reste der kleinen Glut herunter, wischte die Krümel weg und warf die halbe Zigarette auf eine Kommode. Die untere Seite des Fensterbretts war gesprenkelt von den schmutzigen Flecken ausgedrückter Zigaretten. Ich muß sie mal abwischen, dachte er; wenn sie weg ist, werde ich die Flecken abwischen, und jetzt trat er neben den alten Korbstuhl, faßte ihn mit beiden Händen oben an der Lehne und zog ihn weit hintenüber.

»Tom«, sagte sie, »oh, Tom, nicht weiter, bitte, nicht weiter, ich falle sonst, Tom, du kannst das nicht halten.« Und es war eine glückliche Angst in ihrem Gesicht und eine erwartungsvolle Abwehr ...

»Laß uns hier weggehen, Tom«, sagte sie danach, »irgendwohin. Bleib noch bei mir.«

»Ich muß mal hinaussehen«, sagte er, »einen Augenblick.«

Er ging zum Fenster und sah über die Einsamkeit und Trübnis des Watts; er suchte den wandernden Punkt in der Einöde draußen, zwischen den fern blinkenden Prielen, aber er konnte ihn nicht mehr entdecken.

»Wir haben Zeit bis zur Flut«, sagte er. »Warum sagst du das nicht? Du bist immer nur zu mir gekommen, wenn er seinen Wattgang machte zur Hallig raus. Sag doch, daß wir Zeit haben für uns bis zur Flut. Sag es doch.«

»Ich weiß nicht, was mit dir los ist, Tom«, sagte sie, »warum du so gereizt bist. Du warst es nicht in den letzten zehn Tagen. In den letzten zehn Tagen hast du mich auf der Treppe begrüßt.«

»Er ist dein Mann«, sagte er gegen das Fenster. »Er ist

noch immer dein Mann, und ich hatte dich gebeten, heute mit ihm zu gehen.«

»Ist es dir heute eingefallen, daß er mein Mann ist? Es ist dir spät eingefallen, Tom«, sagte sie, und ihre Stimme war müde und ohne Bitternis. »Vielleicht ist es dir zu spät eingefallen. Aber du kannst beruhigt sein: er hat aufgehört, mein Mann zu sein, seitdem er aus Dhahran zurück ist. Seit zwei Jahren, Tom, ist er nicht mehr mein Mann. Du weißt, was ich von ihm halte.«

»Ja«, sagte er, »du hast es mir oft genug erzählt. Aber du hast dich nicht von ihm getrennt; du bist bei ihm geblieben, zwei Jahre, du hast es ausgehalten.«

»Bis zum heutigen Tag«, sagte sie, und sie sagte es so leise, daß er sich vom Fenster abstieß und sich umdrehte und erschrocken in ihr Gesicht sah, in das müde Gesicht, über das jetzt eine Spur heftiger Verachtung lief.

»Ist etwas geschehen?« fragte er schnell.

»Was geschehen ist, geschah vor zwei Jahren.«

»Warum hast du ihn nicht begleitet?«

»Ich konnte nicht«, sagte sie, »und jetzt werde ich es nie mehr brauchen.«

»Was hast du getan?« fragte er.

»Ich habe versucht zu vergessen, Tom. Weiter nichts, seit zwei Jahren habe ich nichts anderes versucht. Aber ich konnte es nicht.«

»Und du bist bei ihm geblieben und hast dich nicht getrennt von ihm«, sagte er. »Ich möchte wissen, warum du es ausgehalten hast.«

»Tom«, sagte sie, und es klang wie eine letzte, resignierte Warnung, »hör mal zu, Tom. Er war mein Mann, bis sie ihm den Auftrag in Dhahran gaben und er fortging für sechs Monate. So lange war er es, und als er zurückkam, war es aus. Und weil du dein Mitleid für ihn entdeckt hast heute, und weil du wohl erst jetzt bemerkt hast, daß er mein Mann ist, will ich dir sagen, was war. Er kam krank zurück, Tom. Er hat sich in Dhahran etwas geholt, und er wußte es. Er war sechs Monate fort, Tom, sechs Monate sind eine Menge Zeit, und es gibt viele, die es verstehen, wenn so etwas passiert. Vielleicht hätte ich es auch verstanden, Tom. Aber er war zu feige, es mir zu sagen. Er hat mir kein Wort gesagt.«

Der Mann hörte ihr zu, ohne sie anzusehen; er stand mit dem Rücken zu ihr und sah hinaus, sah den grünen Wulst des Deiches entlang, der in weitem Bogen zum Horizont lief. Ein Schwarm von Seevögeln kam von den Prielen draußen im Watt zurück, segelte knapp über den Deich und fiel in jähem Sturz in das Schilf bei den Torfteichen ein. Sein Blick lief suchend; über das Watt zur Hallig, wo sich jetzt der wandernde Punkt lösen mußte; jetzt mußte er die Rückwanderung antreten, um vor der Flut auf dem Deich zu sein: er war nicht zu erkennen.

»Und du bist zwei Jahre bei ihm geblieben«, sagte der Mann. »So lange hast du es ausgehalten und nichts getan.«

»Ich habe zwei Jahre gebraucht, um zu begreifen, was passiert ist. Bis heute morgen hat es gedauert. Als ich ihn begleiten sollte, habe ich es gemerkt, Tom, und du hast mir geholfen dabei, ohne daß du es wolltest. Du hast aus

Mitleid oder aus schlechtem Gewissen verlangt, daß ich ihn begleiten sollte.«

»Er ist immer noch nicht zu sehen«, sagte der Mann. »Wenn er vor der Flut hier sein will, müßte er jetzt zu erkennen sein.«

Er öffnete das Fenster, befestigte es gegen den Widerstand des Windes mit eisernen Haken und blickte über das Watt.

»Tom«, sagte sie, »oh, Tom. Laß uns weggehen von hier, irgendwohin. Laß uns etwas tun, Tom. Ich habe so lange gewartet.«

»Du hast dir lange etwas vorgemacht«, sagte er, »du hast versucht, etwas zu vergessen, und dabei hast du gewußt, daß du es nie vergessen kannst.«

»Ja«, sagte sie, »ja, Tom. So etwas kann kein Mensch vergessen. Wenn er es mir gleich gesagt hätte, als er zurückkam, wäre alles leichter gewesen. Ich hätte ihn verstanden, vielleicht, wenn er nur ein Wort gesagt hätte.«

»Gib mir das Fernglas«, sagte er.

Die Frau zog das Fernglas vom Bettpfosten, gab es ihm mit dem ledernen Etui, und er öffnete es, hob das Glas und suchte schweigend das Watt ab. »Ich kann ihn nicht finden«, sagte der Mann, »und im Westen kommt die Flut.«

Er sah die Flut in langen Stößen von Westen herankommen, flach und kraftvoll über das Watt hin ziehend; sie rollte vor, verhielt einen Augenblick, als ob sie Atem schöpfe, und stürzte sich in Rinnen und Priele, und kam dann wieder schäumend aus ihnen hervor, bis sie die eiserne Spundwand erreichte, sich sammelte und hochstieg an ihr und unmittelbar neben dem schrägen Steinufer weiterzog, so daß die dunkle Fläche des Watts gegen Osten hin abgeschnitten wurde.

»Die Flut ist pünktlich«, sagte er. »Auch dein Mann war pünktlich bisher, aber ich kann ihn jetzt nicht sehen.«

»Laß uns weggehen von hier, Tom, irgendwohin.«

»Er kann es nicht mehr schaffen! Hörst du, was ich sage? Er ist abgeschnitten von der Flut, weißt du das?«

»Ja, Tom.«

»Er war jeden Tag pünktlich zurück, lange vor der Flut. Warum ist er noch nicht da? Warum?«

»Seine Uhr, Tom«, sagte sie, »seine Uhr geht heute nach.«

1953

≈

Das auffallendste bei einem Flug über die deutsche Nordseeküste ist doch wohl die Kette der Inseln. Kein Land – außer Holland – hat eine solche aufzuweisen. Von Wangerooge bis Borkum liegen sie vor dem Festland, eigentlich jede wie eine lange Sandbank, ohne erhebliche Erhöhungen außer dem Zug der Dünen und manchmal einer niedrigen Steilkante.

Aber wie kann man an ihnen die Arbeit, die Gewalt des

Meeres erkennen! Wie die Flut vom Westen aufkommt, so wird am Westende der Inselsaum angenagt, fortgespült, zerrissen. Und mit dem Zug der Strömung wird dieser gleiche Sand am Ostende wieder angeschwemmt, denn die Ebbe ist hier zu schwach, ihn wieder zurückzunehmen. So wandern die Inseln stetig nach Osten und verändern ihre Form in jedem Jahrzehnt. 200 Jahre errechnete man für die zwei Kilometer Wanderschaft, die Wangerooge hinter sich hat. Der alte Turm, der ursprünglich in der Mitte des Dorfes stand, hält sich nun gerade noch am äußersten Rande. Manches Haus auf den Inseln mußte aufgegeben werden, Dörfer verschwanden und wurden an anderem Platze wieder neu erbaut.

Darum haben in jüngster Zeit auch fast alle diese Inseln einen besonders festen Schutzwall erhalten. Basaltene Buhnen strecken sich ins Meer, darüber Mauerwerk, oft mit breiter Krone, die als Wandelgang eine großartige Aussicht bietet.

Man fragt sich im Binnenland sicher manchmal, ob sich so kostspielige Schutzbauten eigentlich lohnen für ein kleines Eiland voller Sand, auf dem nur wenige Menschen wohnen. Die Fragestellung ist nicht richtig. Mit der Erhaltung der Inseln schützt man zugleich die Festlandküste mit ihrem Marschland.

Und außerdem – was für ein wunderbares Ferienland ist diese Inselwelt! Wie erfrischt den Binnenländer, den Großstadtmenschen eine Urlaubszeit in Salzluft und Meerwasser! Das haben kluge Leute schon früh erkannt und sich unermüdlich dafür eingesetzt, die nötigen Anlagen für einen richtigen Badebetrieb zu schaffen. Einer davon war der Göttinger Philosoph Lichtenberg. Als man ihm von der umständlichen Reise und der drohenden Seekrankheit sprach, meinte er nur: Da befände man sich ja in guter Gesellschaft, auch der römische Kaiser Augustus machte schon jedes Jahr seine kleine Vomitiv-Reise.

Norderney hatte seine erste »Saison« schon 1800. Da gab es bereits ein Konversationshaus mit Speise- und Tanzsaal. Aber dann kam Napoleon und beschlagnahmte alles. Aus der Badeanstalt wurden Kasernen. Die Gäste dieser ersten Jahrzehnte wohnten bei Fischern und Schiffern und hatten vorliebzunehmen mit Quartier und Verpflegung, wie es dort üblich war.

Auch Heinrich Heine hat das erlebt. Er gibt in seinen *Reisebildern* von Norderney im Herbst 1826 eine Schilderung, die seiner scharfen Zunge und beißenden Kritik entspricht: »Das Seefahren hat für diese Menschen einen großen Reiz; und dennoch, glaube ich, daheim ist ihnen allen am wohlsten zumute. Sind sie auch auf ihren Schiffen sogar nach jenen südlichen Ländern gekommen, wo die Sonne blühender und der Mond romantischer leuchtet, so können doch alle Blumen dort nicht das Leck ihres Herzens stopfen, und mitten in der duftigen Heimat des Frühlings sehnen sie sich wieder zurück nach ihrer Sandinsel, nach ihren kleinen Hütten, nach dem flackernden Herd, wo die Ihrigen, wohlverwahrt in wollenen Jakken, herumkauern und einen Tee trinken, der sich von gekochtem Seewasser nur durch den Namen unterscheidet, und eine Sprache schwatzen, wovon kaum begreiflich scheint, wie es ihnen selber möglich ist, sie zu verstehen.«

Das also war der Tee von Norderney – vor 150 Jahren.

Neuwerk: Wenn man ihr näher fliegt, dann enthüllt sich so richtig die unerhörte Schutzlosigkeit dieser Insel, flach hingestreckt, keine Erhebung, allenfalls eine vorgelagerte Sandbank – sonst nichts. Eine Insel, die gleichwohl besiedelt ist, die ihre Felder hat, Gemarkungen, präzise Gemarkungen, aber sonst flach, von jeder Sturmflut erreichbar, von jeder Sturmflut bedroht – eine latente Bedrohung. Und es bedeutet schon sehr viel, wenn Leute sich entscheiden, hier unter dieser ständigen Bedrohung zu leben – denn man weiß nie, wann es kommen kann. Ein einziger Turm, der Leuchtturm, der vielleicht für den Krisenfall, für die Krisennacht Zuflucht böte – alles andere würde sofort überschwemmt, alles andere ist einfach Landunter in dem Augenblick der Gefahr.

Eine Insel, die, so würde man glauben, sich zunächst nicht als Versteck empfiehlt, doch Versteck gewesen ist, nämlich für einen der grandiosen Piraten hier oben an der Küste, für Klaus Störtebeker, der sich hier, zumindest zeitweilig, erholt hat. Hier gab er seiner Mannschaft Gelegenheit auszuruhen, und hier hatte er einen Umschlagplatz für ganz bestimmte Waren – ein vorläufiges Versteck –, bis sie ohne die Gefahr der Entdeckung weitergegeben werden konnten.

Seit dem Überhandnehmen der Seeräuberei überall vor den Küsten der Nord- und Ostsee war es also direkte Notwehr, wenn die Schiffer und Kaufherren sich zu sichern suchten. So gab der Erwerb der Insel Neuwerk, die zur Hälfte im Besitz des Erzbischofs von Bremen blieb, der für seine Stadt den gleichen Nöten zu steuern hatte, einen doppelten Nutzen.

Wieweit eine frühere Verbindung der Inseln mit dem Festland bewiesen werden kann, weiß man noch nicht, denn in dieser Hinsicht ist man noch zu sehr auf Mutmaßungen angewiesen. Man wird sich angewöhnen müssen, auf sehr viele Überraschungen gefaßt zu sein, wenn die Ozeanographie, die moderne Meereskunde, demnächst mit Resultaten aufwartet – Resultaten, die die Ichthyologie, aber auch die Geographie betreffen. Man ist erst jetzt dabei, die wirklichen Geheimnisse des Meeres zu erforschen, das Meer zu zwingen, Dinge preiszugeben, von denen wir uns bisher kaum etwas träumen ließen. Wenn man schon so positivistisch fragt, muß man sich einigermaßen fasziniert eingestehen, daß Entdeckungen, die heute noch auf der Welt übrigbleiben, zu 95 Prozent im Meer und aus dem Meer gemacht werden müssen.

Wo die Möwen schreien …, 1976

≈

Stimmungen der See

Zuerst war Lorenz am Treffpunkt. Er streifte den Rucksack ab und legte sich hin. Er legte sich hinter eine Strandkiefer, schob den Kopf nach vorn und blickte den zerrissenen Hang der Steilküste hinab. Der kreidige Hang mit den ausgewaschenen Rinnen war grau, die See ruhig; über dem Wasser lag ein langsam ziehender Frühnebel, und auf dem steinigen Strand unten war das Boot. Es begann hell zu werden.

Lorenz schob sich zurück, wandte den Kopf und blickte den Pfad entlang, der neben der Steilküste hinlief, in einer Bodensenke verschwand und wieder zum Vorschein kam, dort, wo er in die lichte Schonung der Strandkiefern hineinführte. Er sah aus der Schonung die massige Gestalt eines Mannes mit Rucksack treten, sah den Mann stehenbleiben und zurücklauschen und wieder weitergehen, bis sein Körper in der Bodensenke verschwand und nur noch der Kopf sichtbar war. Der Mann trug einen schwarzen Schlapphut und einen schwarzen Umhang. Er näherte sich sehr langsam. Als er die Bodensenke hinter sich hatte, konnte Lorenz seinen Schritt hören: es war der Professor. Sie gaben sich die Hand, Lorenz klinkte den Karabinerhaken des Rucksacks aus, der Professor legte sich hin, und sie schoben sich wortlos bis zum Steilhang vor und sahen auf das Boot hinab und auf das schiefergraue Wasser, über dem in kurzer Entfernung vom Strand die Nebelwand lag.

»Ich dachte, ich komme zu spät«, sagte der Professor leise, »aber Tadeusz fehlt noch.«

Der Professor hatte ein schwammiges Gesicht, entzündete Augen, sein Haar und der drahtige Walroßbart waren grau wie der kreidige Hang der Steilküste, und sein Kinn und der schlaffe Hals unrasiert.

»Wann kommt Tadeusz?« fragte er leise.

»Er müßte schon hier sein«, sagte Lorenz.

Der Professor legte sich auf die Seite, schlug den Umhang zurück und zog aus der Tasche eine zerknitterte Zigarette heraus, beleckte sie und zündete sie an. Er verbarg die Glut der Zigarette in der hohlen Hand. Das Pochen eines Fischkutter-Motors drang von der See herauf, sie blickten sich erschrocken an, doch das Geräusch des Motors setzte nicht aus, zog gleichmäßig im Nebel die Küste hinauf und entschwand.

»War er das?« fragte der Professor.

»Er fährt erst los, wenn Tadeusz das Haus verläßt«, sagte Lorenz. »Es war ein anderer Kutter.«

Sie warteten schweigend; der Nebel über der See hob sich nicht, es kam kein Wind auf, und im Dorf hinter dem Vorsprung der Steilküste blieb es still.

»In zwei Tagen sind wir in Schweden«, sagte der Professor. Lorenz nickte.

»Die Ostsee ist ein kleines Meer, sie ist verträglich im September.«

»Wir sind noch nicht drüben«, sagte Lorenz.

Unten am Strand schlugen klickend Steine zusammen, die Männer legten sich flach auf den Boden und lauschten, hoben nach einer Weile den Kopf und sahen den Steilhang hinunter: hinter dem Boot kauerte Tadeusz. Er blickte zu ihnen empor, er winkte, und sie standen auf, nahmen die Rucksäcke und gingen zu einer ausgewaschenen Rinne im Hang, in der ein Seil hing. Sie legten die Rucksäcke um und ließen sich am Seil auf den steinigen Strand hinab. Als sie unten standen, warf Lorenz eine Bucht, die Bucht lief das Seil hinauf wie eine gegen den Himmel laufende Welle, bis sie das Ende erreichte und es aus der Schlaufe riß, so daß das Seil zu ihnen hinabfiel. Dann liefen sie geduckt über den Strand zum Boot, warfen die Rucksäcke und das Seil hinein und schoben das Boot ins Wasser.

»Schnell«, sagte Tadeusz, »weg von Land.«

Tadeusz war ein stämmiger Mann; er trug eine Joppe mit Fischgrätenmuster, eine Ballonmütze mit versteiftem Pappschild, sein Gesicht war breitwangig, und seine Bewegungen waren ruckartig und abrupt wie die Bewegungen eines Eichhörnchens. Er ergriff einen Riemen und begann zu staken. Wenn der Riemen zwischen den Steinen auf Grund stieß, knirschte es, und der Mann ließ seinen Blick über den Strand unter der Steilküste wandern und hinauf zu den flach explodierenden Strandkiefern. Er stakte das Boot in tiefes Wasser. Lorenz und der Professor saßen auf ihren Rucksäcken und hielten sich mit beiden Händen am Dollbord fest; auch sie blickten zur Küste zurück, die sich erweiterte und ausdehnte, während Tadeusz zu rudern anfing. Entschieden tauchten die Riemen ein, zogen lang durch und brachen geräuschlos aus dem Wasser. Das Boot glitt stoßweise vorwärts. Es war ein breitbordiges Beiboot, wie Küstenschiffe und Fischkutter es an kurzer Leine hinter sich herschleppen, flach gebaut, mit verstärkten Spanten und nur einer Ducht in der Mitte für den Ruderer. Das Boot lag leicht auf der See, es konnte nur mit den Riemen gesteuert werden.

Als sie in den Nebel hinausfuhren, verloren sie das Gefühl, auf dem Wasser zu sein; sie empfanden nur das stoßweise Vorwärtsgleiten des Bootes und hörten das leichte Rauschen, mit dem der Bug durch die ruhige See schnitt. Tadeusz ruderte, Lorenz und der Professor setzten sich auf die Bodenbretter und lauschten in den Nebel, der quellend an der Bordwand hochstieg, fließend über sie hinzog und sich in lautlosem Wallen hinter ihnen schloß gleich einer flüssigen Wand. Lorenz senkte sein Gesicht, er preßte die Hand auf den Mund, sein Rücken krümmte sich, und er begann zu husten. Sein Gesicht schwoll an, Tränen traten in seine Augen. Der Professor klopfte mit der flachen Hand auf seinen Rücken. Ein Riemen hob beim Ausbrechen treibenden Tang hoch, warf ihn voraus, und der Tang klatschte ins Wasser. Die Küste war nicht mehr zu sehen. »Wie weit noch?« fragte der Professor.

Tadeusz antwortete nicht, er ruderte schärfer jetzt, legte sich weit zurück, wenn er durchzog, ohne auf die knarrenden Geräusche zu achten, auf das Knacken der Dollen. Ein saugender Luftzug, wie das scharfe Gleiten eines riesigen Vogels, ging über sie hinweg, so daß sie die Gesichter hoben und aufsahen, aber es war nichts über ihnen als der fließende Nebel, der alles verdeckte. »Wo wartet der Kutter?« fragte Lorenz, der Jüngste im Boot.

»Eine Meile is abgemacht«, sagte Tadeusz. »Wir wern haben die Hälfte. Wenn der Kutter kommt, wern wir ihn hören, und er wird man runtergehen mit der Fahrt und auf uns warten. Is alles abgesprochen mit meinem Schwager.«

»Und der Nebel«, sagte der Professor.

»Is nich abgesprochen, aber macht nix«, sagte Tadeusz. »Im Nebel wir könn uns Zeit lassen beim Umsteigen.«

»Die Hauptsache, wir kommen nach Schweden«, sagte der Professor.

»Erst müssen wir auf dem Kutter sein«, sagte Lorenz. Er hatte ein schmales Gesicht, einen fast lippenlosen Mund, und sein Haar war von bläulicher Schwärze. Lorenz sah krank aus.

Ein Stoß traf das Boot, eine dumpfe Erschütterung: sie waren auf einen treibenden Balken aufgefahren, der sich unter dem Boot drehte und schwappend neben der Bordwand zum Vorschein kam, an ihr entlangtrudelte und achteraus blieb. Vom Kutter war nichts zu hören, obwohl er jetzt ablegen mußte im Dorf. Lorenz fror; er kauerte sich im Heck des Bootes zusammen und starrte vor sich hin. Der Professor rauchte, blickte über den Bug voraus in den Nebel. Das Boot hatte keine Fußleisten, und wenn Tadeusz sich beim Rudern zurücklegte, stemmte er sich gegen die Rucksäcke.

»Wir müßten doch den Kutter hören«, sagte Lorenz.

»Der Kutter wird kommen«, sagte Tadeusz. Er machte noch einige kräftige Schläge, zog dann die Riemen ein, und das Boot schoß jetzt lautlos dahin und glitt langsam aus. Die Männer lauschten in die Richtung, wo sie hinter dem Nebel das Dorf vermuteten, aber das Pochen des Fischkutter-Motors war nicht zu hören. Der Professor erhob sich, das Boot schwankte nach beiden Seiten und lag erst wieder ruhig, als er sich auf den Rucksack setzte und angestrengt mit offenem Mund lauschte. Sein schwarzer Schlapphut saß tief in der Stirn, das graue Haar stand strähnig über den Kragen des Umhangs hinaus. Der Walroßbart hatte nikotingelbe Flecken.

»Is alles abgemacht mit meinem Schwager«, sagte Tadeusz. »Er wird kommen mit dem Kutter und uns aufnehmen und rüberbringen nach Schweden. Die Anzahlung hat er schon bekommen. Er weiß, daß wir warten.«

»In zwei Tagen sind wir drüben«, sagte der Professor.

»Was ist mit den Posten?« sagte Lorenz.

»Mit den Posten is nix«, sagte Tadeusz. »Hab ich gesehn zwei Posten am Strand, waren sehr müde, gingen andere Richtung an der Küste entlang.«

Im Nebel entstand eine Bewegung, als ob eine unsichtbare Faust hineingeschlagen hätte: wolkig quoll es empor, wälzte sich rollend zur Seite wie nach einer lautlosen Explosion. Vielleicht frischt es auf, und es kommt ein Wind, dachte Lorenz. Die Bewegung verlor sich, langsam fließend bewegte sich der Nebel wieder über der See. Das Boot drehte lautlos in der Strömung.

»In Schweden muß ich neues Rasierzeug besorgen«, sagte der Professor.

»Hoffentlich bleibt der Nebel, bis der Kutter kommt«, sagte Lorenz. »Jetzt ist es hell, und wenn der Nebel abzieht, können sie uns von der Küste im Fernglas sehen.«

»Wenn der Nebel abzieht, is auch nich schlimm«, sagte Tadeusz. »Dann müssen wir uns lang ausstrecken im Boot und Kopf runter.«

Von der See her und aus der entgegengesetzten Richtung des Dorfes ertönte jetzt das gleichmäßige, dumpfe Tuckern des Fischkutters. Tadeusz ergriff die Riemen und führte sie ins Wasser. Der Professor schnippte die Zigarettenkippe fort. Lorenz erfaßte die beiden Tragegurte des Rucksackes. Das Tuckern des Motors kam näher, hallte echolos über das Wasser, doch es setzte nicht aus, und der Rhythmus änderte sich nicht.

»Fertigmachen zum Umsteigen«, sagte der Professor.

Lorenz ließ die Tragegurte wieder los, ging in die Hocke und drehte sich auf den Fußspitzen so weit herum, bis er in die Richtung blicken konnte, aus der das Tukkern kam. Die Ruderblätter fächelten leicht im Wasser wie die Brustflossen eines lauernden Fischs. Das Tuckern war nun in unmittelbarer Nähe, sie hörten das Rauschen der Bugwelle, glaubten das Klatschen des Netzes zu hören, das auf dem Deck trockengeschlagen wird, und dann sahen sie – oder glaubten, daß sie es sahen –, wie ein grauer Körper sich durch den Nebel schob, der die Schwaden aufriß, gefährlich vor ihnen aufwuchs und vorbeiglitt, ohne entschiedenen Umriß anzunehmen. Jetzt war das Tuckern achteraus und entfernte sich unaufhörlich; zuletzt hörten sie es schwach in gleichbleibender Entfernung, und sie wußten, daß der Kutter am Landungssteg unterhalb des Dorfes lag.

»Er hat uns nicht gefunden«, sagte Lorenz.

»Das war er nich«, sagte Tadeusz, »das war er bestimmt nich.«

Lorenz beugte sich über die Bordwand und blickte in das Wasser, in dem einzelne Seegrashalme schwammen; die Halme wanderten voraus, und er erkannte an ihnen, daß das Boot trieb. Manchmal spürte er, wie sich das Boot hob, mit weichem Zwang, so als würde es von einem kraftvollen und ruhigen Atem angehoben: es war die aufkommende Dünung.

Vorsichtig begann Tadeusz zu rudern; er machte kurze Schläge, ließ das Boot nach dem Schlag ausgleiten und lauschte mit erhobenem Kopf und geschlossenen Augen.

»Wie lange würde man brauchen, um nach Schweden zu rudern?« fragte der Professor.

»Bis zum Jüngsten Tag«, sagte Lorenz gereizt.

»Die Ostsee ist doch aber ein kleines Meer.«

»Das kommt auf den Vergleich an.«

»Jedenfalls muß ich in Schweden gleich Rasierzeug kaufen«, sagte der Professor. »An alles hab ich gedacht, nur das Rasierzeug mußte ich vergessen.«

»Besser wäre noch ein Friseur im Rucksack«, sagte Lorenz. »Man sollte nie auf die Flucht gehen, ohne seinen Friseur mitzunehmen. Dann ist man die größte Sorge los.«

Der Professor musterte ihn mit einem verlegenen Blick, strich über seinen fleckigen Walroßbart und kramte eine krumme Zigarette hervor. Er rauchte schweigend, während Tadeusz abwechselnd ruderte und lauschte. Lorenz löste seinen Schal, band ihn über den Kopf, und so, daß er die Wangen wärmte. Er dachte: ›Nie wird der Kutter kommen, nie; es war unvorsichtig, diesem Kerl die Anzahlung zu geben, er war betrunken, und vielleicht war er darum der einzige, der uns rüberbringen wollte. Wir hätten ihm das ganze Geld erst vor der schwedischen Küste geben sollen.‹ Und er sagte: »Dein feiner Schwager, Tadeusz, hat ein ziemlich großzügiges Gedächtnis. Ich glaube, er hat uns vergessen, denn er müßte längst hier sein.«

Tadeusz zuckte die Achseln.

»Vorhin«, sagte der Professor, »vorhin, als wir noch oben waren, da hörten wir einen Kutter; vielleicht war er es. Kann sein, daß er in der Nähe liegt und auf uns wartet.«

»Er weint sich die Augen nach uns aus«, sagte Lorenz.

»Wir müssen nix wie raus aus dem Nebel«, sagte Tadeusz. »Wenn der Nebel aufhört, können wir sehen. Auf einem Kutter, der nich zu finden is, kann keiner nach Schweden rüber.«

»Soll ich rudern?« fragte Lorenz.

»Is mein Schwager«, sagte Tadeusz, »darum werd ich rudern. Geht noch.«

Er ruderte regelmäßig und mit langem Schlag, die Riemen bogen sich durch, hart brachen die Blätter aus, und das leichte Boot schoß durch das schiefergraue Wasser. Die lange Dünung wurde stärker, sie klatschte gegen den Rumpf des Bootes, wenn der Bug frei in der Luft stand. Das Tuckern des Kutters war nicht mehr zu hören. Tadeusz ruderte parallel zur Küste, zumindest vermutete er die Küste auf der Backbordseite, doch er konnte sie nicht sehen. Nach einer Weile zog er die Joppe mit dem

Fischgrätenmuster aus, stopfte sie unter die Ducht und saß nun und ruderte im Pullover, der unter den Achseln verfilzt war und sich jedesmal, wenn er den Körper nach vorn legte, auf dem Rücken hochschob. Lorenz kauerte reglos im Heck und blickte in die auseinanderlaufende Strudelspur des Bootes. Seine erdbraunen Uniformhosen waren an den Aufschlägen durchnäßt; er hatte einen Ellenbogen auf das Knie gestemmt und das Kinn in die Hand gestützt. Der Professor lag auf den Knien im Bug des Bootes, den Oberkörper nach vorn geschoben, vorausblickend. Er trug jetzt seinen Zwicker.

»Es wird heller«, sagte Tadeusz, »wir kommen raus aus der Küche, war man nix wie eine Nebelbank.«

»Dann ist es geschafft«, sagte der Professor.

»Sicher«, sagte Lorenz, »dann sind wir da und können Rasierzeug kaufen. Wir sollten uns schon überlegen, wie Pinsel auf schwedisch heißt.«

Dann stieß das Boot aus der Nebelbank heraus und glitt, während Tadeusz die Riemen einzog, in die freie Dünung der See. Sie sahen auf den schleierigen Wulst des Nebels zurück und dann hinaus in die vom Horizont begrenzte Leere, auf der das Glitzern einer stechenden Sonne lag: der Kutter war nicht zu sehen.

»Die Ostsee ist ein kleines Meer«, sagte Lorenz unbeweglich, »besonders, wenn man sie vor sich hat.«

»Wir sind in 'ner Strömung drin«, sagte Tadeusz. Er zog den Pullover aus und stopfte ihn unter die Ducht. Lorenz band den Schal ab. Das Boot dümpelte in der langen Dünung, die Strömung trug es hinaus.

»Der Kutter wird kommen und uns suchen«, sagte Tadeusz. »Macht nix, wenn wir in ’ner Strömung drin sind. Zu nah an der Küste is nich gut. Mein Schwager wird uns schon finden.«

»Er muß uns finden«, sagte der Professor. »Ich kann nicht zurück. Jetzt hat sich alles entschieden, jetzt wissen sie schon, daß ich fort bin. Nein, zurück geht es nicht mehr.«

Der Professor setzte den Zwicker ab, schloß die Augen und kniff mit Daumen und Zeigefinger seine Nasenwurzel, an der der Zwicker zwei gerötete Druckstellen hinterlassen hatte. Er seufzte. Eine grünliche Glaskugel, die sich von einem Netz gelöst hatte, trieb funkelnd vorbei in der Strömung. Scharf blitzte sie auf, wenn sie einen dünenden Wasserhügel hinaufrollte. Am Horizont standen weißgeränderte graue Wolken; es sah aus, als hinderte ihr Gewicht sie daran, über den Himmel heraufzuziehen. Lorenz entdeckte als erster, daß sich weit draußen das Wasser zu krausen begann, es riffelte sich wie unter einem Schauer, und dann spürten sie den Ausläufer des Winds. Die Sonne brannte auf sie nieder. Der Kutter stieß nicht durch den Nebel, nicht einmal sein Tuckern war zu hören.

»Vielleicht können wir segeln«, sagte der Professor. »Wenn der Kutter nicht kommt, versuchen wir es so, und dann schaffen wir es auch.«

»Sicher«, sagte Lorenz, »wir können eine Briefmarke ans Ruder kleben und damit segeln.«

»Das Boot is tüchtig«, sagte Tadeusz, »ich hab eingepackt meine Wolldecke, und wenn nix is mit dem Kutter, dann wir können versuchen zu segeln. Hab ich gehört, daß einer is gesegelt sogar mit dem Faltboot über die Ostsee.«

»Der hat's zum Vergnügen gemacht«, sagte Lorenz.

»Was sollen wir denn tun?« sagte der Professor.

»Segeln«, sagte Lorenz, »was sonst. Und wenn wir rudern müßten, würden wir rudern, und wenn wir zu schwimmen hätten, würden wir schwimmen.«

Tadeusz richtete einen Riemen auf, band ihn an der Ducht fest, und sie nahmen den schwarzen Umhang des Professors und benutzten ihn als Segel, nachdem sie festgestellt hatten, daß die Wolldecke zu groß war und flatterte und sich aus der Befestigung losriß. Das Boot war jetzt schneller als die Strömung, die sie hinausführte: treibender Tang, der sie begleitet hatte, blieb zurück, das Boot zitterte unter den kleinen Stößen des Winds, parierte sie, fing sie auf, indem es leicht krängte und sich schnell wieder zurücklegte. Der Professor schnallte seinen Rucksack auf, zögerte, beobachtete einen Augenblick die beiden Männer, dann packte er Brot aus und zwei gekochte Eier und begann zu essen, ohne Lorenz und Tadeusz aus den Augen zu lassen. Lorenz wandte sich ab, und der Professor sagte:

»Haben Sie etwas gesagt?«

»Nein«, sagte Lorenz gereizt.

»Ich dachte, Sie hätten etwas gesagt.«

»Ich habe nichts gesagt.«

»Es hörte sich aber an, als ob Sie etwas gesagt hätten.«

»Kein Wort.«

»Dann muß ich mich geirrt haben«, sagte der Professor kauend. Der schwarze Umhang begann zu flattern, Lorenz zog ihn auseinander, so daß der Wind sich in ihm fing, und Tadeusz zwang das Boot auf den alten Kurs, indem er mit dem Riemen, der als Steuer diente, zu wriggen begann. Der Professor glättete das Papier, in dem sein Brot eingewickelt war, warf die Eierschalen über Bord und schnallte seinen Rucksack wieder zu und zündete sich eine Zigarette an. Während er rauchte, sprachen sie nicht. Das Boot machte stetige Fahrt, klatschend brach der Bug ein, wenn die Dünung ihn emporgetragen hatte, und die Küste duckte sich an die See und lag nun flach und grau und unbestimmbar unter dem Horizont, weit genug, und nun begann Tadeusz zu essen, und Lorenz trank aus einer emaillierten Kruke mit Bierflaschenverschluß warmen Kaffee. Der Kutter war nicht zu sehen.

Als die Küste außer Sicht war, sprang der Wind um. Sie segelten jetzt vor dem Wind, die Sonne im Rücken, und das Boot war schneller als die Strömung. Eine leere Holzkiste trieb vorbei, die Bretter leuchteten in der Sonne, dümpelten leuchtend vorüber. Eine breite Schaumspur zog sich bis zum Horizont, sie kreuzten die Schaumspur und segelten mit der Sonne im Rücken. »Was zu rauchen?« fragte der Professor und hielt Lorenz eine zerknitterte Zigarette hin. Lorenz nickte und zündete sich die Zigarette an. Er lächelte, während er den Rauch scharf inhalierte, und sagte: »Wer von uns kann eigentlich segeln? Wer? Hast du schon mal gesegelt, Tadeusz?«

»Der Kutter wird kommen und uns suchen«, sagte Tadeusz, »mein Schwager wird uns helfen das letzte Stück.«

»Wir schaffen es auch so«, sagte der Professor. »Wenn wir nach Norden fahren, müssen wir ankommen, wo wir hinwollen. Das glaube ich. Wenn nur das Wetter nicht umschlägt.«

»Was glaubst du, Tadeusz?« fragte Lorenz.

»Glaub ich auch«, sagte Tadeusz nickend, »nu glaub ich dasselbe wie Professor.«

»Dann muß ich es wohl auch glauben«, sagte Lorenz, »jedenfalls fühle ich mich schon besser als im Nebel vor der Küste. Wie lange könnte es dauern – äußerstenfalls? Was meinst du, Tadeusz, wie lange wir brauchen werden?«

»Kann sein drei Tage, kann sein fünf Tage.«

»Die Ostsee ist ein kleines Meer«, sagte der Professor.

»Das ist es«, sagte Lorenz, »genau das. Man muß es nur oft genug wiederholen.«

Ein Flugzeug zog sehr hoch über sie hinweg, sie beobachteten es, sahen es im Nordosten heraufkommen und größer werden und einmal schnell aufblitzen, als die Sonne die Kanzel traf; es verschwand mit stoßweisem Brummen in südwestlicher Richtung. Tadeusz machte eine Schlaufe aus Sisal-Leine und nagelte sie am Heck fest, die Schlaufe lag lose um den Riemen, den Tadeusz nun mit einer Hand wie eine Ruderpinne umfaßte und das leichte Boot auf Kurs hielt. Sie banden Schnüre um die Ärmel des schwarzen Umhangs, der als Segel diente, zogen die Schnüre zur Seite herunter und zurrten sie an den Dollen fest, so daß der Wind den Umhang blähte und sich voll fing, ohne daß sie ihn halten mußten. Lorenz und der Professor blickten zur gleichen Zeit auf das volle schwarze Segel über ihnen, es sah aus wie eine pralle Vogelscheuche, die ihre halb erhobenen Arme schützend oder sogar in einer Art plumper Segnung über den Insassen hielt, und während sie beide hinaufblickten, trafen sich ihre Blicke, ruhten ineinander, als tauschten sie die gleiche Empfindung oder das gleiche Wort aus, das sie beim Anblick ihres Segels sagen wollten, und sie lächelten sich abermals zu.

»Ah«, sagte Lorenz, »jetzt sollte ich es Ihnen sagen, Professor, das ist ein guter Augenblick zur Beichte. Ich war es damals, ich allein. Die andern haben mir dabei geholfen, aber ich fand Ihren Umhang auf dem Haken im Korridor, und ich nahm ihn im Vorbeigehen ab und trug ihn in die Klasse. Wissen Sie noch? Wir stellten den Kleiderständer in den Papierkorb, stopften Ihren Umhang aus und stellten alles hinters Katheder; wir schnitzten aus einer Rübe ein Gesicht, ich stülpte einen Schlapphut drauf, und das ganze Ding, wie es hinter dem Katheder stand, hatte eine enorme Ähnlichkeit mit Ihnen, Professor. Und als Sie dann in die Klasse kamen, ohne Zwikker, wissen Sie noch, ja? Und das grunzende Erstaunen, als Sie aufsahen und das Katheder besetzt fanden? Wissen Sie noch, was dann passierte, Professor? Sie verbeugten sich erstaunt vor Ihrem Umhang und sagten ›Entschuldigung‹, und rückwärts, ja, rückwärts gingen Sie wieder raus und schlossen die Tür. – Es war doch dieser Umhang?«

»Ja«, sagte der Professor, »es war dieser Umhang, er hat seine Geschichte.«

»Rauch«, sagte Tadeusz plötzlich.

Sie wandten sich zur Seite, über dem Horizont stand eine langgezogene Rauchfahne wie ein Versprechen; aus der See schien der Rauch aufzusteigen, lag an der Stelle seines Ursprungs unmittelbar auf dem Wasser, hob sich weiter in unregelmäßiger Spirale und löste sich unter den Wolken auf. Ein Schiff kam nicht in Sicht. Sie warteten darauf, und Lorenz kletterte auf die mittlere Ducht, wo er breitbeinig balancierend dastand und eine Weile die Rauchfahne beobachtete, doch auch er sah das Schiff nicht. Er setzte sich wieder auf die Bodenbretter. Solange die Rauchfahne über der See lag – sie waren nicht erstaunt, daß sie eine Stunde oder vielleicht auch anderthalb oder sogar zwei Stunden sichtbar blieb –, rechneten sie mit dem Aufkommen eines Schiffes, vielmehr Tadeusz hoffte es, während Lorenz und der Professor es befürchteten.

Der Wind wurde stärker, die Luft kühl, als die Sonne von den weißgeränderten, schwer aufziehenden Wolken erreicht und verdeckt wurde; das Wasser bekam die Farbe eines düsteren Grüns, und die ersten Spritzer fegten über sie hin, wenn das Boot einbrach. Sie saßen geduckt und mit angezogenen Beinen im Boot. Lorenz und Tadeusz begannen zu essen, sie aßen Brot und jeder eine Scheibe harter Dauerwurst. Sie tranken nicht. Der Professor zündete sich an der Kippe eine neue Zigarette an, schnippte die Kippe über Bord, sah, wie sie neben der Bordwand mit scharfem Aufzischen ins Wasser flog und achteraus blieb und in die kleinen Strudel des Kielwassers hineingeriet, wo sie unter die Oberfläche gewirbelt wurde. Er dachte: Jetzt hat Lorenz sich beruhigt, er ist sogar freundlich geworden, demnach scheint er auch zuversichtlich zu sein für die ganze Angelegenheit. Ausgerechnet er, der Schüler, den ich zu hassen nie aufgehört habe, ist mein Führer auf der Flucht. Der argwöhnische Ausdruck seines Gesichts, schon damals sah er so aus, und an dem Abend, als wir uns unvermutet trafen – er trug die Uniform –, was war es nur, was ging in uns vor, daß wir uns flüsternd einander anvertrauten und flüsternd Pläne entwarfen? Es war, als ob er mich mit seinen Plänen bedrohte; ich hatte sie auch, aber sie wären Pläne geblieben, verborgen und unauffindbar für jeden andern, nur er, Lorenz, erzwang sich die Kenntnis dieser Pläne, flüsternd an den dunklen Abenden im Arbeitszimmer, und er verband sie mit seinen Plänen und bereitete alles vor, so daß ich, obwohl er nie ein entschiedenes Ja zu hören bekam, nicht mehr zurückkonnte, als er kam und sagte, daß der Termin feststehe. Er sah mich erschrecken, ich haßte ihn, weil er mich zwang, etwas zu tun, was ich zwar selbst zu tun wünschte, aber allein nicht getan hätte aus verschiedenen Gründen, ja, er zwang mich, anzunehmen und zu glauben, daß der Plan zur Flucht von mir stamme und daß ich ihn dazu überredet habe, woraufhin er es auch mir überließ, zu bestimmen, wieviel Gepäck jeder mitnehmen könne und welche Motive wir für die Flucht nach der Landung in Schweden angeben sollten. Dabei ist er der Führer auf der Flucht geblieben, und jetzt verbirgt er nicht einmal, daß alles davon abhängt, was er tut und was er glaubt. Ich werde mich trennen von ihm, ja, bald nach der Landung werde ich sehen, daß wir auseinanderkommen.

»Ein Stück Wurst?« fragte Lorenz freundlich. Er legte eine Scheibe rötlicher Dauerwurst auf die Ducht, aber der Professor schüttelte den Kopf.

»Nicht jetzt«, sagte er, »nicht jetzt.«

Tadeusz blickte während ihrer Unterhaltung zurück, reglos, mit halboffenem Mund, und jetzt schnellte er hoch, daß das Boot schwankte, seine Hand flog empor:

»Da«, rief er, »da is er wieder. Er verfolgt uns.«

»Wer?« fragte Lorenz.

»Jetzt is er weg«, sagte Tadeusz.

»Wer, zum Teufel?«

»Muß gewesen sein ein Hai, großer Hai.«

»Hier gibt es keine Haie«, sagte Lorenz. »Du hast geträumt.«

»In der Ostsee gibt es nur Heringshaie«, sagte der Professor. »Sie leben in tieferem Wasser und kommen nicht an die Oberfläche. Außerdem werden sie nicht sehr groß und sind ungefährlich, Heringshaie greifen den Menschen nicht an.«

»Aber hab ich gesehn, wie er is geschwommen«, sagte Tadeusz. »So groß«, und er machte eine Bewegung, die über das ganze Boot hin ging.

»Die Ostsee ist zu klein«, sagte der Professor. »Haie, die den Menschen angreifen, leben hier nicht.«

»Richte dich gefälligst danach, Tadeusz«, sagte Lorenz. Sie beobachteten gemeinsam die See hinter dem Boot, doch sie sahen nirgendwo den Körper oder den Rücken oder die Schwanzflosse des Fisches; sie sahen nur die zerrissenen Schaumkronen auf dem düsteren Grün der Wellen, die sie weit ausholend von hinten anliefen, das Boot hoben und nach vorn hinabdrückten, wobei der Riemen, mit dem sie steuerten, sich knarrend in der Schlaufe rieb und für einen Augenblick frei in der Luft stand. Spritzer fegten ins Boot, ihre Gesichter waren naß vom Seewasser. Lorenz spürte, wie der Kragen seines Hemdes zu kleben begann. Er band seinen Schal wieder um, und sie segelten schweigend mit achterem Wind und merkten am treibenden Tang, daß sie in einer querlaufenden Strömung waren. Sie segelten und trieben den zweiten Teil des Nachmittags, und am Abend sprang der Wind um. Sie hätten es nicht gemerkt, wenn sie nicht noch einmal, für kurze Zeit, die untergehende Sonne gesehen hätten. Der Wind wurde stärker und schüttelte mit kräftigen Stößen das Boot. Sie mußten das Notsegel einholen, denn der Riemen, der als Mast diente, war bei dem Wind für das Boot zu schwer. »Und jetzt?« fragte der Professor.

»Jetzt wird gerudert«, sagte Lorenz. »Ich fange an.«

»Ich werde rudern«, sagte Tadeusz. »Is mein Schwager, wo uns hat sitzenlassen, darum werde ich rudern. Nachher können wir uns ablösen.«

»Streng dich nicht zu sehr an, Tadeusz. Wer weiß, wozu wir unsere Kraft noch brauchen werden. Es genügt, wenn wir das Boot halten und nicht allzuweit abgetrieben werden.«

»Schweden hat eine lange Küste«, sagte der Professor.

»Hoffentlich ist der Wind derselben Ansicht«, sagte Lorenz.

Tadeusz ruderte bis zur Dämmerung, dann wurde die See unruhiger, und er mußte in den Wind drehen und konnte das Boot nur noch mit kurzen Schlägen auf der Stelle halten. Das Boot tauchte tief mit dem Bug ein, wenn eine Welle unter ihm hindurchgelaufen war, nahm Wasser über, schüttelte sich und glitt wie ein Schlitten den Wellenhügel hinab, bis die nächste Welle es abfing und emportrug. Der Professor kramte aus seinem Rucksack eine Konservendose heraus, entleerte sie und fing an, Wasser zu schöpfen, das schwappend, in trägem Rhythmus über die Bodenbretter hinwegspülte. Das Wasser funkelte, wo der Bug es zerspellte. Weiter entfernt leuchteten die zerrissenen Schaumkronen in der Dunkelheit.

Obwohl er ruderte, trug Tadeusz seine Joppe mit dem Fischgrätenmuster, Lorenz hatte seinen Pullover angezogen, und der Professor hatte sich den Umhang übergelegt, während er Wasser schöpfte. Die Konservendose fuhr kratzend, mit blechernem Geräusch über die Bodenbretter, plumpsend fiel das Wasser zurück in die See, mit einem dunklen, gurgelnden Laut. »Es regnet«, sagte der Professor plötzlich. »Ich habe die ersten Tropfen abbekommen.«

»Dann werde ich rudern«, sagte Lorenz. »Komm, Tadeusz, laß mich vorbei.«

Er erhob sich, der Wind traf sie mit einem Stoß wie ein Faustschlag, und Lorenz und Tadeusz griffen nacheinander und preßten ihre Körper zusammen, um das Schwanken des Bootes aufzufangen; zitternd standen sie nebeneinander, duckten sich, schoben sich gespannt und langsam, und ohne den Griff in der Kleidung des andern zu lösen, aneinander vorbei, und erst als sie beide saßen, Tadeusz im Heck und Lorenz auf der Ducht, lösten sie sich aus der Umklammerung. Lorenz legte sich in die Riemen, sein Körper hob sich so weit, daß sein Gesäß nicht mehr die Ducht berührte: stemmend, in schräger Haltung, als sei er an keine Schwerkraft gebunden, so machte er einige wilde Schläge, um das Boot, das querzuschlagen drohte, wieder mit dem Bug gegen die See zu bringen. Es war dunkel.

»Eh, Professor«, rief Lorenz.

»Ja? Ja, was ist?«

»Sie sollten versuchen, zu schlafen.«

»Jetzt?«

»Sie müssen es versuchen. Einer von uns muß frisch bleiben, für alle Fälle.«

»Gut«, sagte der Professor, »ich werde es versuchen.«

Er zog den Umhang über seinen Kopf, streckte die Beine aus und legte die Wange gegen seinen Rucksack. Er spürte, wie sich das Schwanken des Bootes in seinem Körper fortsetzte; sanft rieb die Wange über den durchnäßten Stoff des Rucksacks. Der Professor schloß die

Augen, er fror. Durch seine Vermummung hörte er den Wind über die Bordkanten pfeifen. Er wußte, daß er nicht schlafen würde. Tadeusz schöpfte mit der Konservendose Wasser, sobald die Bodenbretter überspült wurden; Lorenz ruderte. Er keuchte; obwohl er jetzt saß und nur noch versuchte, den Bug des Bootes im Wind zu halten, keuchte er und verzerrte beim Zurücklegen und Ausbrechen der Riemen sein Gesicht.

Plötzlich kroch Tadeusz bis zur mittleren Ducht vor, richtete sich zwischen Lorenz' gespreizten Beinen halb auf und hob sein breitwangiges Gesicht und flüsterte: »Laß treiben, Lorenz, hat keinen Zweck nich. Vielleicht wir kriegen Sturm diese Nacht.«

»Verschwinde«, sagte Lorenz.

»Aber es wird kommen Sturm vielleicht.«

»Es kommt kein Sturm.«

»Und wenn?«

»Wir können nicht zurück, Tadeusz. Wir müssen versuchen, rüberzukommen. Wenn wir es alle versuchen, schaffen wir es. Wir können jetzt nicht aufgeben.«

»Wir können zurück und es morgen versuchen mit Kutter.«

»Ich scheiß auf deinen Kutter«, sagte Lorenz. »Deinen Schwager mit seinem Kutter soll die Pest holen. Jetzt können wir nicht zurück.«

»Und wenn viel Wasser kommt ins Boot?«

»Dann wirst du schöpfen.«

»Gut«, sagte Tadeusz.

Er kroch wieder zurück ins Heck, kauerte sich hin,

und die Konservendose fuhr kratzend über die Bodenbretter, hob sich über die Bordwand: in glimmendem Strahl plumpste das Wasser zurück in die See.

Der Regen wurde schärfer, prasselte auf sie herab, trommelte gegen die Bordwand, ihre Gesichter waren naß, die Nässe durchdrang ihre Kleidung; das Geräusch des Regens war stärker als das Geräusch der See. Es war nur ein Schauer, denn nach einer Weile hörten sie wieder das Schnalzen der See, das Klatschen des einbrechenden Bugs im Wasser, und sie hatten wieder das Gefühl, von der Küste weit entfernt zu sein. Während der Regen auf sie niederging, hatten sowohl Tadeusz als auch Lorenz die unwillkürliche Empfindung, daß hinter der Wand des Regens ein Ufer sein müßte, sie glaubten sich für einen Augenblick nicht auf freier See, sondern – eingeengt, von der Regenwand umschlossen – inmitten eines Teiches oder eines kleinen schilfgesäumten Gewässers, dessen Ufer zu erreichen sie nur einige lange Schläge kosten würde – nun, nachdem der Regen zu Ende war, kehrte das alte Gefühl zurück. Gischt sprühte über das Boot, das jetzt in einigen unregelmäßigen Seen trudelte und sich schüttelte, durchsackte und dann mit sonderbarer Ruhe einen Wellenhügel hinabglitt, als nähme es Anlauf, um den gefährlich vor ihm aufwachsenden Kamm zu erklimmen. Lorenz hielt den Bug gegen die See.

»Da«, schrie Tadeusz auf einmal, »da, da!« Er schrie es so laut, daß der Professor hochschrak und seinen durchnäßten Umhang vom Kopf riß, so laut und befehlend, daß Lorenz die Riemen hob und nicht mehr weiterruderte, und sie brauchten nicht einmal Tadeusz' ausgestreckter Hand zu folgen, um zu erkennen, was er meinte und worauf er sie aufmerksam machen wollte. Ja, sie sahen es so zwangsläufig und automatisch, wie man sofort zwei glühende Augen in einem dunklen Raum sieht, den man betritt, oder doch so zwangsläufig, wie man in die einzige Richtung blickt, aus der man Rettung erwartet: sobald sie den Kopf hoben, mußten sie es sehen. Und sie sahen es alle. Das Schiff kam fast auf sie zu, ein erleuchtetes Schiff, ein Passagierschiff mit zwei Reihen von erleuchteten Bulleyes; sogar die Positionslampen im Topp konnten sie erkennen. Das Schiff machte schnelle Fahrt und kam schnell näher, sie konnten nicht sagen, wie weit es von ihnen entfernt war, sie vermuteten, daß das Schiff sehr nahe sein mußte, denn hinter einigen Bulleyes waren Schatten zu sehen. »Wir müssen geben ein Zeichen«, sagte Tadeusz und sprang ruckartig auf, so daß das Boot heftig schwankte und an der Seite Wasser übernahm.

»Was für ein Zeichen?« fragte Lorenz ruhig. Er ruderte wieder.

»Ein Zeichen, daß sie uns rausholen.«

»Und dann?«

»Dann wir kriegen trockenes Bett und warmes Essen, und alles schmeckt. Hab ich Taschenlampe mitgebracht, ich kann geben Zeichen mit Taschenlampe.«

Tadeusz zog aus seiner Joppentasche eine schwarze, flache Taschenlampe heraus, hielt sie mit ausgestrecktem Arm Lorenz hin und sagte: »Hier, damit wir uns verschaffen trockenes Bett und warmes Essen.«

Lorenz nahm wortlos die Taschenlampe und ließ sie in seinem Rucksack verschwinden. Er ruderte schweigend, blickte aufmerksam zum Schiff hinüber, das jetzt querab von ihnen vorbeifuhr.

»Was is«, fragte Tadeusz, »warum gibst du kein Zeichen?«

»Sei still. Oder laß dir vom Professor erklären, warum wir kein Zeichen geben können. Der Professor ist zuständig für Erklärungen.«

»Sie würden uns schön rausholen«, sagte Tadeusz.

»Ja«, sagte Lorenz, »sie würden uns schön rausholen. Aber weißt du, welch ein Schiff das ist? Weißt du, wohin es fährt und in welchem Hafen wir landen würden? Vielleicht würde es uns dahin zurückbringen, woher wir gekommen sind.«

»Wir können kein Zeichen geben«, sagte der Professor. »Wir sind so weit, daß wir uns unsere Retter aussuchen müssen. Aber warum sollten wir es? Morgen flaut der Wind wieder ab, und wir können segeln. Bisher ist alles gutgegangen, und es wird auch weiter alles gutgehen. Wir haben schon eine Menge geschafft.«

»Merk dir das, Tadeusz«, sagte Lorenz.

Die Bulleyes des Schiffes liefen zu einer leuchtenden Linie zusammen, die kürzer wurde, je mehr sich das Schiff entfernte, und schließlich selbst nur noch ein Punkt war, der lange über dem Horizont stand wie ein starres gelbes Auge in der Dunkelheit. Der Professor zog den nassen Umhang über den Kopf, legte die Wange an seinen Rucksack und schloß die Augen. Lorenz ruderte, und Tadeusz zog von Zeit zu Zeit die Konservenbüchse über die Bodenbretter und schöpfte Wasser. Einmal öffnete sich die Wolkendecke, ein Ausschnitt des Himmels wurde sichtbar, ein einziger Stern, dann schoben sich tiefziehende Wolken davor. Lorenz glaubte einen treibenden Gegenstand auf dem Wasser zu entdecken, doch er täuschte sich. Glimmend zogen sich Schaumspuren die Rücken der Wellen hinauf. Der Wind nahm nicht zu.

Später, als Lorenz nur noch das Gefühl hatte, daß seine Arme die Riemen wären, daß seine Handflächen ins Wasser tauchten und das Boot gegen die See hielten, erhielt er einen kleinen Stoß in den Rücken, und er sah den Professor hinter sich kauern und ihm etwas entgegenhalten.

»Was ist das?« fragte Lorenz.

»Schnaps«, sagte der Professor. »Nehmen Sie einen Schluck, und dann werde ich rudern.«

»Später«, sagte Lorenz. »Zuerst wollen wir die Plätze tauschen. Ich bin fertig.«

Sie schoben sich behutsam aneinander vorbei, ohne sich aufzurichten, das Boot schwankte, aber bevor der Wind es querschlug, saß der Professor auf der Ruderducht und zog die Riemen durchs Wasser. Einen Augenblick lag das Boot wieder in der See, doch nun drückten das Wasser und der Wind den linken Riemen gegen die Bordwand, und der Professor arbeitete, um den Riemen freizubekommen; er schaffte es nicht, gegen den Druck des Wassers konnte er den verklemmten Riemen nicht ausbrechen. Er ließ den rechten Riemen los, faßte den linken mit beiden Händen und zog und stöhnte, doch nun schlug das Boot quer, und eine Welle brach sich an der Bordkante und schleuderte so viel Wasser hinein, daß die Bodenbretter schwammen. Tadeusz riß den Professor von der Ruderducht – sie wären gekentert, wenn Lorenz nicht die heftige Bewegung ausgeglichen hätte, indem er sich instinktiv auf eine Seite warf –, ergriff die Riemen, brach sie aus ihrer Verklemmung und ruderte peitschend und mit kurzen Schlägen, bis er den Bug herumzwang.

»Danke«, sagte der Professor leise, »vielen Dank.«

Tadeusz hörte es nicht. Der Professor zog eine Flasche heraus, schraubte den Verschluß ab und reichte die Flasche Tadeusz. »Das wärmt«, sagte er.

Tadeusz trank, und nach ihm trank Lorenz einen Schluck. Der Professor zündete sich eine Zigarette an; dann begann er mit großer Sorgfalt und ohne Unterbrechung Wasser zu schöpfen; er schöpfte so lange, bis die Bodenbretter wieder fest auflagen und grünlich und matt glänzten. Er hatte es vermieden, Tadeusz oder Lorenz anzusehen, und als er sich aufrichtete, sagte er:

»Ich bitte um Verzeihung. Ich weiß auch nicht, wie es geschah.«

»Der Schnaps wärmt gut«, sagte Tadeusz.

»Ich denke, Sie sollten nicht mehr rudern, Professor«, sagte Lorenz. »Sie können besser schöpfen. Damit ist uns mehr geholfen.«

»Ich kann auf den Schlaf verzichten. Ich werde immer schöpfen«, sagte der Professor leise.

Lorenz kauerte sich im Bug zusammen und versuchte zu schlafen, und er schlief auch ein, doch nach einiger

Zeit weckte ihn Tadeusz durch einen Zuruf, und Lorenz löste ihn auf der Ducht ab. Dann lösten sie sich noch einmal ab, und als Lorenz aus seiner Erschöpfung erwachte, lag im Osten über der See ein roter Schimmer, der wuchs und über den Horizont hinaufdrängte. Das Wasser war schmutziggrün, im Osten hatte es eine rötliche Färbung. Die Schaumkronen leuchteten im frühen Licht.

Sie waren alle wach, als die Sonne aufging und sich gleich darauf hinter schmutziggrauen Wolken zurückzog, so als hätte sie sich nur überzeugen wollen, daß das Boot noch trieb und die Männer noch in ihm waren. Sie aßen gemeinsam, sie teilten diesmal, was sie mitgebracht hatten: Brot, Dauerwurst, gekochte Eier und fetten Speck, der Professor schraubte seine Schnapsflasche auf, und nach dem Essen rauchten sie. »Da ist jedenfalls Osten«, sagte Lorenz und machte eine nickende Kopfbewegung gegen den Horizont, wo der rote Schimmer noch stand, aber nicht mehr frei und direkt stand, sondern abnehmend, indirekt, wie eine Erinnerung, die von den langsam ziehenden Wolken festgehalten wurde. Tadeusz versuchte, das Notsegel aufzurichten: der Wind war zu stark, immer wieder kippte der Riemen mit dem flatternden Umhang um – sie mußten rudern.

»Wie schnell treibt eigentlich ein Boot?« fragte Lorenz.

»Es kommt auf die Strömung und auf den Wind an«, sagte der Professor.

»Wieviel? Ungefähr.«

»Eine bis zwei Meilen in der Stunde kann man rechnen. Vielleicht auch weniger.«

»Also sind wir schätzungsweise zwanzig Stunden getrieben. Zumindest können wir das annehmen.«

»Ungefähr«, sagte der Professor. »Aber wir kennen die Strömung nicht. Manchmal ist die Strömung stärker als die See und bringt das Boot vorwärts, obwohl es so aussieht, als werde es zurückgeworfen.«

»Das ist ein sehr guter Gedanke«, sagte Lorenz. »Der hat uns bisher gefehlt. Unter diesen Umständen könnten wir bald in Schweden Rasierzeug kaufen.« Er blickte auf den schlaffen, unrasierten Hals des Professors, an dem ein nasser Hemdkragen klebte.

»Es war gut gemeint«, sagte Lorenz.

Der Professor lächelte.

Der ganze Vormittag blieb sonnenlos, die See wurde nicht ruhiger als in der Nacht; torkelnd, den Bug im Wind, trieb das Boot, während einer der Männer, Tadeusz oder Lorenz, ruderte. Tadeusz schwieg vorwurfsvoll, er kümmerte sich nicht um die kurzen flüsternden Gespräche zwischen Lorenz und dem Professor, achtete nicht auf ihr seltsames und lautloses Lachen – Tadeusz dachte an das erleuchtete Schiff, das ihren Kurs passiert hatte. Der Professor drehte im Schutz seines Umhangs Zigaretten, verteilte sie, reichte Feuer hinter einer gebogenen Handfläche; er reichte dem jeweils Rudernden die aufgeschraubte Schnapsflasche, ermunterte sie und schöpfte Wasser, sobald es schwappend über die Bodenbretter stieg. Der Professor blickte nicht auf die See. Er war sehr ruhig.

»Das nächste Mal steigen wir um«, sagte Lorenz plötzlich. »Wenn wir wieder ein Schiff treffen, geben wir Zeichen und lassen uns an Bord nehmen. Einverstanden, Tadeusz? Das ist fest abgemacht.«

Tadeusz nickte und sagte:

»Vielleicht das Schiff fährt nach Schweden. Wer kann wissen? Dann wir kommen schneller hin als mit Kutter.«

»Das meine ich auch«, sagte Lorenz. »Und nun hör auf, solch ein Gesicht zu machen. Wir sind nicht besser dran als du. Ich schätze, daß wir alle dieselben Möglichkeiten haben. Als wir die Sache anfingen, da haben wir uns eine Chance ausgerechnet, sonst wären wir jetzt nicht in dem Boot. Keiner von uns hat einen Vorteil.«

Tadeusz legte sich in die Riemen und schloß beim Zurücklegen die Augen.

Die schmutziggrauen Wolken zogen über den Horizont herauf, schoben sich auf sie zu und standen nun unmittelbar voraus: Sturmwolken, die sich ineinander wälzten und an den Rändern wallend verschoben; ihr Zentrum schien unbeweglich. Die Männer im Boot sahen die Wolken voraus, sahen sie und spürten, daß es Zeit wurde, sich gefaßt zu machen, sich vorzubereiten auf etwas, worauf sie sich in dem Boot weder vorzubereiten wußten noch vorbereiten konnten, und da sie das ahnten und tun wollten, was zu tun ihnen angesichts der Größe des Bootes nicht möglich war, stopften sie die Rucksäcke unter die mittlere Ducht, schlugen die Kragen hoch und warteten.

»Wenn ich nur wüßte, wo wir sind«, sagte Lorenz.

»Es gibt eine Menge Inseln vor der Küste«, sagte der

Professor. »Wenn wir Glück haben, treiben wir irgendwo an. Wir werden schon an Land kommen.«

»Sicher. Die Ostsee ist ein kleines Meer.«

Als der erste Vorläufer des Sturms sie erreichte, war es finster über dem Wasser, eine fahle Dunkelheit herrschte, es war nicht die entschiedene, tröstliche, ruhende Dunkelheit der Nacht, sondern die gewaltsame, drohende Dunkelheit, die der Sturm vorausschickt. Die Männer rückten stillschweigend in die Mitte des Bootes, hoben die Hände, streckten sie zu den Seiten aus und umklammerten das Dollbord. Die Seen schienen kürzer zu werden, obwohl sie an Heftigkeit zunahmen. Auf den Rükken der Wellen kräuselte sich das Wasser, das jetzt dunkel war, von unbestimmbarer Farbe. Tadeusz spuckte seine Kippe ins Boot und stemmte die Absätze gegen die Kante der Bodenbretter, um den besten Widerstand zu finden. Er ruderte mit kurzen Schlägen.

Der Wind war wieder umgesprungen, doch sie konnten nicht bestimmen, aus welcher Richtung er kam und wohin sie abgetrieben wurden. Der Wind war so stark, daß er auf die Ruderblätter drückte, und wenn Tadeusz sie ausbrach und zurückführte, hatte er das Gefühl, daß an der Spitze der Riemen Gewichte hingen – was ihn für eine Sekunde daran erinnerte, daß er als Junge mit dem Boot seines Vaters auf einen verwachsenen See hinausfuhr und schließlich zum Ufer staken mußte, weil die Riemen unter das Kraut gerieten, festsaßen in einer elastischen, aber unzerreißbaren Fessel, so daß er nicht mehr rudern konnte.

Zuerst merkten sie den Sturm kaum oder hätten zumindest nicht sagen können, wann genau er einsetzte – denn während der ganzen Nacht und während des ganzen Vormittags war die See nicht ruhig gewesen. Sie merkten es erst, als das leichte Boot einen Wellenberg hinauflief, einen Berg, der so steil war, daß ihre Rucksäcke plötzlich polternd über die Bodenbretter in das Heck rutschten und die Männer sich in jähem Erstaunen ansahen, da der Wellenberg vor ihnen kein Ende zu nehmen schien und sich noch weiter hinaufreckte, während das Boot, das nicht an ihm klebte, sondern ihn erklomm, so emporgetragen wurde, daß Tadeusz zu rudern aufhörte, weil er glaubte, mit seinen Riemen das Wasser nicht mehr erreichen zu können. Und sie merkten den Sturm, wenn das Boot jedesmal unterhalb des Wellenkammes stillzustehen schien auf dem steilen Hang, wobei sie dachten, daß sie entweder zurückschießen oder aber, was wahrscheinlicher war, von dem sich aufrichtenden und zusammenstürzenden Kamm unter Wasser gedrückt werden müßten.

Der Professor hielt sich mit einer Hand am Dollbord fest und schöpfte mit der anderen Wasser. Lorenz hatte sich im Bug umgedreht und blickte voraus. Tadeusz hielt die Riemen, ohne sie regelmäßig zu benutzen. Es war ihr erster Sturm.

Das Boot torkelte nach beiden Seiten, von beiden Seiten klatschte Wasser herein, über den Bug fegte die Gischt, traf schneidend ihre Gesichter, und die Hände wurden klamm. Lorenz konnte Tadeusz auf der mittleren Ducht nicht ablösen, er konnte sich nicht aufrichten, ohne das leichte Boot in die Gefahr des Kenterns zu bringen. Hockend zerrte er die Rucksäcke in die Mitte des Bootes, löste die Riemen und schnallte sie an der Ducht fest. Die Riemen knarrten und strafften sich, sie verhinderten, daß die Rucksäcke ins Heck rollten. Der Professor versuchte eine Zigarette anzustecken; es gelang ihm nicht, und er warf die Zigarette, die von der hereinfegenden Gischt naß geworden war, über Bord. Er nahm einen Schluck aus der Schnapsflasche und reichte die Flasche dann Lorenz, der ebenfalls einen Schluck nahm. Tadeusz trank nicht. Er konnte die Riemen nicht mit einer Hand halten. Die schmutzige Wolke stand jetzt über ihnen. Sie bewegte sich langsam, sie schien sich nicht schneller zu bewegen als das Boot. Und dann war es wieder Tadeusz: in dem Augenblick, als der Professor seinen wasserbesprühten, blinden Zwicker abnahm und in die Brusttasche schob, in der Sekunde, da Lorenz sich angesichts eines zusammenstürzenden Wellenkammes unwillkürlich duckte, rief Tadeusz ein Wort – wenngleich es ihnen allen vorkam, daß es mehr war als ein Wort.

»Küste!« rief er, und ehe sie noch etwas wahrnahmen oder sich aufrichteten oder umdrehten, fühlten sie sich durch das eine Wort bestätigt, ja, sie hatten sogar das Empfinden, daß der Sturm, nachdem das Wort gefallen war, wie auf Befehl nachließ, und dies Empfinden behauptete sich, selbst als sie sich umwandten und nichts sahen als die dünende Einöde der See.

»Wo?« schrie Lorenz.

»Wo ist die Küste?« rief der Professor.

»Gleich«, sagte Tadeusz.

Als die nächste Welle sie emportrug, sahen sie einen dunklen Strich am Horizont, dünn wie eine Planke oder das Blatt eines Riemens; es war die Küste.

»Da«, schrie Tadeusz, »ich hab sie gesehn.«

»Die Küste«, murmelte der Professor und legte die Hand auf seinen Rucksack.

»Welche Küste?« fragte Lorenz.

»Wahrscheinlich eine Insel«, sagte der Professor, »es sah so aus.«

»Mit irgendeiner Küste ist uns nicht gedient«, sagte Lorenz. »Wir müssen wissen, welche Küste es ist.«

»Es muß eine schwedische Insel sein«, sagte der Professor.

»Und wenn es keine schwedische Insel ist?«

»Es ist eine.«

»Aber wenn es eine andere ist?«

»Dann bleibt immer noch Zeit.«

»Wofür?«

Der Professor antwortete nicht, schob die Finger in eine Westentasche und kramte vorsichtig und zog eine kleine Glasampulle heraus, die er behutsam zwischen Daumen und Zeigefinger hielt und den Männern zeigte.

»Was ist das?« fragte Lorenz.

»Für den Fall.«

»Für welchen Fall?«

»Es ist Gift«, sagte der Professor.

»Gift?« fragte Tadeusz.

»Es braucht nur eine Minute«, sagte der Professor, »wenn die Ampulle zerbissen ist. Man muß sie in den Mund stecken und draufbeißen. Es ist noch Friedensware.«

Lorenz sah auf die Ampulle, sah in das Gesicht des Professors, und in seinem Blick lag eine nachdenkliche Feindseligkeit. Jetzt glaubte er, daß er diesen Mann schon immer gehaßt habe, weniger als Erwiderung darauf, daß er sich selbst mitunter von ihm gehaßt fühlte, als wegen der gefährlichen Jovialität und der biedermännischen Tücke, die er in seinem Wesen zu spüren glaubte.

»Sie sind übel«, sagte Lorenz, »ah, Sie sind übel.«

»Was ist denn?« sagte der Professor erstaunt.

»Ich wußte es immer, Sie taugen nichts.«

»Was habe ich denn getan?«

»Getan? Sie wissen nicht einmal, was Sie getan haben? Sie haben Tadeusz verraten, den Mann, der für Sie rudert, und Sie haben mich verraten. Sie haben natürlich dafür gesorgt, daß Sie einen heimlichen Vorrat hatten. Sie dachten nicht daran, mit gleichen Chancen ins Boot zu steigen. Sie hatten für den Fall der Fälle vorgesorgt. Sie brauchen nur eine Minute – und wir? Interessiert es Sie nicht, wie viele Minuten wir brauchen? Das ist der drekkigste Verrat, von dem ich gehört habe. Na los, beißen Sie drauf, schlucken Sie Ihre Friedensware. Warum tun Sie es nicht?«

Der Professor drehte die kleine Ampulle zwischen den Fingern, betrachtete sie, und dann schob er die Hand über das Dollbord und ließ die Ampulle los, indem er die Zange der Finger öffnete. Die Ampulle fiel ohne Geräusch ins Wasser.

»Ein dreckiger Verrat«, sagte Lorenz leise.

Der Sturm trieb sie auf die Küste zu, die höher hinauswuchs aus der See, eine dunkle, steile Küste, vor der die Brandung schäumte. Die Küste war kahl, nirgendwo ein Haus, ein Baum oder Licht, und Tadeusz sagte: »Bald wir finden trocknes Bett. Bald wir haben warmes Essen.«

Lorenz und der Professor schwiegen; sie hielten die Küste im Auge. Obwohl es spät am Nachmittag war, lag Dunkelheit über der See und über dem Land. Ihre nassen Gesichter glänzten. Die Wellen warfen das Boot auf die Brandung zu, die rumpelnd, wie ein Gewitter, gegen die Küste lief.

»Wenn wir sind durch Brandung, sind wir an Land«, sagte Tadeusz scharfsinnig. Niemand hörte es, oder niemand wollte es hören; den Körper gegen die Bordwand gepreßt, die Hände auf dem Dollbord: so saßen sie im Boot und blickten und horchten auf die Brandung. Und jetzt sahen sie etwas, was niemand auszusprechen wagte, nicht einmal Tadeusz sagte es, obzwar die andern damit rechneten, daß er auch dies sagen würde, was sie selbst sich nicht einzugestehen wagten: dort, wo die Steilküste sich vertiefte und eine Mulde bildete, standen zwei Männer und beobachteten sie, standen, dunkle Erscheinungen gegen den Himmel, bewegungslos da, als ob sie das Boot erwarteten.

Die erste Brandungswelle erfaßte das Boot und trieb es rückwärts und in sehr schneller Fahrt gegen die Küste;

die zweite Welle schlug das Boot quer; die dritte hob es in seiner Breite an, obwohl Tadeusz so heftig ruderte, daß die Riemen durchbogen und zu brechen schienen, warf es so kurz und unvermutet um, daß keiner der Männer Zeit fand, zu springen. Einen Augenblick war das Boot völlig unter Wasser verschwunden, und als es kieloben zum Vorschein kam, hatte es die Brandungswelle fünf oder acht oder sogar zehn Meter unter Wasser gegen den Strand geworfen. Mit dem Boot tauchten auch Lorenz und Tadeusz auf, dicht neben der Bordwand kamen sie hervor, klammerten sich fest, während eine neue Brandungswelle sie erfaßte und vorwärtsstieß und über ihren Köpfen zusammenbrach.

Als die Gewalt der Welle nachließ, spürten sie Grund unter den Füßen. Das Wasser reichte ihnen bis zur Brust. Etwas Weiches, Zähes schlang sich um Lorenz' Beine; er bückte sich, zog und brachte den schwarzen Umhang des Professors zur Oberfläche. Er warf ihn über das Boot und blickte zurück. Der Professor war nicht zu sehen.

»Dahinten!« rief eine Stimme, die er zum ersten Mal hörte. Neben ihnen, bis zur Brust im Wasser, stand ein Mann und deutete auf die Brandung hinaus, wo ein treibender Körper auf einer Welle sichtbar wurde und im Zusammenstürzen unter Wasser verschwand. Der Mann neben ihnen trug die Uniform, die sie kannten, und noch bevor sie zu waten begannen, sahen sie, daß auch der Mann, der am Ufer stand, eine Maschinenpistole schräg über dem Rücken, Uniform trug. Er winkte ihnen angestrengt, und sie wateten in flaches Wasser und erkannten die Küste wieder.

1957

Fluß und Hafen

Die Elbe! Wie stumpf ihr Wasser im Herbst vorbeifließt, drüben über dem Ufer beginnt sich der Dunst zu senken, macht das Land unsichtbar. Die Baumkronen heben sich wie aus einem überfluteten Wald, das Pochen der Dieselmotoren wird zu einem weichen Pulsschlag, die Schläge von den Werften bleiben echolos, und das Rattern der Eimerkette, die der Bagger über den Grund zieht, erreicht mich kaum. Die Lichter, die matten, langsam vorbeiwandernden Lichter, scheinen die Mühseligkeit der Bewegung zu verkünden. Die Aufbauten der Schiffe gleiten nah vorbei, sie scheinen keine Berührung mit dem Wasser zu haben. Für mich sind das die, ich will nicht sagen erregendsten, aber doch spannendsten Augenblicke auf der Elbe: wenn der weißliche Dunst sich für die Nacht senkt und alles am Strom fraglich werden läßt.

Deutschstunde, 1968

> Wandert an einem verträumten Sonntagnachmittag rings um die Stadt herum. Was sehr ihr da? Aufgereiht wie schweigende Schildwachen rund um die Stadt stehen Tausende und aber Tausende von sterblichen Menschen in Weltmeerträumen versunken.
>
> Herman Melville, *Moby Dick*

≈

Über dem Strom lag leichter Nebel, und es war windstill, und kein Geräusch drang von der Werft herüber. Nur das warnende Nebelhorn eines aufkommenden Schiffes war zu hören, es lief den Strom hinauf, es näherte sich blind und langsam dem Hafen: auch während des Nebels floß Gewinn in die Stadt, glitt Umsatz und Reichtum stromaufwärts. Einst war der Gewinn auf Karavellen in den Hafen gelangt, auf Koggen, Fregatten, Briggs und Korvetten, nun kam er mit Tankern herein, mit schnellen Frachtern und schneeweißen Fruchtdampfern. Die neuen Schiffe waren groß, man konnte erschrecken angesichts ihrer Größe: als triebe ein Kontinent vorbei, ein ganzer fahrbarer Erdteil mit Schätzen, so zogen sie den Strom hinauf, und in ihrem Innern lagen Berge goldenen Tabaks aus Virginia, lagen Stapel von duftendem Holz aus den Wäldern Finnlands, schwedisches Erz und Gebirge aus dänischem Schweinespeck. Die ganze Herrlichkeit der Welt ruhte in ihren erschreckend großen Bäuchen: Jute und Juchten, Kaffee und Konserven, Weine und Gewürze, hochgetürmt und gestapelt von einem Kumpel an ferner Küste ...

Der Mann im Strom, 1957

≈

Man muß daran denken, in welcher Weise sich Hamburg verbunden fühlte mit dem Wasser, in welcher Weise es seine Hoffnungen auf das Wasser setzte – hamburgisches Geschick war maritimes Geschick. Wenn die Kauffahrteischiffe die Elbe heraufkamen, bedeutete das Wohlstand für jedermann, partizipierte nahezu jedermann ... Man hat sich gesagt, wir müssen das investieren, weil wir zunächst konkurrenzfähig bleiben wollen. Wir leben von der Schiffahrt, die Elbe ist unsere Silberader, durch sie kommt der Reichtum herein.

Wo die Möwen schreien ..., 1976

≈

... dem kleinen, schwermütigen Monarchen sollte der Hafen gezeigt werden, er war der Stolz der großen Stadt, ihr Ruhm, ihre Schatzkammer seit alters; mit dem Hafen war verbunden, was Tradition hatte in der Stadt, was hier galt und bedeutend war, und der Hafen war sehenswert, ohne Zweifel: das hatten schon frühere Staatsbesuche versichert. Ihn konnte man jederzeit vorweisen, er war ein rechtes Schaustück, ein bewegtes Panorama des Umsatzes, er war das Lieblingsgebiet der Stadt, er war ihre Geschichte, und er war auch ihr Geist.

Der Mann im Strom, 1957

≈

Schwer ist es, in Hamburg einen Hamburger zu ertappen. Auf eiliger, auf oberflächlicher Suche trifft man nur Krebse, Pinneberger, Bergedorfer, man begegnet den genügsamen Bücklingen einer strebsamen Gesellschaft, Makrelen aus Stade, Ewerschollen aus Finkenwerder, Heringe aus Cuxhaven schwimmen in erwartungsvollen Schwärmen durch die Straßen meiner Stadt, Hummer bewachen mit geöffneten Scheren die Börse; Knurrhähne begeben sich zu einer Konferenz ins Rathaus, man begegnet dem Seelachs und dem Dornhai und verfolgt volkreiche Wanderungen von Dorschen, die zum Hafen hinabziehen. Der erste, sozusagen unbewaffnete Blick findet immer wieder den Meeresgrund, er fällt in Aquariumsdämmerung; das hat schon Heinrich Heine erfahren müssen, als er mit gebildetem Spott und talentierter Melancholie die Leute von Hamburg suchte. Da bot sich unwillkürlich ein maritimer Vergleich an: Hamburg auf dem Grund der See, und durch es hintreibend, es bewohnend und beherrschend, zeigte sich mannigfaltiges Seegetier.

Leute von Hamburg, 1966

≈

Wenn man als Fremder zum erstenmal nach Blankenese kommt und dort spazierengeht, hält man es nicht für möglich, daß man in Norddeutschland ist, so südlich wirkt dieser kleine Ort.

Nicht so unbedingt südlich, je weiter man dem Lauf der Elbe folgt, hinabschaut – da sieht man ein Grün, wie man es in Schweden findet, in Finnland und Norwegen, dieses intensive Grün, das hier so leuchtet gegen den Horizont hin. Zugegeben, da kommt das Blaue und die Reflektion des Blauen hinzu.

Aber ein längerer Blick wird unsere Annahme, wir seien im Süden, bald widerlegen. Wenn man die Spitzgiebeldächer sieht, überhaupt die ganze Architektur, wird man sofort feststellen, daß es nicht im Süden sein kann. Auch die Anlage des Strandes, die gewisse Leblosigkeit des Strandes ist ja sehr kennzeichnend – und vielleicht typisch für Blankenese. Das ist ein Strand der Verlassenheit, wie er im Süden nicht vorzufinden wäre. Der Strand hier sieht verschont aus. Und das läßt vielleicht Rückschlüsse zu auf die Bewohner dieser Häuser, die sich halt damit begnügen, aus ihren Fenstern auf den Strom zu sehen, ihre Freunde einzuladen, in der Kaffeecke zu sitzen und von dort aus den Schiffen nachzublicken.

Man ist nicht unbedingt auf das Originalerlebnis aus, auf das Erlebnis der Nähe – was im Süden einfach selbstverständlich wäre. Hier sitzt man nicht unter freiem Himmel. Hier zieht man sich in die Geborgenheit seiner Häuser zurück und pflegt eine Geselligkeit und Häuslichkeit, eine bestimmte Häuslichkeit – gerade hier in Blankenese.

Spricht auch die Baulichkeit der Häuser dafür, daß man sich so in sich zurückzog?

Nicht unbedingt, aber es ist hier zunächst einmal die Orientierung zum Strom hin zu sehen. Was mir sofort auffiel, ist, daß – je weiter die Häuser vom Strom entfernt liegen – die Anzahl ihrer Stockwerke zunimmt. Das spricht zunächst einmal für das Bedürfnis der Eigentümer, einen Blick auf den Strom zu haben. Sie wollen ihn sehen – über die Vordermänner hinweg, sie wollen nicht ausgeschlossen sein vom Strom – und das ist ja aufschlußreich genug.

Natürlich, denn mit allem, was sich dort draußen ereignet, sind sie doch ganz eng verbunden und wollen es bleiben. Sie nehmen damit an Hamburg teil. Es ist ständig etwas los auf diesem Strom – aufkommende und hinausgehende Schiffe, die vertraute Geräuschkulisse der Schiffssirenen und Typhone.

Unten sitzen die alten, pensionierten Kapitäne, die aus einer gewissen bilanzierenden Wehmut und Schwärmerei ausschauen auf diesen Strom, der ihr Schicksal war, mit dem ihre Biographie zusammenhängt. Sie erinnern sich, sie kennen jedes Schiff, sie kennen seine Tonnage – und vielleicht sogar die Kapitäne, weil sie genau wissen, wer wo jetzt fährt. Es ist so, als ob man Furcht hat, Abschied zu nehmen von sich selbst …

Wo die Möwen schreien …, 1976

≈

Der Hafen ist voller Geheimnisse

Sieh! Das ist der Hafen. Wähl dir einen Platz und sieh. Geh hinab auf den schlüpfrigen, schwankenden, schnalzenden Landungsponton … tritt unter den gellenden Sturz der Möwen und erwarte die alte Fähre … Oder geh auf die erdbraune Böschung hinauf … da liegt er dir zu Füßen … stell dich neben die Bank und sieh … Geh auf die Pier, geh die saubere Rampe der Schuppen entlang, unter baumelnden, quietschenden elektrischen Birnen … Geh vorbei an dem herrlich besoffenen finnischen Hilfsmaschinisten … er träumt sich quallenschlüpfrig hinab, tätowiert mit Segeln und Meerjungfern … Geh durch seinen Traum und weiter zur einsamen Spitze, die sie Kehrwieder nennen … Geh durch alle Panoramen dieses Hafens, durch seine Labyrinthe und Wünsche … Sieh seine Farben und Verzweiflungen, seine meermuschelige Erinnerung und seinen schwimmenden Traum. Wähl dir einen Platz und sieh …

Wähle die Helling oder das rostige, rührende, meersalzerblindete Bulleye des längst pensionierten Leichters … Wähle den rumorenden, tuckernden Tag, den sirenenzerrissenen Mittag … Oder geh nachts in den Hafen … unter dem matten, margarinefarbenen Mond … Geh und sieh, und du wirst eine Menge sehen … tipptoppe Kapitäne, die mit Wärmflasche schlafen, Ewerführer, Heizer, Stauer, Elektriker, Zweite Offiziere und Erste Offiziere … Eine Fähre wird das athletische, aktentaschentragende Volk der Stauer von der Schicht bringen … und alle Völker und Vergangenheiten werden dir begegnen … Männer, Mädchen und Zöllner, Schweißer und Schlosser, Segelmacher, kleine und große Flittchen, Schaluppen und Schieber – du wirst sehen, was du nie gesehen hast … Vieles wird in dein Auge stürzen – unwillkürlich und unerwartet … das Gewicht und die Größe dieses Hafens wird spürbar werden, seine Preise und seine Poesie, seine Magie und seine Maßlosigkeit. Wähl dir einen Platz und sieh. Wähle viele Plätze, und du wirst vieles sehen. Aber je mehr du siehst, desto entschiedener wirst du gewahr, was dir vorenthalten wird … was der Hafen verschweigt und bemäntelt: der Hafen ist voller Geheimnisse. Es ist viel, was da geschieht, es ist eine Welt, die sich da ereignet … Du magst alles sehen … Aber du wirst nicht alles begreifen … Und selbst wenn du begreifst, wirst du merken, daß ein Rest bleibt, klein wie ein Maiskorn vielleicht, vielleicht auch groß wie die ganze Welt.

Wähl dir einen Platz und sieh. Sieh auf die Geschichten da unten, auf sonderbare, seewindumzauste Geschich-

ten, die sich gestern begaben, die sich da heute begeben und die sich immer wieder begeben werden: Geschichten unter dem Hafenmond, unter dem Mond des Herings und des Heizers und der landlüsternen Lords ... Geh auf den schwankenden, schnalzenden Landungsponton, weiter noch ... so. Sieh den Strom hinab, den trägen, bibelschwarzen, glucksenden Strom, der voller Geheimnisse steckt ... Sieh und horch auf die Geschichten ...

Es war Nacht, eine klare, kalte Nacht, und das Boot driftete kreisend und schwojend durch die Fahrrinne. Es war ein uraltes Segelboot, mit gefälltem Mast und abgesplitterter Farbe an der Bordwand, und es driftete langsam den Strom hinab. Es war kein Kopf mehr zu sehen und keine Schulter, die Ruderpinne war festgezurrt, ohne Lichter glitt das Boot auf eine rote Fahrwasserboje zu, rammte sie mit der Breitseite, schob sich knarrend und scheuernd entlang und landete wieder im Fahrwasser. Und es kam ein Schlepper den Strom herauf, zog heran mit schäumender Bugwelle, ein Hochseeschlepper, gedrungene Kraft. Er bekam das Segelboot fast vor den Bug, und der Rudergänger des Schleppers stürzte hinaus auf die Brückennock, aber da war das Boot schon davongekommen und achteraus. Das alte Segelboot driftete weiter, und es kamen vier tiefgehende Schiffe die Fahrrinne herauf, Dampfer mit Koks und Kartoffeln und ein herrlicher Panamatanker mit einem Bug wie ein Felsen. Einige sahen das uralte, driftende Segelboot von der Back oder der Brücke, und sie rissen die Leine der Dampfsirene, und als das Boot seinen Kurs nicht änderte, feuerten sie Koksstücke hinab und Kartoffeln, aber auf dem driftenden Boot schien niemand zu sein. Es lavierte sich an jeder Schiffswand vorbei, stieß an und wurde abgestoßen, krängte gefährlich und kam wieder frei. Und zuletzt trudelte es dem Bug des Panamatankers entgegen, er war schwarz und hoch, und wenn man unter ihm stand, schien er hinaufzureichen bis in den Himmel. Es war ein Gebirge von einem Bug, das unfehlbar herankam, bedächtig und gleichmütig, und das verrottete Segelboot driftete ihm entgegen. Und dann war das alte Segelboot weg, ohne Knirschen und Brechen und so lautlos, wie ein Fisch sich bewegt, nur der Bug des Tankers war zu sehen. Und als er vorbei war, schwamm das Segelboot wieder, es war nur zur Seite geschlagen und den mächtigen Rumpf entlanggestreift, und jetzt wurde es hochgeschlagen von der Hecksee des Tankers, und die Wellen brachen sich klatschend an seinem Heck. Und vielleicht wäre es weitergedriftet mit seinem Glück und seinem Geheimnis, vielleicht hätten es die Winde und die Strömungen fortgetrieben, unter den Küsten entlang, bis nach Sachalin oder Samoa. Aber da kam die Barkasse heran, eine schnelle Barkasse mit rauschender Bugsee: ihre Positionslichter wanderten schnell durch die Dunkelheit über den Strom. Und plötzlich flammte ein Scheinwerfer auf, grell und gnadenlos, und er fuhr über den Himmel und herab auf den Strom, und dann erfaßte er das einsam driftende Boot. Die Barkasse umrundete einmal das alte Boot, und dann ging sie längsseit und stoppte die Maschine, und zwei Männer befestigten das Boot mit einer Leine. Der Scheinwerfer glitt über es hin, und das alte Segelboot schien verlassen und herrenlos.

Die Barkasse der Wasserschutzpolizei trieb jetzt mit dem Boot auf dem Strom, und einer der Polizisten wechselte die Planken und sprang hinüber und versuchte, in die Kajüte einzudringen. Die Kajüte war verschlossen. Der Mann stieß ein Bordmesser in die Türritze, drückte es langsam und mit abgewandtem Gesicht zur Seite, das Messer bog sich, und die Tür gab nach und sprang auf.

Der Niedergang war feucht und verrottet: der Mann schaltete seine Taschenlampe ein und stieg hinab, eine Hand auf dem Rohrblechgeländer. Er beobachtete den Lichtkegel der Taschenlampe, das Licht glitt über die Wände und die triefende Decke der Kajüte und fiel dann auf den Boden. Über den Bodenbrettern stand Wasser, es stand knöchelhoch und schwankte und schwappte um einen Tisch. Im Wasser schwammen Äpfelreste und Biskuit-Büchsen und wallende, hin und her flutende Papierstücke, und am Tischpfosten rieb sich eine schwimmende, aufgeplatzte Roßhaarmatratze. Das Licht fuhr den Tisch hinauf und zur Schlafbank an der Backbordseite, und dann bewegte es sich nicht mehr: es traf voll das Gesicht des Mannes, der ausgestreckt auf der Schlafbank lag, barfuß und mit dem Rest eines Mantels bedeckt. Der Mann war alt, klein und ziegenbärtig, und er blinzelte in das Licht und hob eine Hand, um es abzuwehren. Aber das Licht ließ ihn nicht mehr los, und er verkniff sein Gesicht und begann auf einmal zu lächeln. Er lächelte vergnügt, ein bißchen selig und in sanfter Blödheit, er schien sich mit einem Lächeln zu entschuldigen. Und nach einer Weile stützte er sich auf, griff nach seinen Galoschen und zog sie über die nackten Füße. Dann machte er eine Geste, groß und einladend, und plötzlich begann er zu reden. »Hallo, captain«, redete er in das Licht, »have we landed already?«

Er sprach englisch mit einem abenteuerlichen sächsischen Akzent, und der Mann von der Wasserschutzpolizei erinnerte sich. Er erinnerte sich an den Alten, den sie vor mehreren Jahren aus einem wasserziehenden Boot geholt hatten, erschöpft und fertig, und er dachte daran, wie der Alte sich gegen seine Rettung zu wehren versucht hatte und wie er sie auf englisch verfluchte.

Er sprach nur englisch mit ihnen, obwohl er aus Sachsen stammte, und in seinem Kopf war nur der Gedanke an Louisiana – er schlug um sich, im Hinblick auf Louisiana, USA, und als sie ihn überwältigt hatten und vor den Richter brachten, konnte ihn nichts auf der Welt bewegen, deutsch zu sprechen! Auch vor Gericht sprach er sein Englisch zu Ehren von Louisiana, USA. Daran dachte der Mann mit der Taschenlampe, als er den Alten auf der Schlafbank liegen sah. Und er antwortete auf englisch: »Yes, captain, we've landed. You've reached New Orleans Harbour. It's time now.« Und der Alte warf den Rest des Mantels, der ihn bedeckt hatte, auf den Tisch: eine panische Freude ergriff ihn. Er riß ein Schapp auf, zog einen Sack heraus und stopfte Brot hinein und einen Zinnteller und ein Paar Socken; sein Gesicht war erfüllt von wilder Genugtuung, seine rissigen Lippen zitterten, und dann reckte er sich hinauf zum Bulleye und flüsterte nach einem Blick in die Dunkelheit: »Yes, we soon are in Louisiana. Let's go.«

Er verließ freiwillig die Kajüte, und die Männer halfen ihm hinüber auf die Barkasse und nahmen sein Boot in Schlepp. Und dann merkte er, daß man ihn hereingelegt hatte, und drei Männer waren nötig, um den Alten in seiner tobenden Enttäuschung zu halten: er verlangte sein Boot und seine Freiheit und die Einlösung seines Traums von Louisiana. Aber die Männer hörten ihn nicht und brachten ihn zum vierten Mal vor den Richter, und der Richter in seiner Weisheit forderte zum vierten Mal einen Paragraphen für Wasserstreicher. Doch da es so etwas nicht gab, mußte er den Alten wegen Landstreicherei rannehmen, wegen Landstreicherei auf dem Strom. Und der Alte vernahm alles geduckt und schweigend und mit der Unbeirrbarkeit und Unergründlichkeit seines Traums. Sie hatten ihm zum vierten Mal seinen Traum verwehrt, aber sie hatten ihn nicht zerstört, sie würden ihn niemals zerstören. Das Boot würde warten auf ihn, und Louisiana würde in seiner verzweifelten Ferne warten, bis er käme. Und als sie ihn hinausbrachten, lächelte er, und sein Lächeln war stolz und geheimnisvoll und listig: im Frühjahr würde er zum fünften Mal auf die Reise gehen, mit demselben Boot und derselben Hoffnung, und er sog prüfend die Luft ein und murmelte: »I come later, Louisiana. It's too cold now. I surely come later. Don't worry ...« Jetzt ist es zu kalt ... Ich komme später, Louisiana.

Sieh, das ist der Hafen … Wähl dir einen Platz und sieh … Und du wirst Geschichten erfahren, die sich stets und immer begeben werden: Geschichten sind die geheimen, ungewogenen, ungezählten Reichtümer des Hafens, Geschichten von wunderbaren Narren und muschelbewachsenen Windjammern, von Schenken, Tauchern und Leichtmatrosen und der Garde mobile der biertrinkenden Damen … Häfen sind die Speicher und Bühnen und die großen Umschlagplätze für Geschichten … Odysseus' Geschichten haben sich über Häfen verbreitet … sie langten vor ihm in den Häfen an: Geh in den Hafen, und du wirst alle Geschichten der Welt erfahren … Du wirst hören, was war und was immer sein wird … denn alles reist mit den Kielen der Schiffe: die Zeit, das Geheimnis und die kleine, salzige, geschlossene Muschel des Schicksals … Nur du am Hafen wirst die Geschichten hören …

Geschichten von wasserstreichenden Hafenlöwen oder eine Geschichte wie diese …

Ein Franzose kam rein, ein altes Schiff, schwarz und tiefgehend, er fuhr den Strom herauf, nahm den Hafenlotsen an Bord, den Zoll und den Arzt. Er nahm sie auf, ohne die Fahrt zu stoppen, zog groß und wunderbar an den Schuppen vorbei, und im vorgesehenen Hafenbecken rief seine Sirene die Schlepper, um mit ihrer Hilfe zu drehen. Zwei Schlepper schäumten heran, der eine ging unter den Bug, der andere drehte nach achtern; die Schlepper schoben sich über den Achtersteven ran an den schwarzen, gewaltigen, alten Dampfer, Rufe erklangen, auffordernd und unverständlich, und dann ratterten heiß und kurz die Winschen oben auf dem Franzosen, und eine Stahlleine fiel baumelnd und schlappend herab. Auf den Schleppern holten sie die Stahlleinen ein, belegten den Sliphaken und zogen langsam an; während sie zogen, hing ihr Blick an der Leine: die Leine schnellte mit ihrer langen Bucht aus dem Wasser, alle Lose kam raus, sie wurde starr und straff, und eine fürchterliche Kraft setzte sich in ihr fort. Als ob die ganze Welt an ihr hinge, so sah die Leine aus, sie drehte sich und knirschte, und sie zitterte unter dem gigantischen Zug und Gewicht, und die Schlepper krängten vor ungeheurem Druck, während sie in herrlicher, geduckter und gedrungener Bereitschaft schleppten. Sie schleppten das Schiff vierkant an die Pier, slippten die Stahlleinen und rauschten davon in die Dunkelheit des Hafens, nachdem das Leinenkommando die Poller belegt hatte. Und jetzt brachten sie eine Gangway aus auf dem schwarzen französischen Schiff, und über der Gangway befestigten sie eine grelle, drahtverkleidete elektrische Lampe: die Gangway hob und schob sich fortwährend, sie nahm die sanften, behäbigen Bewegungen des Schiffes auf, und die Lampe schwankte.

Und dann traten die beiden gutgewachsenen Posten vor das Schiff, sie gingen nach vorn und nach achtern, sie rauchten und beobachteten das Deck des Dampfers, und wenn jemand von Bord ging, tauchten sie an der Gangway auf und sahen ihn genau und unverzüglich an, bevor sie ihn passieren ließen. Sie hatten alle von Bord gelassen – bis auf einen. Alle waren ihnen gleichgültig – bis auf den einzelnen, reglosen Mann oben am Schornsteindeck: er war groß und schmalschädlig, sein Anzug schäbig; er trug eine stahlgefaßte Brille, und sein Gesicht war gezeichnet durch eine kranzförmige Narbe am Kinn. Er stand allein oben im Schatten des Schornsteins und beobachtete die Posten auf der Pier. Er wußte, daß sie nur seinetwegen vor dem Schiff aufgezogen waren, er war an den Anblick von Posten gewöhnt, und er hatte sie auch jetzt erwartet – sie gehörten zu seiner Gegenwart und zu seiner Erinnerung. Sie waren in allen Häfen erschienen, in die ihn das alte französische Schiff gebracht hatte. Sie hatten sich so rechtzeitig eingefunden, daß seine Ankunft über weite Entfernung gemeldet worden sein mußte, und er hatte die Posten in vielen Häfen abziehen sehen, sobald die Leinen des Schiffes losgeworfen waren.

Er beobachtete sie reglos aus dem kurzen, schrägen Schatten des Schornsteindecks, und er wußte, daß sie ihm nichts anhaben würden, solange er auf dem Schiff blieb – sie würden nur auftreten, sobald er das Schiff verlassen wollte. Und während er bewegungslos dastand, mit fast geschlossenen Lidern, war er wieder der Erinnerung ausgesetzt, und er sah den Augenblick wieder, den entscheidenden Augenblick, der fast ein Jahr zurücklag und der sich immerfort einstellte: er erlebte die panische Sekunde, als er dies Schiff betrat, auf der anderen Seite der Welt, im heißen Hafen von Macao. Er erlebte sie nah und genau, und er dachte an die, denen er entkommen war durch seine Flucht. Und er dachte an den Augenblick, als sie ihn entdeckten und er seinen Namen nannte und seinen akademischen Titel und als niemand ihm glaubte, weil er keine Papiere hatte. Und er sah alle Häfen vor sich, in denen man ihm verwehrt hatte, zu landen; in seiner Erinnerung sah er Boston, Southampton und Istanbul und an jeder Pier die Polizisten, nachts und unter sengender Sonne. Er hatte hundert Häfen berührt, hatte sie im Licht gesehen, im flirrenden Mittag und in dichter Nacht, aber alle Häfen, durch die er gegangen war, hatten nur eine Erinnerung für ihn: sie hatten ihn, wo er auch landen wollte, zurück- und abgeschoben, sie hatten ihn weitergeschickt um diese Welt, und das alte, schwarze französische Schiff hatte ihn durch die Meere getragen und die Ströme hinauf zu den Häfen, und er hatte Küste um Küste gestreift und kein Land unter den Fuß bekommen.

Die Posten traten jetzt an der Gangway zusammen und unterhielten sich. Die Nacht war kalt, und der Mann im Schatten des Bootsdecks ging den Niedergang runter und öffnete eine Tür. Als Licht durch den Türeingang fiel, sahen die Posten herauf, aber der Mann war schon verschwunden. Er ging nach unten, ins Vorschiff, wo sie ihm zu schlafen erlaubt hatten und wo er für sie arbeitete, und er erschien während der Nacht nicht mehr an Deck. Er erschien auch am nächsten Tag nicht an Deck, er hatte durch das Bulleye die Posten gesehen – es regnete, und die Posten trugen graue Regenmäntel. Während des ganzen Tages löschte das Schiff Stückgut, und der Mann blieb unter Deck und schäkelte das Lastennetz ein und fegte den Laderaum. Und am Abend deckten sie die Ladeluken ab und riefen den Schlepper.

Und jetzt ging der Mann hinauf in den Schatten des Schornsteindecks und beobachtete reglos die Posten. Sie standen auf der Pier, rauchten und unterhielten sich und sahen zu, wie die Gangway des Schiffes eingeholt wurde und die drahtvergitterte Lampe. Und plötzlich durchlief ein schweres Zittern den schwarzen Körper des Schiffes, die Maschinen begannen zu arbeiten, und die Sirene rief aus der Dunkelheit des Hafens zwei Schlepper heran. Und dann warfen die Posten auf Zuruf die Leinen von den Pollern los, die schweren Stahlleinen klatschten ins Wasser, wurden an Deck eingeholt, und gleichzeitig steckten sie andere Leinen für die Schlepper durch. Und während die Männer auf den Schleppern mit Bootshaken die Leinen aufnahmen und sie auf die Sliphaken legten, trat der Mann aus dem Schatten des Schornsteindecks. Er blickte hinab auf die Pier, er beobachtete den bedächtig zunehmenden Abstand zwischen Pier und Schiffsleib und die Posten, die sich auf das Gestänge eines Krans gesetzt hatten. Und dann ging er den Niedergang herab, weiter im Schatten der Rettungsboote, bis auf das stumpfe Heck des Schiffes. Er stand an einer Stelle, wo sie die Reling umgelegt hatten für das Manöver, er stand unbemerkt da und sah hinab auf den breiten, gedrungenen Schlepper, der mit kurzer Leine anzog. Der Schlepper lag nicht weit unter dem Heck des Schiffes; es war nur der Rudergänger an Bord, der Heizer und der Mann mit dem Bootshaken in der Hand. Und er blickte auf den Mann unten und dachte an die hundert Häfen, die er gestreift hatte; er dachte an den Augenblick in Macao und daran, daß dieser Augenblick ein ewiges Urteil für ihn enthalten sollte. Die Posten waren jetzt nicht mehr zu erkennen, und auf dem Deck waren alle beim Klarmachen und Aufschießen der Leinen, es war eine sternlose Nacht. Und er trat ruhig auf die Bordkante des Schiffes, und als die Sirene den Schleppern ein Zeichen gab, sprang er und landete gut an der Breitseite des Schleppers. Er schoß hinab in das schwarze, schmierige, eiskalte Wasser, arbeitete sich wild empor, und er brauchte nicht zu rufen und kein Zeichen zu geben, denn der Mann mit dem Bootshaken hatte seinen Sprung gesehen. Als seine Hände auftauchten aus dem Wasser, war die Spitze des Bootshakens genau über ihm, er ergriff sie beim ersten Versuch, und der Mann auf dem Schlepper zog ihn heran und holte ihn schweigend und mit ungeheurer Anstrengung an Bord. Er schickte ihn wortlos runter in die Kajüte und starrte auf die Leine und den Sliphaken, und manchmal sah er zum Schiff hinüber, aber da hatte auch niemand das Verschwinden des Mannes bemerkt. Der Schlepper bekam jetzt ein ungeduldiges Zeichen mit der Sirene, mehr und stärker achteraus zu ziehen, denn das Schiff schwojte plötzlich auf die Pierkante der Beckenausfahrt zu. Dann bekam er das Zeichen zu stoppen, und der vordere Schlepper zog mit aller Kraft, aber das alte, gewaltige Schiff kam immer näher an die Pierkante heran. Der achtere Schlepper krängte heftig nach Steuerbord, die Leine hing kurz und fürchterlich stramm, und der Schlepper, der seine Maschine gestoppt hatte, wurde hineingerissen in die schwojende Bewegung. Er krängte schon vierzehn und sechzehn Grad nach Steuerbord, und sie überlegten schon, ob sie die Leine slippen sollten, aber von der Brücke des Schiffes kam keine Aufforderung. Und dann schlug die Schraube des Schiffes an, schnell und unvermutet, schlug an auf voraus, um das Schwojen des Schiffes aufzufangen. Und während sie gewaltig, mit ihren Spitzen in der Luft, unter dem Heck wirbelte, wurde der achtere Schlepper über die kurze Leine zur Seite gerissen, das Ruder konnte die Bewegung nicht mehr auffangen: er kippte über die Steuerbordseite weg, das Ruderhaus klatschte ins Wasser, der Mast, er kenterte in einem Augenblick und trieb kieloben. Der Rudergast, der Mann am Sliphaken und der Heizer wurden gerettet.

Der Hafen ist voller Geheimnisse ... Du kannst ihn auch anders erfahren, du kannst hingehen und lesen, was in den schwellenden, irrtumslosen Statistiken steht ... wieviel Dampfer hereinkamen und wieviel den Hafen verließen, was sie löschten und luden und was ein Stück Kaimauer kostet, ein Liegeplatz oder sogar der künstliche Zahn eines Fruchtdampferkapitäns ... Und du kannst hören, mit wieviel Häfen der Welt gerade dein Hafen verbunden ist, wieviel Tonnen er umschlägt im Jahr und welche Bücher die Lords in der Freiwache lesen – wenn sie lesen. Das macht die Statistik sauber und penibel und alles fein und übersichtlich, und es kommt immer eine Summe raus unterm Strich ... Natürlich gehört auch die Zahl zum Hafen, sie verkürzt die Liegezeit des Schiffes, sie bewirkt viel ... aber die Zahl ist nicht der sublimste Reich-

tum des Hafens ... Horch ... wie im Hafen die Zeit vergeht ... Geh nach vorn, bis zur Helling, und schau hinüber zum Taucherprahm ... Er ist verankert im Strom, und sie machen zwei Taucher fertig zum Runtergehn. Sieh ihnen zu, ihnen und dieser Geschichte:

Es war ein Frühlingstag, als sie den Taucherprahm über dem gesunkenen Munitionsschiff verankerten: die Luft war mild und das Wasser des Stromes klarer als sonst. Der kleine Munitionsdampfer lag noch vom Krieg her da, er hatte sich selbst geflutet, er hatte sich mit all seinen Bomben und 15-cm-Granaten selber auf Grund gesetzt, um während des Angriffs nicht die anderen Schiffe zu gefährden. Und er saß senkrecht auf Grund, man konnte seine Umrisse durch die Klarscheibe erkennen.

An einem Frühlingstag wollten sie mit der Bergung beginnen, der Prahm ging hinaus, und neben dem Prahm lag die breite, vieltragende Schute. Sie hatten alles vorbereitet zur Bergung der Munition, das Stahlnetz und der Flaschenzug hingen schon am Ladebaum, und jetzt machten sie die beiden Taucher fertig zum Runtergehn. Die Pumpenmänner und der Signalmann stülpten den Tauchern die Helme auf, herrliche Helme aus getriebenem Kupfer, sie leuchteten in der Sonne. Dann schraubten sie das Kopfstück mit dem Schulterstück zusammen, setzten die Fenster ein und schraubten auch sie zu, und die Männer unter den Taucherhelmen waren jetzt allein und stimmlos und getrennt von der Welt über dem Wasser. Ihre Gesichter sahen ernst und gespannt aus hinter den vergitterten Scheiben des Helms, und sie zeigten keine Bewegung und spiegelten kein Gefühl, als der Signalmann mit den Zusatzgewichten kam und sie auf ihrer Brust befestigte.

Sie hatten alles besprochen, die fünf Signale mit der Leine und die Tragkraft des Netzes, sie wußten, was sie zu tun hatten unten im Munitionsdampfer. Und dann gingen sie schwer und schleppend zur Einsteigleiter, und die oben blieben, gaben ihnen den leichten, guten Schlag auf den Helm, und der erste Taucher wälzte sich in den Strom. Er drückte mit dem Kopf auf das Überdruckventil und sank, langsam und sanft treibend, und als er hinaufsah, entdeckte er gegen das Licht die Silhouette des anderen, der ihm nachkam. Sie sanken tiefer hinab und landeten auf dem Deck des kleinen, schäbigen Munitionsdampfers: sie landeten dicht beieinander und versuchten, sich anzusehen hier in der trüben Tiefe, und der Junge tastete nach der Hand des Tauchmeisters und folgte ihm. Der Junge tauchte zum ersten Mal nach Munition, man hatte ihm den Querschnitt des Dampfers gezeigt, sein genaues Modell mit den Kammern für die 15-cm-Granaten, und er hatte das Modell studiert wie einen Gegner. Und vor längerer Zeit war der Meister noch einmal allein unten gewesen und hatte den Dampfer sorgfältig abgesucht, und der Meister hatte einen unerhört zuverlässigen und abschätzenden Blick für ein Wrack.

Jetzt war der kleine Munitionsdampfer dran, er war fällig geworden. Sie rutschten über das Deck, zögernd und wachsam, als könne ihre Wachsamkeit etwas ausrichten und ihnen helfen, falls etwas geschah. Der Junge spürte einen Druck auf dem Trommelfell, er machte Schluckbewegungen, sammelte Speichel auf seiner Zunge und schluckte ihn hinab, und als der Druck dauerte, preßte er sein Gesicht gegen das Helmfenster und atmete heftig durch die Nase aus. Er tat es so lange, bis es in seinem Ohr deutlich knackte und das Trommelfell wieder entspannt war.

Sie drangen vor bis zu den Aufbauten und glitten zur Brücke, sie wollten zuerst ins Kartenhaus rein, aber das Schott hatte sich versetzt, und sie mußten es aufbrechen. Jetzt schaltete der Meister die Handlampe ein – er arbeitete fast immer ohne Handlampe –, aber diesmal schaltete er sie ein, weil er etwas suchte. Er leuchtete langsam das ganze Kartenschapp aus, und plötzlich zeigte er mit der Hand auf eine aufgebrochene, stählerne Spindtür und machte ein Zeichen. Es war ein kurzes, bedeutungsvolles und resigniertes Zeichen, ein rasches Abkippen der Handfläche nach außen, und der Junge hatte dieses Zeichen gesehen und wußte, daß sie nicht die ersten waren auf dem schäbigen, kleinen Munitionsdampfer. Der Meister leuchtete in das aufgebrochene Spind hinein – es war leer. Und sie arbeiteten sich wieder zum Deck hinab, zur vorderen Ladeluke, und gaben den Männern auf dem Prahm ein Zeichen, das Stahlnetz langsam runterzufieren. Der Junge blickte hinauf und sah, wie das Netz in den Spiegel des Stromes einbrach und sich geheimnisvoll und lautlos zu ihnen herabsenkte auf das Deck. Sie mußten dem Netz ausweichen, und sie fingen es ab und breiteten es aus. Dann trieben sie hinab in die vordere Munitionskammer. Und während der steten, sinkenden Bewegung dachte der Junge an Bleikappen und an die Säure, die das Blei angreift und sich unermüdlich hindurcharbeitet bis zum Zünder, und er dachte an die Torpedoköpfe draußen auf der gesperrten Halbinsel: sie hatten sich in einer Nacht selbst entzündet, in jener Nacht hatte die Säure das Blei durchstoßen, und eine gewaltige Explosionswelle war über den Strom gerollt. – Obwohl er zum ersten Mal nach Munition tauchte, fühlte er alle Gefahr und alle Bedrohung; er war noch nie in seinem Leben nach Munition runtergegangen, aber er kannte alle Möglichkeiten des Unheils. Plötzlich stieß er mit der Schulter an, er streckte die Hand aus und ergriff einen Deckel, und er hielt ihn fest und lauschte in das Luk hinab. Er spürte sein Herz und den Druck des Wassers, und er machte schnelle Schluckbewegungen, um den Druck auszugleichen. Einen Meter unter sich ahnte er den schwarzen Berg von 15-cm-Granaten, er glaubte sie zu sehen, obwohl er nichts sehen konnte: liebevoll gestapelt und sauber verteilt mit der unendlichen, gewissenhaften Sorgfalt, die man nur für 15-cm-Granaten aufbringt, eine Pyramide, zusammengetragen mit gespenstischer Zärtlichkeit. Er glaubte die Granaten zu sehen, und er glaubte auch die zu sehen, die die Granaten hier aufgeschichtet hatten, und er dachte daran, daß er unten war, um sie in das Netz zu legen und den Haken des Flaschenzugs zu befestigen. Und er ließ den Deckel los und ging tiefer. Er ließ sich hinab, bis er auf dem Boden des vorderen Luks stand und den Meister ertastete; als er ihn an der Hüfte berührte, flammte die Handlampe auf. Der Schein wanderte durch den Laderaum, stieß an die Bordwand, lief nach allen Seiten: der Laderaum war leer!

Sie durchsuchten das ganze Vorderschiff, leuchteten alles aus und brachen überall ein – der kleine, schäbige Munitionsdampfer war leer. Der Junge stand jetzt neben dem Tauchmeister, und er bemerkte, daß die Hand des Tauchmeisters einmal nach außen abkippte. Sie waren hier nicht die ersten.

Dann tauchten sie auf. Sie blieben eine Zeit auf halber Tiefe, um den Druck auszugleichen, dann kamen sie neben dem Prahm an die Oberfläche, trieben rücklings im Wasser und wurden an Bord geholt. Die Pumpenleute schraubten ihnen die herrlichen kupfernen Helme ab und legten sie auf das Deck; sie leuchteten in der Sonne. Und der Meister sah auf die Helme herab und sagte: »Sie waren schon hier, Junge. Sie kommen nachts her mit einem kleinen Boot. Und sie gehn runter, Junge, in all der Dunkelheit und ohne Helm, und arbeiten unten. Sie haben U-Boote ausgebaut mit Tauchgeräten nach Hausmacherart, sie haben tonnenweise Batterien ans Ufer geschleppt, und sie haben auch Granaten rausgeholt. Sie haben Geld gemacht, so viel wie wir nicht in zehn Jahren verdienen. Sie zahlen dem Tod Provision. Du triffst keine Männer auf der ganzen Welt, Junge, die so sind wie sie. Sie beißen einen Torpedo auf, wenn es sein muß, oder hängen sich eine Mine an die Uhrkette. Ich sage dir, Junge, auf der ganzen Welt triffst du keine Männer wie diese.«

Das ist der Hafen: ein Hort der Geheimnisse, ein Umschlagplatz für Geschichten, ein Rendezvous der Welt ... Geh hinab auf die Pier, die Schuppen und Kneipen entlang, geh über die Decks der Schiffe und an der Werft vorbei, wo sie die alten, raunenden, meerwinderfüllten Dampfer abwracken: – du wirst es überall spüren ...

In den Häfen brechen sie auf, hier erlebst du den Aufbruch von großen Vaganten, von Weltumseglern, Abenteurern und träumenden Toren ... von Männern, die anderen entfliehen wollen, und von solchen, die sich selbst entfliehen möchten ... Hier, im Hafen, machen tausend Leben ihre Bilanz, hier schließen sie ihre Rechnungen ab, und hierher kommen sie zurück und suchen nach verlorenen Anfängen ... Und zwischen Aufbruch und Rückkehr geschehen weitere Geschichten, Hafengeschichten ...

Hier, unter dem violetten Zischen der Schweißbrenner, dem Tuten der Sirenen und dem Fluchen der Stauer, unter dem kreischenden Sturz der Möwen und dem Rufen besoffener Lords – in all der menschlichen Herrlichkeit von Arbeit und Vergessen, von Wagnis und Gesang, hier wirst du die Welt vorfinden, ihre Essenz, ihren zerlaufenden Spiegel. Dreh dich langsam zur Seite wie der wandernde Lichtstrahl des Leuchtturms ... Dreh dich wie das Radargerät oben am Mast des australischen Dampfers, wende nur deinen Blick, und du wirst eine andere Geschichte sehen ... Und vielleicht wird es eine Geschichte sein wie diese ...

Unter Mittag warf das holländische Motorschiff »Willem« die Leinen los und verließ ohne Schlepperhilfe das Hafenbecken. Es lief mit langsamer Fahrt den Strom hinab, tukkernd und tiefgehend, und außer dem Rudergänger war nur ein Mann an Deck. Er stand achtern beim Flaggenstock, die Hände auf die Reling gestützt, und er blickte zu den Werften hinüber, wo schrille, tackende, ratternde Arbeitsgeräusche erklangen. Und während das Küstenmotorschiff weiterglitt, wurde auch sein Blick von der Werft mit all ihrer Arbeit abgezogen, der Blick des holländischen Leichtmatrosen Piet Oppenkouter glitt das befestigte, betonverankerte Ufer entlang – ein ruhiger, abschiednehmender Blick. Und dann sah er das Mädchen, er sah es von der Mitte des Stromes, ein Mädchen im grünen Kleid. Es stand am Ufer auf einem Zementsockel, stand allein da unter dem flachen, verhangenen Horizont, und es blickte herüber. Und plötzlich bemerkte Piet, daß das Mädchen die Hand hob und winkte, es war ein langsames, nachdenkliches Winken, und Piet Oppenkouter zögerte, anzunehmen, daß dieses Winken ihm galt. Er blickte zum Ruderhaus hinüber, aber der Rudergänger hatte seine Augen voraus, und dann versicherte er sich, daß sonst niemand an Deck war außer ihm: das Winken galt ihm, Piet Oppenkouter, dem rothaarigen holländischen Leichtmatrosen auf dem Küstenmotorschiff »Willem«. Solange er fuhr – und er war über ein Jahr an Bord –, solange er unterwegs gewesen war mit der »Willem«, hatte ihm allein noch nie jemand so ausdrücklich gewinkt. Und er sah schnell zu dem Mädchen zurück, das immer noch winkend auf dem

Zementsockel stand, und er winkte zurück. Und das Mädchen stand lange und aufrecht da, allein unter dem flachen Horizont, und sie winkten einander so lange zu, bis sie ihren Blicken entschwunden waren. Und der Junge fuhr an den Küsten hinauf bis nach Schottland, sie hatten wenig Fracht, und ihre Arbeit bestand nur aus Rostpicken und Farbewaschen und Nachdenken, und Piet Oppenkouter, rothaariger, verstockter Leichtmatrose, dachte immerfort an das Mädchen. Er sah sie in dem grünen Kleid auf dem Zementsockel stehen, ein paar hundert Meter entfernt, und er sah ihr nachdenkliches, nie zu Ende gehendes Winken und hatte sich genug versichert, daß es nur ihm galt. Und dann brachte sie ein Auftrag wieder in diesen Hafen zurück, und obwohl er Freiwache hatte und auf Vorrat schlafen mußte, stand er wieder auf dem Achterdeck neben dem Flaggenstock und blickte voraus. Dann kam die letzte Biegung des Stromes, und er lehnte sich weit über die Reling vor Ungeduld, um den Zementsockel auszumachen. Es war Mittag, als sie die Werften passierten, und zwischen ihnen, auf dem Zementsockel, entdeckte er das Mädchen wieder: es stand starr und seltsam feierlich auf dem Sockel, ohne zu winken. Es blickte nur herüber zum Schiff, und der Junge an der Reling starrte betroffen zu ihr hin. Aber plötzlich begann sie zu winken, so, als ob sie ihn erkannt hätte, sie winkte versunken und grüblerisch, und er nahm das Winken auf und lief an der Reling entlang und winkte zurück. Er war sicher, daß sie ihn wiedererkannt hatte, und er winkte so lange, bis das Schiff hinter den Werften verschwand.

Sie machten fest und nahmen Koks für Schweden an Bord, und als sie ausliefen, waren sie im Kielwasser eines englischen Passagierdampfers. Und der rothaarige Junge entdeckte schon von weitem das Mädchen auf dem mächtigen Zementsockel, er sah es reglos zu dem Passagierdampfer hinüberblicken, ohne sich zu bewegen, ohne zu winken. Und dann waren sie querab, die »Willem« lag genau auf der Höhe des Mädchens, und bevor Piet seine Hand gehoben hatte, sah er schon, daß sie ihm winkte. Und jetzt wußte er, daß das Winken ihm galt, ihm allein, dem rothaarigen Leichtmatrosen Piet Oppenkouter.

Und sein Schiff fuhr die Küsten Europas entlang, Wochen und Monate, und wenn er zurückkam in diesen Hafen, stand das Mädchen da und winkte, winkte ihm allein. Und wo immer er war, dachte er an sie, und wann immer sie Order erhielten, diesen Hafen anzulaufen, bereitete er sich auf das Ereignis des Winkens vor: ihm war zumute, als ob er heimkäme, obwohl er das Mädchen nie gesehen hatte. Er gab ihm einen Namen, während er unterwegs war, er setzte sich hin während der Freiwache und schrieb Briefe, Briefe, die niemals den erreichten, dem sie zugedacht waren – und jedesmal, wenn er sie am Ufer gesehen hatte, forschte und grübelte er danach, woher sie das Datum ihres Einlaufens erfahren hatte.

Und in einem Herbstnebel hatten sie eine leichte Kollision auf dem Strom, der Steven wurde verbogen, und die »Willem« ging für einige Zeit ins Dock: die Besatzung nahm Urlaub. Und der Junge ging an den Werften vorbei, gemächlich und versonnen, er ging allein die Straße hinauf, die ein Stück neben dem Strom lief, und dann fand er den großen, schrägen, unvergeßlichen Zementsockel. Er war leer. Piet ging hinauf bis zur vorderen Kante und blickte über den Strom, er blickte einem Schlepper nach, der mit großer Kraft vorbeirauschte, kleiner und kleiner wurde und zur Mündung des Stromes hin verschwand. Dann sprang er hinab auf das Ufer und sah zu dem kleinen, ziegelroten Haus auf dem Sandhügel hinüber, und unvermutet ging er den weichen Weg hinauf. Er ging zur Tür und überlegte nicht einmal, was er sagen würde, wenn die nußbraune Tür sich öffnete. Und der Junge klopfte an und zog die saubere Schiffermütze vom Schädel, er stand rothaarig und groß und rasiert auf der zementgegossenen Treppe und wartete. Und auf einmal öffnete sich die Tür, der Spalt wuchs, und er sah zuerst eine Krücke mit einem Gummiabsatz, und dann eine Hand und schließlich das Mädchen. Und das Mädchen lächelte. Der Junge ging die Treppe hinauf und gab ihr die Hand. Sie stand blaß und leicht und mit traurigem Lächeln vor ihm, und als er das Lächeln aufnahm und nicht zurückging und stehenblieb, sagte sie: »Der Tee ist noch warm, wir wollen hineingehen.« Und er nickte und ging hinein.

Geh hinab in den Hafen und schau auf deine Stadt. Über Meere und Ströme segelt großer, geheimnisvoller Gewinn heran. Er ist auf Karavellen in die Häfen gekommen, auf Koggen und Kaperschiffen, auf Schonern und Leichtern und Briggs, er kam auf Fregatten, Korvetten und Trawlern, und heute zieht legendärer Gewinn mit gigantischen

Tankern herein, mit vielfassenden Frachtern und schneeweißen Fruchtdampfern … Und wenn du entlangstreifst an ihnen in deinem kleinen Boot, dann erstaunst und erschrickst du angesichts der Größe, und du glaubst, da triebe ein Kontinent vorbei, ein ganzer fahrbarer Erdteil mit Schätzen. Und du denkst und träumst dich vielleicht hinein in ihr Inneres, und du steigst über Berge goldenen Tabaks aus Virginia, du steigst über Stapel von Holz aus den Wäldern Finnlands, über schwedisches Erz und ein Gebirge aus dänischem Schweinespeck – oh, und du siehst Jute und Juchten, Kaffee und Konserven, hochgetürmt und gestapelt von einem Kumpel an ferner Küste … Und dann streckst du vielleicht deine Hand aus und spürst die ganze Nähe und Herrlichkeit der Welt, du spürst ihr Glück und ihre Wärme und ihre Versuchungen … Und du siehst die Schatten hinter den Bergen von Reichtümern, du siehst die Schatten wandern und wechseln, und im hoffnungsvollen Schlagschatten der Schätze wirst du tausend Geschichten erfahren, immer andere und neue und immer dieselben Geschichten. Und du wirst denken, daß auch deine Geschichten zum Hafen gehören, du wirst dich erinnern, daß die magischen Schätze der Mayas durch Häfen wanderten, der Reichtum Chinas und der Segen von Sumatra – aber auch die Pest ist einst durch die Häfen gewandert und weitergezogen, die Schwarze und die Wasser-Pest, und viele Seuchen und manches Unglück und manche Versuchung … Und eine andere Geschichte wirst du erfahren, und vielleicht wird es diese sein …

Der Kran schwenkte herum, knickte ein und ließ das Seil ablaufen, und das gut gefettete Drahtseil tauchte hinab in den Laderaum des Dampfers »Frederic Waterfield jr.«, Heimathafen New Orleans. Unten, auf dem Bretterbelag des Laderaumes, stand ein kleiner, magerer, lauernder Mann, er fing den Haken auf, der über seinem Kopf herabpendelte, schleppte ihn schlingernd zu dem Berg der Ballen und pickte den Haken ein. Und dann blickte er hinauf zum Rand der Luke, zu dem genauen Himmelsviereck, in das der stählerne Hals des Krans hineinstach, und er hob die Hand mit dem ledernen Arbeitshandschuh und machte eine kreisende Bewegung in die Luft: jetzt zog das Seil an, wurde straffer und straffer, der mächtige Ballen löste sich von dem Bretterbelag, pendelte durch den Raum und fuhr, ohne zur Ruhe zu kommen, durch das Luk davon.

Sie löschten Tabak aus Virginia, Ballen auf Ballen pendelte hinaus auf die Pier, auf die Laderampe des Schuppens, es waren braune, gepreßte Ballen, am Rande mit Leisten verstärkt. Und der Mann unten am Haken sah jedem Ballen, der entschwand, aufmerksam nach – bisher war noch keiner zu Bruch gegangen. Bisher hatten sie alle heil auf die Pier gesetzt, sie hatten noch keinen Gebrauch gemacht von dem ihnen zustehenden Schwund. Und Ballen auf Ballen ging hinaus.

Dann bekam der Mann am Haken ein Zeichen, er nickte zurück, und er zog das Drahtseil zu einem Ballen herüber, der dicht an der Schottwand lag, weitab von dem genauen Geviert der Luke. Er pickte den Haken ein, aber er pickte ihn anders ein als all die vorigen Male – er schlug den Haken unter die Leistenverstärkung, und die kreisende Bewegung seiner Hand erfolgte schnell. Und diesmal zog auch das Seil schnell an, der Ballen wurde jäh gelüftet, pendelte unerwartet weit aus, drehte und überschlug sich, und die Männer im Laderaum traten zur Seite: jetzt schlug der Ballen gegen einen Stützbalken, wurde weitergehievt und krachte mit furchtbarer Wucht gegen den Lukenrand, es splitterte und barst auseinander, und die Hälfte des Ballens fiel lose zurück in den Laderaum. Und während die Leute auf Deck in den Laderaum hinabsahen, erschien plötzlich ein gelbes Lastauto auf der Pier: es nahm nur den halben Ballen auf und fuhr weiter.

Und im Laderaum erschien der Zweite Offizier des Dampfers und tröstete die Jungens und sagte: »Don't worry. Just clear it up …« Macht nur alles sauber, es ist überhaupt nichts passiert …

Der Mann am Haken zog seine Joppe aus und legte sie auf den Boden, und dann lüftete er das Futter der Joppe an, nahm es heraus und packte saubere Tabakstreifen hinein. Er hatte nie zuvor etwas unter dem Futter rausgebracht aus dem Hafen, er tat es zum ersten Mal seit zwölf Jahren. Seine Hände zitterten, als er neben der ausgebreiteten Joppe kniete und Streifen um Streifen verschwinden ließ, er riß hastig die gepreßten Blätter kaputt, zwängte sie in die dicke Joppe, und dann befestigte er fein das Futter über dem duftenden Reichtum Virginias und zog die Joppe an. Sie war schwer und drückte, und während er schweigend weiterarbeitete und alle Haken einpickte, dachte er an den Augenblick vor der weißen Barriere beim Zoll. Er war ihm jahrelang gleichgültig gewesen, er hatte ihn gedankenlos durchstanden, ohne Erregung und Eile – in der letzten Zeit dachte er öfter an diesen Augenblick, und er fürchtete ihn.

Und als sie fertig waren mit der Schicht, stand er mit den anderen auf dem Landungssteg und wartete mit ihnen auf die Barkasse, er stand klein, mager und schweigend zwischen ihnen, beide Hände in den Taschen der Joppe und unter dem Arm die Aktentasche mit dem Brotpapier und die leere Bierflasche für Kaffee. Dann kam die Barkasse längsseit, und sie stiegen auf die Bordkante und sprangen auf die Bodenbretter hinab, und während die Barkasse sie über den Strom brachte, standen sie dichtgedrängt und schweigend nebeneinander. Und drüben spie die Barkasse sie aus, sie sprangen und trampelten hinaus wie Äpfel vor einer Rutschschütte, trampelten über den hölzernen Landungsponton zum Zoll. Sie kramten ihre Karten heraus und hielten sie den Zöllnern vors Gesicht, und die Zöllner beobachteten sie ruhig. Sie ließen die ersten passieren, und plötzlich trat einer der Zöllner unter sie, und augenblicklich begann es sich zu stauen. Der Zöllner klopfte einen der Männer ab und holte aus seinen Pumphosen zwei Dosen Kaffee heraus – jetzt ging es langsamer vorwärts. Schritt für Schritt kam der Mann vom Haken dem Ausgang näher, neben ihm fluchten sie, aber er blieb still. Er sagte kein Wort, während er dem Zöllner, der wie ein Keil in der Mitte stand, näher und näher kam, er schwieg und sah ihn unverwandt an. Und während er ihn ansah, erlebte er das, was unweigerlich folgen würde: er hörte den gutgenährten Zöllner nach seiner Hafenkarte fragen, er hörte sich selbst, unter Anspielungen auf sein Alter, um das Mitleid des Zöllners werben – er glaubte schon jetzt zu wissen, worauf alles unfehlbar zusteuerte. Und er zuckte nicht einmal zusammen, als er plötzlich die Hand des Zöllners auf seiner Joppe spürte, die Hand glitt flüchtig über sie hin, war plötzlich am Hosenaufschlag, und da hatte er die Enge passiert. Sie hatten nichts bei ihm entdeckt.

Er machte noch acht Schritte. Und acht Schritte hinter dem Zoll blieb er plötzlich stehen, sein Körper machte eine unvermutete, kreisende Bewegung, ein jähes, panisches Erstaunen lag in seinem Gesicht, und er stürzte auf die Pier. Und während ein gelbes Lastauto mit einer angegebenen Ladung Zitronen und einer nicht angegebenen Ladung Tabak den Schlagbaum passierte, trugen sie den Mann hinein und legten ihn auf eine Bank. Sie legten ihn mit den Füßen zum Kanonenofen und riefen den Hafenarzt, und dann kam der Arzt und sah den alten Schauermann auf der Holzbank liegen, und der Arzt öffnete die schwere Joppe und untersuchte ihn zweimal. Aber er blieb bei einem Tod durch Herzschlag.

Schau, das ist der Hafen: Geh hinab und sieh. Geh durch seine Labyrinthe und Wünsche, durch seine Magie und durch seine Maßlosigkeit, und einem Staunen wird ein anderes folgen: Der Hafen ist voller Geheimnisse …

1955

≈

Der Beweis

Er maß und maß. Schon den ganzen Morgen war er dabei, die ›Bertha II.‹ zu vermessen, seinen plumpen, geduldigen Lastkahn, den er, mit Hilfe immer nur eines einzigen Leichtmatrosen, durch Flüsse und Kanäle geführt hatte mehr als zweiunddreißig Jahre. Langsam und gewissenhaft nahm er Maß, mit eigensinniger Sorgfalt, ließ sich vom Meterband die Breite bestätigen, bewies dem Frachtraum seine Länge, las am fallenden Band die Höhe ab und trug alles in ein Notizbuch ein, während ich, sein einziger Leichtmatrose, auf dem Vorschiff saß, ganz betäubt von dem Licht und der Hitze über dem Ufer. Wir lagen vor den Schleusen fest, müssen Sie wissen, und der Sommer machte die Elbe schwarz, ließ den Spiegel weit unter Normal fallen und buk die Algen auf den Steinen tot, und in den zitternden Luftschichten war ein Geruch von Brand und Verwesung. Sein bedächtiger Schritt unten in der Kühle der Frachträume war das einzige Geräusch, das ich auf dem warmen Eisendeck hörte, allenfalls ein leichtes Klatschen, wenn er das Meßband auf die Bodenbretter fallen ließ. Zweimal hatte ich ihn gefragt, ob ich ihm helfen solle, zweimal hatte er schweigend abgewinkt, und so saß ich und sah ihm beim Vermessen seines gedrungenen Lastkahns zu, seiner ›Bertha II.‹, die bewandert war in Ufern, Schleusen und Hebewerken.

Albert Schull maß den Abstand zwischen den Spanten, die den Frachtraum wie schwarze Rippen umschlossen, maß dann den Boden und die Höhe bis zum Deck und noch einmal bis zu den Luks, und ruhig, ohne Verblüffung oder Groll, das Notizbuch gegen die eiserne Bordwand gelegt, machte er seine Eintragungen, wonach er weder rechnete noch überlegte, sondern sich sogleich hinkniete und mit geduldiger Genauigkeit die Winkel ausmaß und die gewonnenen Werte ausdruckslos in sein Buch schrieb. Ich war da nicht mißtrauisch, war nicht beunruhigt, als er so sein Schiff vermaß, das möchte ich Ihnen versichern, obwohl ich mich natürlich hätte fragen können, wozu er, ausgerechnet vor der letzten Frachtübernahme, vor dem allerletzten Auftrag, die Abmessungen seiner ›Bertha‹ überprüfte, dieses behäbigen, ausgedienten Flußpferds, das längst zum Abwracken bestimmt war, vielleicht sogar schon einen Termin hatte, zu dem es an der Schrottpier erscheinen sollte.

Seit vierzehn Monaten nannte ich ihn ›Kapitän‹. Seit vierzehn Monaten war ich Albert Schulls einziger Leichtmatrose, und auf den Süßwasser-Reisen, auf denen ich für ihn arbeitete, hatte er mich nie neugierig auf sich machen können. Er stammte aus dem Osten, ich glaube, aus Nikolaiken oder Schwentainen, war untersetzt und breitwangig wie die Leute dort, hatte ein fleischloses Gesicht, graue Augen, deren Blick einen nie unsicher machte, auch wenn etwas von vergnügter List in ihnen lag, eine harmlose Verschlagenheit. Wenn er das Ruder hielt, sanft, gar nicht wie ein Kapitän, wenn er, von der Brücke, mit den

Schleusenwärtern sprach, breit, höflich, als ob er sie mit der Stimme streichelte, dann fiel es mir jedesmal schwer, in ihm den Schiffsführer zu sehen, und ich, ich brauchte nur von der Arbeit aufzublicken und ihm zuzulächeln, damit ich sein Lächeln als Antwort erhielt. Eisgang auf den Flüssen, Regenböen, zerrende Strömungen: nichts brachte ihn außer sich, nicht die winterlichen Schrammen, die ›Bertha‹ sich zuzog, nicht die sinkenden Frachtraten. An trüben Morgen, auch unter nebligen Ufern, wenn wir vorbeituckerten an unbelebten Dörfern, womöglich nur Leergut an Bord, stand Albert Schull auf der Brücke, zufrieden und genügsam wie die Leute in Nikolaiken oder Schwentainen.

Ich wußte wirklich nicht, wozu er unten war und sein Schiff vermaß, hin und her ging zwischen den blendenden Sonnenquadraten auf dem Boden des Frachtraums, ohne Eile, ohne Seufzen vor allem, an diesem harten Sommertag ohne Seufzen, denn über den Luks und über dem eisernen Deck zitterte die Luft, und das Licht machte einen ganz verrückt und durchschlug sogar die geschlossenen Lider. Meinem kleinen, breitwangigen Kapitän schien das nichts auszumachen, er ertrug die Hitze, wie er die Kälte ertrug, und er war außerdem noch tätig in seiner pfefferfarbenen Jacke, mit der verschossenen Tuchmütze auf dem Kopf, und ich brauchte, nebenbei gesagt, nicht daran zu zweifeln, daß er diesmal vergessen hatte, die beiden Garnituren seines wollenen Unterzeugs auszuziehen, die er immer auf dem Leib trug.

Es ging mich nichts an, warum er auf einmal sein Schiff

vermessen wollte, jetzt noch, kurz vor der letzten Frachtübernahme, kurz vor dem Abwracken, denn seit mehr als zweiunddreißig Jahren kannte er doch seine ›Bertha‹ und ihre Verdrängung und Ladefähigkeit, und alle ihre altmodischen Abmessungen standen doch in den Schiffspapieren und mußten ihm vertraut sein. Ich saß in der Sonne auf dem Vorschiff, die Füße in einer Pütz mit lauwarmem Wasser, den Kopf im Schatten der baumelnden Wäsche; so schlief ich ein, und ich verschlief den Augenblick, in dem Albert Schull aus dem Frachtraum heraufstieg und in die Kajüte ging mit den neu gewonnenen Zahlen in seinem Notizbuch.

Ein sengender Wind, der von den Ufergärten herüberkam, weckte mich. Ich stand auf, blickte in die Luke hinab, meine Fußsohlen brannten auf dem warmen Eisen, auf dem Wasser funkelte es wie altes Öl. Ich wußte gleich, daß er in der Kajüte war, in dem niedrigen, holzverkleideten Raum, in dem er auf selbstgefertigten Ständern seine Topfpflanzen zog, an die er von Zeit zu Zeit mahnende Ansprachen richtete. Kein Bild, kein Buch, keine persönliche Erinnerung waren in der Kajüte zu finden, nur Schrank, Bett und Tisch, ein Drehstuhl mit Armlehne und, wie gesagt, schwere Topfpflanzen, die in ihrer gedrungenen Robustheit ›Berthas‹ Natur zu entsprechen schienen. Albert Schull saß vor dem Tisch, auf dem er Papiere und Pläne ausgebreitet hatte, saß unbeweglich da, mit dunklem Gesicht, mit gespannten Schultern, seine Augen waren fast geschlossen, sein Kopf vorgestreckt, so, als lauschte er. Leise drückte ich das Fenster auf, wartete schweigend, in der Hoffnung, er werde sich umwenden, doch er blieb sitzen in dieser Haltung mühsamen Lauschens, und da fragte ich: »Haben Sie was für mich, Kapitän?« »Zieh dich an«, sagte er. »Jetzt?« fragte ich, »jetzt gleich?« »Sofort«, sagte er, »zieh man dein bestes Zeug an, Jungche. Setz die Mitze auf, wir missen an Land. Mach das Bootche klar.« »An Land?« fragte ich zum Fenster hinein. »Ja, Jungche«, sagte er, »wir missen an Land.« Und ich noch einmal: »Ist etwas geschehen? Etwas Schlimmes?« »Ja«, sagte er und sagte es gegen die Wand.

Ich ging in meine Kammer und zog mich an, meine Haut brannte unter dem Stoff, der Sommer machte eine Schmiede aus meiner Kammer, die Luft glühte, und immerzu fiel ein Hammer. Dann machte ich das Boot klar und ging in die Kajüte, wo Albert Schull schon auf mich wartete, angetan mit einem fleckenlosen, geschonten Zweireiher, schwarz mit grauen Streifen. Er hatte die Mütze gegen einen Hut getauscht. Er hielt eine Aktentasche in der Hand. Der Tisch war aufgeräumt, und die feucht schimmernde Erde in den Töpfen verriet, daß er den Pflanzen Wasser gegeben hatte. »Was ist passiert?« fragte ich. »Genug«, sagte er. »Wo wollen wir hin?« »Wo's Gerechtigkeit gibt, Jungche, aufs Frachtbüro, da wollen wir hin.« »Was für 'ne Gerechtigkeit?« fragte ich.

Er seufzte, machte eine resignierte Handbewegung, stieg mir voraus aufs Deck und dann wortlos ins Boot hinab, das ich hinüberwriggte zum Anlegesteg, stehend und knapp aus den Handgelenken, ganz geblendet von der Sonne auf dem schwarzen Wasser. Albert Schull saß regungslos auf der mittleren Ducht, hielt die Aktentasche auf den Knien, und so, wie er dasaß in dem Licht und in dem unaufhörlichen Mittag, hatte er etwas von einer lächerlichen Würde, von einer komischen Feierlichkeit. Er ließ mich das Boot festmachen, schritt feierlich, blicklos über den Landungssteg, wartete auf der Straße, ohne sich nach mir umzusehen. Hintereinander gingen wir durch den Staub zur Haltestelle des Busses, und dort berührte er mich einmal, indem er meine Hände aus den Taschen zog.

Wir fuhren mit dem Bus in die Stadt, er löste die Fahrscheine für uns beide, suchte uns einen Platz aus und untersagte mir, ein Fenster zu öffnen. Unsere Körper schwankten, hüpften, kippten im gleichen Rhythmus zur Seite. »Zum Frachtbüro?« fragte ich. Er klopfte mit loser Hand auf die Aktentasche. »Welche Gerechtigkeit?« fragte ich, und Albert Schull, mein Kapitän seit vierzehn Monaten, wandte mir sein dunkles Gesicht zu und sagte leise: »Zuwenig, Jungche, Bertha is man zu klein vermessen: das hab ich ausgerechnet.« »Zu klein?« fragte ich. Er nickte. Er sagte: »Um acht Tonnen zu klein. Sie haben sie vermessen mit zweihundertvierundfünfzig Tonnen, aber sie hat eigentlich zweihundertzweiundsechzig. Sie haben einen Fehler gemacht beim Vermessen und beim Registrieren. Ist sicher, Jungche, ist ganz sicher.« Er klopfte wieder auf die Aktentasche und fuhr fort: »Wer sehn möchte Beweise, Beweise hab ich genug. Wer lesen kann, wird sich schnell überzeugen.« »Acht Tonnen?« fragte ich. »Acht Tonnen«, sagte er. »All die Jahre?« »All die Jahre.« Er drückte die schäbige, unverschließbare Aktentasche an seinen Leib. Er sah da zuversichtlich aus, möchte ich sagen, und sein breitwangiges Gesicht erschien mir entspannt, verbarg keinen Plan. Ich wußte, was er von mir jetzt erwartete, und ich sagte: »Acht Tonnen durch all die Jahre, das gibt eine gute Zahl.« »Viele Fahrten«, sagte er. »Wenn sie anerkannt werden«, sagte ich. »Unberechnete Fracht«, sagte er, und ich darauf, ganz erledigt von dem Sommer: »Verloren, vielleicht ist alles verloren.«

Wir stiegen am Hauptbahnhof um und noch einmal am Rathaus, und ich sah, daß Albert Schull nicht mehr angesprochen werden wollte, daß er erkennbar rechnete, acht Tonnen Überfracht durch zweiunddreißig Jahre, nicht immer, aber doch so oft, daß die Zahl, die sich als Forderung ergab, Bewunderung und Erschrecken zugleich hervorrief oder doch hervorrufen würde … acht Tonnen, die ihm fehlten, die unberechnet geblieben waren, wann immer er nach registrierter Ladefähigkeit gefahren war, und obwohl er zu wissen schien, daß der genaue Verlust sich nie mehr würde errechnen lassen, reichte bereits das ungefähre Resultat aus, um meinen Kapitän, sagen wir mal, vor eine Aufgabe zu stellen, der er alles unterordnete. Kein Groll, auch kein vermuteter Triumph bestimmten seine Schritte, als er mir vorausging zum sechsstöckigen Backsteingebäude unserer Genossenschaft, in dem das Frachtbüro ein Stockwerk besetzt hielt; er schritt gleichmäßig, aufrecht, allenfalls ein wenig steif dahin, so als sei er überzeugt davon, daß man ihm die beanspruchte Gerechtigkeit gebührenpflichtig durch einen Schalter hinausreichen werde. Der invalide Portier im Glashaus widerlegte ihn nicht darin. Er winkelte seinen Arm hoch an, streckte die Hand durch die Sprechklappe und begrüßte uns notdürftig, doch herzlich, und wies uns hinauf in einen kühlen Flur.

Ich hatte damit gerechnet, daß Albert Schull mich mitnehmen würde überallhin und daß er mich als Zeugen wünschte bei jedem Gespräch, doch in der schattigen Kühle des Flurs wies er auf eine Bank, sagte: »Wart da, Jungche«, nickte mir zu, verschwand in der Anmeldung und ließ mich allein. Ich saß und wartete und rauchte, bis einer kam und mir das Rauchen verbot, danach saß ich nur und horchte, stellte mir vor, wie Albert Schull hinter den Türen verhandelte mit Hilfe der Papiere und der neuen Maße, wie er geduldig sprach in seinem breiten, gemütlichen Tonfall und zuletzt, als sprechenden Beweis, womöglich noch sein Maßband auf den Tisch legte. Mehrmals öffneten sich Türen, Männer traten heraus, gingen eilig, aufgeräumt oder nachdenklich, an mir vorbei, nur mein Kapitän kam und kam nicht. Da fragte ich mich, warum er mich mitgenommen hatte, denn den Weg, sagte ich mir, hätte er doch auch allein gefunden, aber da wußte ich ja noch nicht, welchen Dienst er von mir erwartete. Einmal trat er mit einem hünenhaften Beamten, der seine Papiere trug, auf den Korridor, aber nur, um hinter einer anderen Tür zu verschwinden; er hatte keinen Blick für mich, kein Lächeln wie sonst. Mir wurde es peinlich, so lange zu warten, denn eine große, gesäßlose Sekretärin, die anscheinend in mehreren Zimmern zu tun hatte, musterte mich mit zunehmender Mißbilligung, sooft sie an mir vorbeiging.

Ich hielt aus, ich blieb sitzen und stellte mir den dramatischen Beweis vor, den Albert Schull lieferte, um sich Gerechtigkeit zu verschaffen, Gerechtigkeit für acht unberechnete Tonnen Fracht, die er für einen unbekannten Teilhaber durch zweiunddreißig Jahre gefahren hatte. Ich tat es so lange, bis ich hungrig wurde und erwog, eine heiße Wurst in der Kantine zu essen, doch da kam er, kam ohne seine Aktentasche und die Beweismittel, und an seiner Haltung, an seinem Gang und an seinem Gesicht erkannte ich, daß ich einen veränderten Kapitän hatte. Er kam mit kleinen, heftigen Schritten auf mich zu, stöhnte, ergriff meinen Arm, drückte zu, als ob er sich Erleichterung davon erhoffte; dann stieß er mich zum Ausgang. »Umsonst?« fragte ich. »Alles umsonst?« Er antwortete nicht, schien nicht einmal meine Frage gehört zu haben. Der Portier rief uns etwas zu, streckte seine Hand durch die Sprechklappe; Albert Schull hörte nichts, sah nichts, trieb mich mit Stößen und Blicken in die Sonne hinaus und weiter zur Haltestelle des Busses. Ich kannte da Albert Schull nicht so gut, als daß ich gewußt hätte, daß er allem Unvorhergesehenen durch Schweigen begegnete, und zwar durch ein nennenswertes Schweigen, denn es mutete zugleich bedrohlich und hilflos an. So fuhren wir zurück, er schweigend neben mir, mit schmalen Augen und Händen, die darauf aus waren, etwas zu umfassen und zu drücken, und was er erreicht oder nicht erreicht hatte, das behielt er für sich. Sein gelegentliches Stöhnen enthielt nicht mehr als Andeutungen, konnte da noch beliebig gedeutet werden. Eile, Eile war das einzige, was ihm anzumerken war, und vielleicht auch eine nicht näher zu bezeichnende Gewalt, der er sich widersetzte. Er ließ es geschehen, daß ich ein Fenster im Bus öffnete, wahrscheinlich bemerkte er es nicht einmal, obwohl die strömende Fahrtluft sein Gesicht traf, in seinem dünnen Haar einen Sturm verursachte.

Als wir den Bus verließen und den Strom sehen konnten, wenn auch noch nicht unsere ›Bertha‹, machte ich wieder einen Versuch, fragte einfach: »Anerkannt? Haben sie Berthas Taillenweite anerkannt?«, worauf er mich nickend aufforderte, in die ›Goldene Schleuse‹ hinüberzugehen, in diese Kneipe, in der es mich zu jucken begann, sobald ich mich nur auf eines der fleckigen, altmodischen Sofas gesetzt hatte. Er verlangte es mit einem Ausdruck, der keinen Widerspruch zuließ; das war mir neu, und ich tat, was er wollte.

Die ›Goldene Schleuse‹ war immer besetzt, immer von den gleichen Leuten, die an den fleckigen Sofas festgeklebt waren und ihre Kähne vergessen zu haben schienen, die unten im toten Arm nebeneinander vertäut waren. Sie saßen im Hemd da, die Mütze auf dem Kopf, hatten nichts miteinander zu reden, nur wenn ein Neuer hereinkam, dann sahen sie sich fest an ihm und unterhielten sich mit ihren Blicken. Wir gingen an ihnen vorbei zur Theke, Albert Schull verlangte zwei Flaschen Bier, ergriff seine

Flasche hastig und begann zu trinken, ohne mir zuzuprosten. Während er trank, blickte er durch den Raum, auf die festgeklebten Leute, und auf einmal setzte er die Flasche ab, stöhnte, trat ruhig an einen Tisch heran, an dem eine mächtige Warnboje saß, die aussah wie ein Schiffer, und mein Kapitän hob die Flasche, goß den Rest Bier mitten auf den Tisch, daß es nur so spritzte und schäumte und eine schmutzige Lache entstand. Die Warnboje, die aussah wie ein Schiffer, nahm nicht einmal die Hände vom Tisch, sah nur unbewegt zu, wie das Bier über die Tischplatte schäumte. Das hatte Albert Schull nicht erwartet. Er setzte die Flasche auf den Tisch und zog der Warnboje die Mütze über die Augen, warum auch nicht, und stand dann zitternd da und beobachtete, wie die Boje sich belebte und erhob und gar nicht aufhören wollte, sich zu erheben. Da machte mein Kapitän ein Gesicht, als ob er erleichtert sei, packte seine Flasche, hieb ihr an der Kante des Tisches den Boden ab. Erleichtert sah er aus, sagte ich, aber Sie müssen auch wissen, daß er den Eindruck eines Mannes machte, der außer sich sein wollte und es nicht konnte.

Die Warnboje schlug ein einziges Mal zu. Albert Schull hatte keine Verwendung für den scharfkantigen splittrigen Flaschenhals. Er ließ ihn fallen im Sturz, und er stürzte so, daß ich ihn auffangen konnte. Auf seinem breitwangigen Gesicht lagen weder Überraschung noch Schmerz, dafür glaubte ich, eine Art listiger Zufriedenheit zu erkennen in der entscheidenden Sekunde, in der er bemerkte, daß ich ihn festhielt.

Jedenfalls hatte er dafür gesorgt, daß ich dabei war und er selbst jemanden hatte, der ihn hinausschleppte und, über die staubige Uferstraße, durch die entzündete Luft zum Anlegesteg hinab. Ich bettete ihn ins Boot. Ich stützte seinen Kopf auf die mittlere Ducht, so daß sein Gesicht von der Sonne getroffen wurde. Und er sah auch jetzt noch zufrieden aus, während er vor mir lag. Dann wriggte ich uns zur ›Bertha‹ hinüber.

In der Kajüte lächelte er mir zu, mit seinem alten, freundlichen und verschlagenen Lächeln, und seine Stimme war sanft wie immer, als er sich bei mir bedankte. Es mußte ihm sehr gut gehen, denn er bot mir von einem Schnaps an, den er selbst nur selten trank, und ich, sein einziger Leichtmatrose, konnte nicht ablehnen. Und er entsann sich auf einmal, daß er mir noch eine Antwort schuldete: »Ach ja, Jungche«, sagte er, »ja, du hast mich vorhin nach dem Schiff gefragt.« »Nach den Abmessungen«, sagte ich. »Ich habe ihnen alles dagelassen«, sagte er, »die alten und die neuen Abmessungen.« »Alles umsonst?« fragte ich. »Sie halten mich für verrückt«, sagte er, »sie haben man die Beweise gar nicht gelesen, nur zugehört haben sie mir und dann leise gesprochen und mich angesehen, wie man einen Verrückten ansieht.« »Sieht ihnen ähnlich«, sagte ich, und er darauf: »Aber sie werden sich wundern, Jungche. Sie werden Augen machen, wenn ich ihnen den letzten Beweis liefere.« »Welchen Beweis?« fragte ich. »Den letzten«, sagte er, »du wirst schon sehen«, und er lächelte zufrieden, wie man vielleicht am Sonntagvormittag lächelt. »Meine Abmessungen haben sie nicht überzeugt, etwas anderes wird sie überzeugen.« »Die Werft?« »Wart ab.« »Der Zoll?« »Wart nur ab.« Da sah ich ihn lange und genau an, und ich hielt ihn nicht für verrückt.

Einen zweiten Schnaps schenkte er nicht ein, und so ging ich in meine Kammer, zog mich wieder um und machte alles klar zum Passieren der Schleusen, und als ich ihn am Ruder sah, sanft, gar nicht wie ein Kapitän, als ich ihn mit dem Schleusenwärter sprechen hörte, vergnügt, in seiner anspruchslosen Höflichkeit, begann ich mich zum ersten Mal vor dem Beweis zu fürchten, den er ausspielen wollte, um seine Gerechtigkeit für unberechnete acht Tonnen zu erhalten.

Ohne Verzögerung gingen wir durch die Schleusen und tuckerten an kochenden Ufergärten vorbei, an Pontons, auf denen Teerzungen funkelten, tuckerten an schlaffen Schilfgürteln vorbei, in denen der Nachmittag brütete, hinab zum Elektrizitätswerk und dann zu unserem Frachtkai, wo sie uns schon erwarteten. Albert Schull fuhr ein sehr gutes Anlegemanöver, ich konnte die Leinen einfach hinübergeben, und gleich nachdem wir festgemacht hatten, zogen sie die Tore des Schuppens auf: die letzte Frachtübernahme begann.

Diesmal mußte ich an Deck bleiben, und mein Kapitän stieg selbst in den Frachtraum hinab, etwas, was er noch nie getan hatte in den vierzehn Monaten, in denen ich bei ihm war, und er half dort unten in dem heißen Käfig beim Auspicken und Stauen, flitzte hin und her in seiner pfefferbraunen Jacke, ermunterte, korrigierte und befahl. Wir nahmen eine Spendenfracht über, die für ein Erdbebengebiet bestimmt war, Kisten mit medizinischen Geräten und Impfstoffen und sogar ein ganzes Hilfslazarett, und natürlich geschnürte Ballen von getragener Kleidung, auch Schuhe, auch Konserven. Wir sollten all das Zeug in den Hafen bringen, wo es von einem Schnellfrachter übernommen werden sollte, und Albert Schull arbeitete, als sei ein Verwandter von ihm unter den Leuten, die die Spenden nötig hatten. Nichts war ihm anzumerken, nicht die Unruhe, die die Entdeckung der ungenauen Maße hervorgerufen hatte, nicht die Erbitterung oder Enttäuschung über seine fehlgeschlagenen Verhandlungen, und Sie werden verstehen, wenn ich sage, daß er mir einfach zu folgenlos über alles hinweggekommen schien. Sichtbare Enttäuschung oder meinetwegen die deutliche Beschäftigung mit einem neuen Entwurf hätten mich jedenfalls sorgloser gemacht.

Während wir die Spendenfracht übernahmen, machte hinter uns schon der nächste Kahn fest. Auch er wurde mit Spenden beladen. Auch er sollte das Gut zu dem Schnellfrachter hinbringen. Wir machten nur eine Kaffeepause, und Albert Schull war es, der sie als erster beendete, händereibend hinabstieg und dort wie ein Stauervize arbeitete bis zur Dämmerung und durch sein stetiges Drängen auch erreichte, daß wir bei Beginn der Dunkelheit voll waren und ablegen konnten.

Wir drehten also in den Strom, ich stand neben dem Ruderhaus, nur mit einer Turnhose bekleidet; ich stand und rauchte und beobachtete aufkommende Lichter und zitternde Lichtpfeile auf dem schwarzen Wasser. So ließ sich der Sommer vergessen. Albert Schull stand am Ruder, sanft, beherrscht wie immer – eine Beherrschtheit, die in seinem Gesicht lag und in den Händen, die das Ruder hielten. Das abgeknickte Rohr des Auspuffs vibrierte. Friedlich tuckernd, mit funkelndem Kielwasser glitten wir stromabwärts. »Werden wir nachts entladen?« fragte ich ins Ruderhaus hinein. Ich erhielt keine Antwort. »Soll Bertha gleich entladen werden?« wiederholte ich, und er darauf: »Frag nicht soviel, Jungche, ruh dich aus.« Er blickte aufmerksam voraus, und ich legte mich auf eine Persenning hinter dem Ruderhaus, dort, wo unter mir die Schraube das Wasser walkte und die gefettete Ruderkette lief. Ich sah zu den erleuchteten Häusern am Ufer, dachte mich in sie hinein, entwarf mir so ein abendliches Familienleben und merkte dabei nicht, wie ›Bertha‹ ihren Kurs änderte, leicht nur, ohne daß die Kette sich viel bewegte. ›Bertha‹ lief tuckernd, gleichmütig und in spitzem Winkel aus dem Fahrwasser raus, riß eine der wippenden Bojen aus der Verankerung; die Boje trudelte neben der Bordwand vorbei, schlug wie zum Abschied gegen das Heck, gerade dort, wo ich lag, so daß ich aufsprang und zum Ruderhaus stürzte, um Albert Schull darauf aufmerksam zu machen; doch ich schaffte es nicht bis zu ihm, denn das Schiff hob sich unter mir, wuchs mit seinem Deck und den Bordwänden aus dem Wasser, gleichmäßig, geräuschlos – ›Bertha‹, dies träge, gedrungene Flußpferd, dieser Veteran der Kanäle und Ströme, sie hob ihre dunkle Masse aus dem Wasser, drückte und drückte sich empor mit all der Fracht in ihrem Bauch, und jetzt hörte ich einen Laut, der so klang, als wenn eine Diamantspitze Glas schneidet, nur noch fordernder, rücksichtsloser und vielfach verstärkt, ich hörte etwas knirschen und knacken, sah den Bug des Kahns sich aufrichten gegen den dunklen Himmel und die Lichter am Ufer geradewegs niedersinken, ich wollte etwas rufen und konnte es nicht. Dann erhielt ›Bertha‹ einen Schlag unter Wasser, sie ruckte heftig, schien zu schnaufen und ein wenig zu sacken, so, als sei sie angeschlitzt worden, und ihre drängende Bewegung wurde kraftlos, verlief sich; schließlich krängte sie und blieb, immer noch mit hochgerecktem Bug und schrägem Deck, liegen.

Zuerst dachte ich, ich sei eingeschlafen, denn Sie müssen wissen, daß Albert Schull alle Bänke und Untiefen und versetzenden Strömungen kannte, und ich wußte von ihm, daß er mit seiner ›Bertha‹ nie festgesessen hatte in den zweiunddreißig Jahren. Aber das schräge Deck und das Knacken im Schiff und all die Leute, die sich im Lichtschein am Ufer versammelten, bewiesen mir, daß wir schwer aufgelaufen waren und quer zur Strömung festlagen. Außerdem hörte ich ein gurgelndes Geräusch aus dem Frachtraum, von dorther, wo wir das Leck empfangen hatten, durch das Wasser einbrach.

Ich wollte etwas tun und wußte nicht, was, stürzte dann doch zum Ruderhaus und fand Albert Schull still, mit aufgestützten Beinen auf seinem Schemel hocken. Ich brauchte mich nicht zu versichern, brauchte ihn auf nichts aufmerksam zu machen, denn seine vergnügte List, die harmlose Verschlagenheit, mit denen er mir entgegenblickte, sagten mir, daß er alles wußte, und mehr als dies: daß alles geschehen war nach seinem Plan. Aber ich sagte dennoch: »Wir sitzen fest, Kap'tän, wir haben ein Leck«, und er: »Ja, Jungche.« »Bertha ist leckgeschlagen«, wiederholte ich. »Bertha, ja«, sagte er gemütlich, und nach einer Weile: »War ihre letzte Fahrt.« »Aber die Ladung«, sagte ich. »Ruhig, Jungche«, sagte er, »sie werden schon längsseits kommen in der Frühe und die Ladung bergen.« Und erwartungsvoll: »Dann wird sich alles zeigen.« »Soll ich das Boot aussetzen?« fragte ich, und er, mit seiner furchtbaren Ruhe: »Laß man, wir bleiben an Bord. Sinken können wir hier nicht.« Die Langsamkeit seiner Stimme, die Ruhe seiner Hände und diese tatenlose Geduld reizten mich, und ich rief: »Ihr Beweis, nicht? Das ist wohl der Beweis!« »Wart ab, Jungche«, sagte er. »Die Fracht«, sagte ich. »Wart doch ab.«

Da kam mir unser Unglück vor wie die einzige Notwendigkeit, derentwegen er noch lebte, und ich ging in meine Kammer, um nachzusehen, was da beim Auflaufen geschehen war.

Ich sah ihn erst am Morgen wieder, bevor er umstieg auf die flache Schute der Bergungsfirma, die längsseits gekommen war. Er gab mir die Hand und sagte leise, vergnügt und mit einer irren Zuversicht: »Bei der Bergung rechnen sie genau.«

Dann stieg er um, und ich hörte erst wieder von ihm in der ›Goldenen Schleuse‹, wo sie anscheinend alles wissen.

Sie wußten, daß sein Schiff wirklich zweihundertzweiundsechzig Tonnen hatte, acht Tonnen über seine Vermessung; in der Bergung arbeiten sie genau, doch als Albert Schull das erfuhr, war seine ›Bertha‹ längst zerschnitten und zerschweißt.

1964

≈

Im Gegensatz zu vielen Häfen des Nordens gilt Hamburg als eisfreier Hafen. Hier kann nicht geschehen, was in Leningrad, in Archangelsk oder Murmansk geschieht: daß Schiffe mit ihrer Fracht regelrecht einfrieren, sobald der Frost Streik ausruft oder seine Peitsche führt. Hier kann es nicht vorkommen, daß Schiffe wochenlang im Eis festsitzen, wobei ihre Besatzungen zwar räumlich beschränkte, aber doch eisglitzernde Winterfreuden genießen können. Der Hafen von Hamburg ist in dieser Hinsicht klimatisch so bevorzugt, daß Eisbrecher, die in nordischen Häfen zum selbstverständlichen Inventar gehören, nie oder doch nur selten eingesetzt werden müssen. Soweit ich mich erinnern kann, ist es nach dem Krieg nur einmal notwendig gewesen, in dem harten Winter 1946/47.

Gleichwohl kann es geschehen, daß die Elbe Eis führt und daß die Schiffe gezwungen sind, durch krachende und splitternde Eisschollen hinauszufahren bzw. in den Hafen aufzukommen. Ich selbst lebe in der Nähe des Stroms, und ich achte dann auf die Geräusche, wenn Schiffe bei Eisgang vorbeiziehen. Ein fernes Dröhnen kündigt sie an, ein Klirren und Brechen, und dieses Geräusch ruft unwillkürliche Vorstellungen hervor: Man sieht eisverkrustete Steven, Aufbauten und Brücken, man sieht den eisverkrusteten Bug, der durch treibende Schollen pflügt, und man sieht die blauen, magermilchblauen Schollen, die an der stählernen Bordwand entlangtrudeln, unter Wasser gedrückt werden, von der Schraube erwischt werden und splitternd und beinahe tanzend im quirlenden Heckwasser wieder auftauchen. Schiffe und Schlepper entwerfen mit ihrem Kurs gleichsam Schnittmuster im treibenden Eis, Rinnen, die mäanderförmig gegen den Horizont laufen, enger und enger werden und schließlich wieder zuwachsen. Ich habe es selbst erlebt, ich habe das Geräusch gehört, das entstand, wenn treibende Eisschollen die Bordwand trafen, es ist ein Dröhnen, ein Rumpeln und Klopfen, mit dem das eisbedeckte Gewässer dem Schiff sozusagen seine Gefangenschaft mitteilen möchte.

Und inmitten dieses mörderischen Treibens tun unermüdlich Feuerschiffe ihren Dienst. Feuerschiffe sind Symbole der Sicherheit. Überall vor wandernden Bänken, vor risikoreichen Fahrwassern, vor Zwangswegen sieht der Seemann, sobald er sich dem Hafen nähert, diese kleinen verankerten, rotflammenden Schiffe, die ihm den Weg in den Hafen weisen. Feuerschiffe haben im allgemeinen eine geringe Besatzung. Es sind nicht mehr als sieben, höchstens vierzehn Mann an Bord, häufig verfügen sie nur über einen Hilfsmotor, und es gibt auch Feuerschiffe, die nur unter Segeln fahren können. Der Seemann erkennt sie an ihrem Laternenmast, der bei einbrechender Dunkelheit die spezielle Kennung, so heißt es, über See blinkt: Lichtzeichen, die ihm sagen, welche Position er erreicht hat. Es ist ein harter, ein aufreibender Dienst, den die Besatzungen der Feuerschiffe verrichten müssen: an langer Ankerkette, den Stürmen ausgesetzt, bei unveränderter Position gilt es, den aufkommenden Schiffen den Weg zu weisen.

Mich selbst hat das Thema auf symbolische Art oft beschäftigt, z.B. in der Erzählung »Das Feuerschiff«.

> Sie lagen und lagen fest bei den wandernden Sandbänken. Seit neun Jahren, seit dem Krieg lag ihr Schiff an langer Ankerkette fest, ein brandroter Hügel auf der schiefergrauen Ebene der See, muschelbedeckt, von Algen bewachsen – bis auf die kurzen Zeiten in der Werft lag es da, während der heißen Sommer, wenn die Ostsee glatt und blendend und zurückgedämmt war, und in all den Wintern, wenn wuchtige Seen das Schiff unterliefen und Eisschollen splitternd an der Bordwand entlangschrammten. Es war ein altes Reserve-Feuerschiff, das sie nach dem Krieg noch einmal ausgerüstet und hinausgeschickt hatten, um die Schiffe vor den wandernden Bänken zu warnen und um ihnen einen Ansteuerungspunkt zu geben für den Minenzwangsweg.
>
> Neun Jahre hing der schwarze Ball in ihrem Mast,

der anzeigte, daß sie auf Position waren, kreiste der Blinkstrahl ihrer Kennung über die lange Bucht und über die nächtliche See bis zu den Inseln, die sich grau und flach wie ein Ruderblatt am Horizont erhoben. Jetzt waren die Minenfelder geräumt, das Fahrwasser galt als sicher, und in vierzehn Tagen sollte das alte Feuerschiff eingezogen werden. Es war ihre letzte Wache.

Die letzte Wache sollte noch vor den Winterstürmen enden, die mit kurzen, wuchtigen Seen in die Bucht hineinschlagen, die lehmige Steilküste unterwaschen und auf dem flachen Strand eine verkrustete Markierung aus Tang, Eissplittern und pfeilförmigem Seegras zurücklassen. Bevor die Stürme einsetzen, ist die Ostsee hier draußen vor der langen Bucht ruhig; die Dünung geht weich und gleitend, die Farbe des Wassers wird schwarzblau. Das ist eine gute Zeit für den Fischfang: in Schwärmen zucken die getigerten Rücken der Makrelen knapp unter der Oberfläche dahin, der Lachs geht an den Blinker, und in den Maschen des Grundnetzes stehen die Dorsche fest, als ob ein Jagdgewehr sie hineingeschossen hätte. Es ist dann auch höchste Zeit für die Küstenschiffahrt, für die gedrungenen Motorsegler, für Windjammer und Holzschoner, die mit einer letzten Decksladung Grubenholz oder geschnittenen Planken oben von Finnland runterkommen und weiterziehen in ihre Winterverstecke. Das Fahrwasser vor der langen Bucht und zwischen den Inseln ist voll von ihnen vor den Stürmen, und vom Feuerschiff sehen sie die tuckernde, schlingernde, mühsame Prozession vorüberziehen zu den Sicherheiten hinter dem Horizont; und wenn sie verschwunden sind, kommen die Sturmmöwen herein und die schweren Mantelmöwen, einzeln zuerst, dann in kreischenden Schwärmen, und sie umkreisen das Feuerschiff, ruhen sich auf seinen Masten aus oder gehen nieder auf das Wasser, auf dem der rötliche Widerschein des Schiffes liegt. Als ihre letzte Wache begann, war die See fast leer von den schlingernden Holzschuten, nur einige Nachzügler kamen noch vorbei, klemmten sich unter den Horizont, und auf dem Feuerschiff sahen sie jetzt fast nur noch die weißen Eisenbahnfähren, die morgens und abends schäumend hinter den Inseln verschwanden, schwere Frachter und breitbordige Fischkutter, die gleichgültig an ihnen vorbeiliefen.

An jenem diesigen Morgen war nichts in Sicht. Das Feuerschiff dümpelte träge an langer Ankerkette, die Strömung staute sich drängend am Rumpf, und ein grünes, schwefelgrünes Glimmen lag auf der See. Mit dem schwingenden Pfeifgeräusch ihrer Flügel strich ein Zug Grauenten knapp über dem Wasser am Schiff vorbei und zu den Inseln hinüber. Die Ankerkette rieb sich, knirschte in den Klüsen, wenn die weiche Dünung das Schiff anhob, und es entstand ein Geräusch, als holte ein Bügelstemmeisen verrostete Nägel aus einer Kiste. Die durchlaufende Dünung klatschte gegen das Heck. Eine breite Schaumspur zog sich von der Bucht gegen die offene See hin wie eine weißliche Ader, in der schwappend Blasentang trieb, algenbedeckte Holzstücke, Kraut, Korkstücke und eine auf und ab tanzende Flasche.

Heute allerdings geht man mehr dazu über, die in ihrer Unterhaltung kostspieligen Feuerschiffe durch sogenannte Feuertürme zu ersetzen, fest verankerte Seezeichen, die von Land aus gesteuert werden und eine noch größere Sicherheit bieten. Diese Feuertürme sind unbemannt und vollautomatisiert. In welcher Weise sich der Seemann den Besatzungen der Feuerschiffe verpflichtet gefühlt hat und hier und da immer noch verpflichtet fühlt, kann man daraus ersehen, daß zu bestimmten Festtagen seegehende oder aufkommende Schiffe auf der Höhe des Feuerschiffs stoppen; ein Beiboot wird ausgesetzt, und man bringt den Partnern, die für die Sicherheit sorgen, Geschenke hinüber, vor allen Dingen Torten.

Wo die Möwen schreien …, 1976

≈

Einstein überquert die Elbe bei Hamburg
Geschichte in drei Sätzen

Dies hier ist eine Photographie zum Lesen, zum Suchen und Wiederfinden jedenfalls, denn so ein Weitwinkel beläßt es nicht bei wenigen Worten, der macht dem Auge redselige Angebote – was noch gar nichts heißen soll; aber man wundert sich doch über die gutmütige, erzählbereite Elbe, die im Vordergrund an Ketten hängende Anlegepontons vorzeigt, zerschrammt und zersplittert unter den Stößen eiserner Bordwände; weiter dann, wo das Wasser schwarz vorbeidrängt, einfach alles zuläßt, was schwimmen kann: Festmacherboote, Getreideheber, Schlepper, Schuten, Tanker und kombinierte Frachtschiffe, die, mit Frohsinn bewimpelt, auf einwandfreiem Kollisionskurs liegen – zumindest sieht es so aus – und die nach einer prachtvollen Massenkollision wohl noch einmal gerammt werden sollen von einem grünweißen, betagten, dennoch rostfreien Elbdampfer, einem Fährschiff, um genauer zu sein, dessen deutliche Schaumspur sowohl der Elbe als auch der ganzen Photographie eine glimmende Diagonale verschafft, eine halb ausgeführte Diagonale natürlich, die aber schon ausreicht, daß man sich nicht in die Flaggen verguckt, nicht in Masten und die im Dauerspagat hängenden Ladebäume, ja nicht einmal in die mennigrote Wand des Schwimmdocks, das vor den Helligen einer Werft verankert ist und, einen widerspruchslosen Hintergrund bildend, der Elbe ihre tatsächliche Breite bestreitet; vielmehr überredet uns die Schaumspur, das grünweiße, ziemlich hochbordige Fährschiff als Mittelpunkt dieses sommerlichen Hafenporträts anzusehen, das, bei leicht schwefligem Licht aufgenommen, einfach die alltägliche Wahrheit des Stroms belegen soll – wozu ja nicht nur Rauchfahnen und Wind gehören, sondern auch drängende, in jedem Fall planvolle Bewegungen all der Boote, Prähme und Schiffe, unter denen, wie gesagt, die Fähre sich besonders hervortut durch ihre Farbe, durch den riskanten Kurs und, wenn man genauer hinsieht, durch die auf dem Achterdeck versammelten Personen, die bereits auf den ersten Blick zu erkennen geben, daß sie etwas verbindet: Beziehungen oder Absichten, vielleicht unerwünschte Verhältnisse; zumindest muß man sich etwas denken bei der deutlichen Besorgnis des Kapitäns, der, seinen Oberkörper sacht über die Brükkennock gewinkelt, den Kurs eines langsam mahlenden Schleppzugs abschätzt und ihn mit dem eigenen Kurs in Verbindung bringt, womöglich schon einen Schnittpunkt ermittelt und auch das fällige Manöver erwägt – nicht zuletzt deshalb, weil man ihm einmal in einer Seeamtsverhandlung, als es darum ging, die Schuldfrage bei einer Kollision zu ermitteln, vorgeworfen hatte, das fällige Ausweichmanöver zu spät angeordnet zu haben –, doch das muß man wohl hinzusehen, während von dem großen, kahlen, zum Niedergang hinstürzenden Mann sorglos behauptet werden kann, daß er flieht, daß er sich augenscheinlich von einem Uniformierten absetzen möchte, der schon die behördliche Hand nach ihm ausstreckt, hier, auf dem grünweißen, die Elbe verbissen kreuzenden Fährschiff, das jedem Verfolgten, wenn er sich nicht mit dem Strom anbiedert, dem Strom vertrauend über Bord springt, zur Falle werden muß – was allerdings der große, kahle Mann, der sich eine zu enge Jacke angepellt hat und der seine Hosen gern um eine Handbreit länger herauslassen könnte, vergessen zu haben scheint: denn er hetzt, von seiner Angst getrieben, über das Achterdeck zum Niedergang, vorbei an dem träge dasitzenden Paar, das nicht einmal die Köpfe hebt, nicht das geringste Interesse zeigt für Ludi Leibold, der hier, wenn nicht gestellt, so doch aussichtsreich verfolgt wird – nicht wegen Diebstahls, sondern wegen Mißbrauchs von Barkassen, die er heimlich losbindet und, wenn sie ihm seine Eignung zum Kapitän ausreichend bewiesen haben, einfach auf Grund setzt –, aber das mangelnde Interesse wird glaubwürdig, wenn man festgestellt hat, daß die Frau, die da verkrampft und spreizbeinig neben einem Mann sitzt, nicht nur schwanger, sondern hochschwanger ist und sich ziemlich sicher auf dem Weg zur Klinik befindet, in Begleitung eines Mannes, der einen hilflosen und niedergeschlagenen Eindruck macht, womöglich weil er selbst während der Überfahrt auf einer Fähre zur Welt gekommen ist und sich nun überlegt, was er tun soll, wenn die Frau auf der Fähre niederkommt wie einst seine Mutter – diese Frau, auf der die winkligen Schatten der Reling liegen und der nichts bleibt, als verkrampft zu lauschen und einzusehen, daß jeder Widerspruch hier nutzlos ist, einfach weil alles einem derben und feuchten Zwang unterliegt, einer unleidlichen Gesetzmäßigkeit, die von einem bestimmten Augenblick an stumpfsinnige Befehlsgewalt übernimmt; jedenfalls wird man das auf der grünweißen Fähre so lange annehmen, bis man den gekrümmten, abseits sitzenden Mann entdeckt hat, den Alten unter dem Schlapphut, dem sein dichtes Grauhaar auf die Schulter fällt und der sich auf der Suche nach Wärme tief in seinen Mantel zurückgezogen hat, wo er an seinem kurzstieligen Pfeifchen qualmt und die Schultern hebt wie in ironischem Zweifel über einen Einfall; doch entscheidender als diese Einzelheiten ist das Eingeständnis, daß man diesen Alten irgendwoher kennt, von anderen Photographien, aus dem Film, vielleicht vom Hörensagen, und zwar kennt man nicht nur das Gesicht, sondern auch einige Ansichten, die diesem Original zugeschrieben werden, vor allem bestimmte Unsicherheiten in unseren Wahrnehmungen und Aussagen – und weil jetzt, auch wenn es überrascht, erklärt werden muß, daß der einzelgängerische Passagier tatsächlich Albert Einstein ist, der hier auf einem gewöhnlichen Fährschiff die Elbe bei Hamburg überquert, muß man auch schon die Folgen seiner Anwesenheit zur Kenntnis nehmen.

Ich kann mir nicht helfen: der Alte, gekrümmt, mit Unscheinbarkeit getarnt, läßt sich immer weniger übersehen, immer weniger vergessen, ja, jetzt spürst du, wieviel schon von ihm ausgeht und wieviel auf ihn bezogen ist, hier, auf der schräg kreuzenden Fähre – sogar die über ihm hängenden Möwen scheinen Signale von ihm zu erhalten, Zeichen, die ihnen das vielbewunderte Hochziehen und Abstreichen unmöglich machen, und auf einmal zieht sich die mennigrote Wand des Docks zurück, also die Begrenzung; das Treibende im Strom – leuchtendes Kistenholz, Flaschen, Plastikbecher, Latten – fängt sich in einem Kreisel, zwei kurze, dekorative Rauchfahnen gehorchen nicht mehr dem Wind, aber was dich noch mehr erstaunt, das ist der Kapitän in der Brückennock, der nicht mehr besorgt, sondern nur noch ratlos, ratlos und verblüfft dasteht und aus dem Kurs des langsam mahlenden Schleppzugs und dem eigenen Kurs offenbar nichts mehr ermitteln kann, denn obwohl jeder die Kollision voraussagen möchte, ist sie auf einmal fraglich geworden: beide Fahrzeuge, der Schleppzug und die Fähre, halten zwar ihren Kurs ein, doch sie kommen sich nicht näher trotz unterschiedlicher Geschwindigkeit, vielleicht weil beide, obwohl zu selbständiger Bewegung fähig, von einer anderen wirksamen Bewegung ergriffen werden, einer Strömung, die für immer verhindern wird, daß sich der Bug der Fähre schneidend in der Bordwand der Schute festsetzt, ja, du hast angesichts des gekrümmten Alten das Gefühl, daß weder die Fähre noch all die Barkassen, Tanker, Schlepper Meter über dem Grund gutmachen, denn wie sich die mennigrote Wand des Docks zurückgezogen hat, so ziehen sich auch die Ufer zurück und machen nicht nur jede pünktliche, sondern jede Ankunft überhaupt fraglich, was den Alten mit dem eisengrauen Haar allerdings nicht zu kümmern scheint, ihn vielmehr nur mit behaglicher und zustimmender Ironie erfüllt, weil die plötzliche, gewinnlose Bewegung im Hafen ihn nicht beunruhigt und weil ihm nichts Ähnliches bevorsteht wie dem Kapitän, der heute nachmittag zum zweiten Versöhnungstermin erscheinen soll und auch vorhat hinzugehn, in der Bereitschaft, seiner Frau halbwegs zu vergeben – wenn auch unter der Bedingung, daß sie künftig darauf verzichtet, die Lebensmittel bei seinem einarmigen und noch unverheirateten Bruder zu kaufen –, doch da die Möwen wie an Drähten hängen, die Ufer zurückweichen, die Bewegungen zu nichts führen als zu einem, man muß es schon sagen: erregten Stillstand, der jede ordentliche Erwartung zweifelhaft werden läßt, stellt der Kapitän der Fähre sich unwillkürlich den wartenden Richter und seine wartende Frau vor, erwägt, was sie erwägen werden, wenn er ausbleibt, wenn er später einmal den sonderbaren Grund seiner Abwesenheit nennen wird – wir hatten an diesem Tag keine Chance, das Ufer zu erreichen –, und dabei merkt er, daß er schon auf einer unerklärlichen Unruhe schwimmt, denn alles, was er sich für den Abend nach dem Versöhnungstermin vorgenommen hat, wird ja nun unglaubwürdig; aber noch ist es nicht soweit: auf dem Wasser gibt es für jede Lage ein Manöver, das für Veränderung sorgt; deshalb wird er jetzt das Kommando zu einem Manöver geben, beispielsweise »Halbe Fahrt – Ruder hart Steuerbord«, und das in der Absicht, am geduldig mahlenden Schleppzug achtern vorbeizukommen, und über die Brückennock gelehnt, wird er die sichtbare Wirkung des Manövers erwarten, stehen, warten und danach den Rudergänger zum zweiten Mal fragen, ob das Kommando auch weitergegeben wurde zu dem verdammten Penner in der Maschine unten, der, wie wir mittlerweile wissen, das Notwendige längst getan hat und es dennoch nicht vermochte, den Kapitän sorgloser zu machen, der nun zurückblickt auf die glimmende Diagonale des Kielwassers und dabei den alten, verhüllten Mann streift und nicht stutzt, obwohl das Gesicht ihm bekannt vorkommt – denn jetzt ist er nur noch mit seinem Staunen beschäftigt, jetzt, wo ihm auch ein Blick zurück bestätigt, daß auf diesem Strom nur das Licht hinfährt, nicht aber die kreuzenden, die auslaufenden und einkommenden Schiffe, denen es offenbar unmöglich gemacht worden ist, die Positionen zueinander zu verändern – was natürlich nicht ohne Folgen für den Hafen sein wird, der als schnell gilt und als pünktlich und in dem man bereit ist, Garantien für Ankunftszeiten zu übernehmen; und bei dieser Entdeckung wundert man sich nicht mehr darüber, daß Ludi Leibold, der Schrekken der Barkassen, der, seinen Verfolger ziehend, schon zum zweiten Mal in seinen gelben Rohlederstiefeln über das Achterdeck hetzt, immer noch nicht gestellt ist, ja, sogar den Eindruck macht, daß er gelassener flieht, auf eine Kraft oder ein Gesetz vertrauend, die ihm eine langwährende und deshalb unentschiedene Flucht verheißen, denn ein Mann in seiner Lage würde wohl kaum auf die Idee kommen, während des Laufs aus einem Pappbecher brühheißen Kaffee zu trinken, den er vermutlich im Vorüberhasten vom Kantinentisch riß – worauf seinem von der Allgemeinheit bezahlten Verfolger nichts Besseres einfiel, als Geste und Handlung zu wiederholen, so daß auch er jetzt mit einem Pappbecher in der Hand erscheint, was doch nur heißen kann, daß auch er sich auf Dauer einrichtet; und während du schon mit Namen nennen kannst, was hier außer Kraft gesetzt ist, stellst du dir vor, daß dies Spiel älter und älter wird und daß auch der Fliehende und sein Verfolger älter werden unter hämmernden Schritten, denn so wie es der Fähre nicht gelingt, den Strom zu überqueren, so gelingt es auch dem Uniformierten nicht, Ludi Leibold zu erreichen, und da vorauszusehen ist, daß keiner nachgeben wird, wird die Flucht in die Wochen oder sogar Monate kommen, unterhalten von einem unwiderstehlichen Mechanismus, der vielleicht bewirken wird, daß auch Unerhörtes geschieht: ohne den Abstand zu verringern, wird man zum Beispiel Labskaus essen, man wird sich duschen, rasieren, eine Zigarette anstecken, man wird auch nacheinander die kühle, geflieste Toilette des Fährdampfers aufsuchen; doch ebenso selbstverständlich wird man danach wieder seine Rollen aufnehmen, wird fliehen, wird verfolgen, und das alles ohne Resultat oder sogar die Aussicht auf ein Resultat, nur dem Gesetz gehorchend, das der Alte in dem zu weiten Mantel über das Schiff und alle Bewegungen und Erwartungen auf ihm verhängt hat – das stumme Paar, das zur Klinik unterwegs ist, nicht ausgenommen, denn auch der Mann und seine hochschwangere Frau haben sich verändert, und wenn nicht dies, so stellen sie doch auf einmal Erleichterungen fest, was dazu führt, daß sich zunächst die Art ihres Dasitzens ändert und daß sie ihr

Schweigen aufgeben, jetzt, wo Ludi Leibold und sein Verfolger zum zweiten Mal an ihnen vorbeihasten: sie stoßen sich an, tauschen einen Blick und sehen den beiden Männern nach, mit amüsiertem Interesse, als könnte es ihnen nicht gelingen, den Vorgang ernst zu nehmen, und nun, da sie sich einander wieder zuwenden, erscheint der Mann nicht mehr hilflos und niedergeschlagen; auch die Frau scheint nicht mehr verkrampft zu lauschen, denn auf ihrem Gesicht liegt nun der Ausdruck einer hoffnungsvollen Spannung, der möglicherweise dadurch entstanden ist, daß nicht nur die Wehen aufgehört haben, sondern auch die spürbaren Bewegungen in ihrem Bauch, ja, sie hat in diesem Augenblick das Gefühl, daß es viel zu früh ist, zur Klinik hinüberzufahren, daß sie sich verrechnet hat in der Zeit – auch wenn es ihr nicht gelingt, den Fehler zu entdecken –, und leise, damit der Alte sie nicht hört, beginnt sie auf ihren Mann einzureden, fordert ihn auf, mit ihr zusammen die Zeit nachzurechnen, woran der Mann jedoch gar nicht mehr interessiert ist, einfach weil er nicht wissen will, warum es ihm plötzlich soviel bessergeht, nun, da sich alles zum zweiten Mal als falscher Alarm herausgestellt hat – und statt sich zu erinnern, brennt er sich seine Pfeife an, saugt unter scharfen Platzgeräuschen seiner Lippen, schickt kurze Wölkchen hoch wie der regungslos sitzende Alte und beobachtet erstaunt, daß beider Tabakwolken sich zu vereinigen versuchen, was ihnen auch beinahe gelingt; vor allem aber erkennt er, daß die Wand des Docks nicht unvermeidlich aufwächst und das Ufer nicht zwangsläufig näher rückt, obwohl die Fähre offensichtlich Fahrt macht und die Strecke längst zurückgelegt sein müßte, doch das reicht anscheinend nicht aus zur Beunruhigung, im Gegenteil: lächelnd stellt er sich vor, daß die Frau neben ihm einstweilen nicht niederkommt, nicht berechenbar zumindest, und daß die Schwangerschaft dauern wird durch Monate und Jahre, vielleicht viele Jahre, jedenfalls faßt er bei seiner begründeten Abneigung gegen Kinder die Möglichkeit ins Auge, daß der kleine Koffer, der die Sachen für die Klinik enthält, achtundzwanzig Jahre gepackt bleibt – was für ihn selbst gleichbedeutend damit ist, daß er achtundzwanzig Jahre verschont bleibt von allem –, bis dann, vielleicht an einem kühlen Sommerabend, ein kleiner, bärtiger, gewiß vernünftiger Herr geboren wird, der kein Aufhebens macht und sich als zwar anhänglicher, aber auch selbstbewußter Hausgenosse herausstellt, ein achtundzwanzigjähriges Geschöpf, das den verdutzten Eltern intensive Kindesliebe anbietet und dafür nichts anderes fordert, als daß man ihm erlaubt, die verschiedenen Uhren im Haus zu zerschlagen, womit er gleich zu erkennen gibt, welch ein eigentümliches Verhältnis er zur Zeit hat, und da er das nicht für sich behalten will, stößt der Mann die Frau an und sagt: Stell dir mal vor, wenn uns das passiert –, und noch während seines Entwurfs einer unerhört verzögerten Geburt unterbricht ihn die Frau, hebt den Koffer auf den Schoß, als ob sie aufstehen und gehen möchte, und sagt leise, damit der Alte nichts aufschnappt: Leicht, mir ist auf einmal ganz leicht; mal nur nicht den Teufel an die Wand.

Ich muß zugeben, auch diese unvermutete Schwebe, in die alles geraten ist – deine grünweiße Fähre, die unterschiedlichen Passagiere, der Strom und was auf ihm hinfährt –, kann eine Erlösung sein, eine Lossprechung von Gewohnheiten, und gerade fragst du dich, wie lange sie denn dauern könnte, da bewegt sich der Alte mit dem eisengrauen Haar, steht auf, fröstelt, stellt für sich fest, daß der sehr lange Mantel immer noch nicht lang genug ist, und gekrümmt, niedergezogen von Jahren oder Einsichten, geht er zum Niedergang, vorbei an dem beklommen schweigenden Paar, das ihn nun erkennt oder wiedererkennt, woran er jedoch gewöhnt ist, denn er erwidert keinen Blick, dreht sich vor dem Niedergang um und steigt behutsam, mit den Füßen nach den Stufen tastend, zum unteren Deck hinab, bleibt dort allerdings nicht stehen, sondern geht auf eine weiße, mit Vorreibern gesicherte Eisentür zu, öffnet die Tür, von der du nicht weißt, wohin sie führt, und schließt sie von innen, energisch, wie endgültig; dennoch dauert es eine Weile, bis die Frau ihren Blick von der Tür löst und fragt: War das nicht …? – und keine Antwort erhält, weil ihr Mann sich wegduckt vor einer Möwe, die tadellos angewinkelt aus der Höhe stürzt und dann einen scharfen, kühlen Luftzug fühlbar werden läßt, und auch danach keine Zeit findet, die Frage zu beantworten, weil der Kapitän ein erregtes Kommando gegeben hat, das die Fähre nach Steuerbord krängen, sie aus ihrem alten Kurs ausscheren läßt, wodurch er wahrscheinlich eine Kollision vermieden hat, obwohl weder er noch das Paar vollkommen sicher sind, denn über die

Nock, über die Reling gebeugt, beobachten sie, wie der Schleppzug dicht unter dem Bug der Fähre stromaufwärts mahlt – so nah, daß man hinabspringen könnte auf die Hügel aus tonfarbiger Baggererde, die in den Schuten liegen –, während die Fähre fast beidreht und nach den notwendigen, ziemlich verstümmelten Flüchen und Warnungen langsam Fahrt aufnimmt, schneller wird, auf den dunklen Anlegesteg zuhält, wo jetzt Leute aus dem Warteraum treten, unter anderem ein einarmiger Mann, anscheinend der Bruder des Kapitäns, der ausgerechnet eine Überfahrt benutzen will, um über die Frau zu sprechen, die sie beide mehr oder weniger lieben, jedenfalls läßt sich voraussehen, daß es auf der Brücke zu einer Auseinandersetzung kommen wird, deren Folgen durchaus erwogen oder durchgespielt werden können; doch leider wissen wir immer mehr als die, die von uns abhängen, deshalb sollte der Ausschnitt genügen, den das Paar auf dem Achterdeck übersieht, der Ausschnitt des unteren Decks, der einen am Boden liegenden Ludi Leibold zeigt, das Gesicht auf einer Nietenspur, mit den Füßen zuckend, und neben ihm kniend der öffentliche Verfolger, der mit einer gebräuchlichen Fessel hantiert, der ein Handgelenk des Barkassenschrecks schon bezwungen hat und nun versucht, auch das zweite an die Kette zu legen, was ihm durch kräftigeren Druck auch gelingen wird, wonach er ihm, da der Anlegesteg immer mehr heranwächst, nur noch einzuschärfen braucht, daß jeder Fluchtversuch sinnlos und jedes unnötige Aufsehen zu vermeiden sei, besonders wenn sie von Bord gehn und durch die wartenden Leute auf dem hängenden Anlegesteg, der gleich knirschen und aufseufzen wird unter dem Stoß der eisernen Bordwand und der, auch wenn Fender dazwischen liegen, ein paar neue Schrammen abbekommt; doch noch bevor die unvermeidliche Erschütterung durch das Schiff geht, während die Möwen die Verfolgung aufgeben und abstreichen, während schon Leinen klargemacht werden, während der Laufsteg herangeholt wird, setzt die Frau auf dem Achterdeck den Koffer ab, horcht, ergreift das Handgelenk ihres Mannes, der nicht von Ludi Leibold und seinem erfolgreichen Verfolger wegfindet, und sagt: Es ist soweit, und sagt noch einmal, da ihr Mann sie nicht verstanden zu haben scheint: Es geht los, ich spüre, es geht los, worauf er nur in rechtmäßiger Hilflosigkeit feststellen kann: Aber wir haben doch noch keinen Boden unter den Füßen, was der Frau allem Anschein nach gleichgültig ist, denn sie steht auf, wankt aufs knappe Brückendeck – es soll also auf dem Brückendeck und nicht auf dem Achterdeck geschehen – und läßt sich dort nieder in dem Augenblick, in dem die Fähre festmacht und über den herangerollten Laufsteg der Alte als erster von Bord geht, achtlos, die Hände auf dem Rücken verschränkt; und dich selbst interessiert mehr als alles andere die Art seines Weggangs aus dem sommerlichen Hafenbild: geht so nicht einer ab, der selbst bestimmt, was eine Tatsache ist?

1969

Marine

Warum ist beinah jeder kraftvolle, gesunde Junge, in dem eine kraftvolle, gesunde Seele steckt, irgendwann einmal darauf versessen, zur See zu gehen?
Herman Melville, *Moby Dick*

≈

Mit Pappkarton und Stellungsbefehl meldete ich mich bei der Marine und griff aus meinem bevorzugten Element in die kriegerischen Geschehnisse ein – oder, nach dem Niveau meiner damaligen Erfahrung, in das Kriegsspiel. Ein Zeichen des Spiels ist es ja, daß der Ernstfall geleugnet wird, und ich ertrug gelassen die Schikanen der Grundausbildung, schenkte den Quälereien und Demütigungen einstweilen keine Beachtung, alles war für mich ein Spiel, zumindest ein unerläßliches Vorspiel, und deshalb stieg ich in die Regentonne, wie ein Ausbilder es befahl, hob, wie er's befahl, von Zeit zu Zeit meinen Kopf über den Tonnenrand und rief über den Platz, zu erstaunten Zivilisten draußen auf der Straße: »In mir hat die Marine einen guten Fang gemacht.« Kein gravitätischer Ehrbegriff empörte sich da, ich hielt mich wirklich für einen guten Fang der Marine, und deshalb war ich weder gekränkt noch beleidigt; denn was mich mit siebzehn beschäftigte, das waren weniger vorgestellte Konflikte, Ängste, Passionen als reale Ereignisse. Und ich begeisterte mich für die Wirklichkeit, weil sie mir als Spiel erschien: ich lernte das Flaggenalphabet, ich lernte winken und morsen. Ungeduldige Ausbilder, die die Sprache der Ausbildungsfibel sprachen, brachten mir Knoten und Spleißen bei, ließen mich Kutter segeln und Boje-über-Bord-Manöver fahren, unterrichteten mich im Zurren der Hängematte und im Gebrauch der Bootsmannspfeife. Ich ergab mich dem trübseligen Fernweh der Shanties, die wir abends sangen. Mit dem Kompaß wurde ich intim. Ich lernte Nähen, Waschen, Haareschneiden, erwarb mir Kenntnisse über das Grußzeremoniell fahrender Schiffe, über Rangabzeichen, Schiffstypen und Bestattungen auf hoher See. Ich zweifelte nicht, daß dies alles zur günstigen Entscheidung des Krieges nötig sei; vor allem war ich still davon überzeugt, daß meine künftigen Heldentaten, die ich für die Marine vollbringen wollte, nur mit Hilfe solider seemännischer Kenntnisse möglich waren. Trotz dieser Kenntnisse blieb ich ein Ich ohne Inhalt, ein emsiger Seemann ohne Tätowierung, ein sogenannter blauer Junge aus dem Bilderbuch, dessen einzige Hygiene in »Körperpflege« bestand. Die Diktate der Erfahrung fanden erst später statt. Ich hatte noch nicht gemerkt, daß jedermann zustieß, was einem einzelnen widerfuhr.

Die viermonatige Ausbildung ging vorüber, ich erhielt mein erstes Bordkommando, und ich entsinne mich einer angenehmen Erregung beim Betreten des Decks: ich war an dem Ort, der eines Tages stummer Zeuge meiner Heldentaten werden würde. Es war ein schwerer Kreuzer, auf den sie mich kommandierten, die Engländer nannten seinen Typ geringschätzig »Westentaschen-Schlachtschiff«, denn seine Bewaffnung stand in katastrophalem Mißverhältnis zu seiner Panzerung und Geschwindigkeit: mein Gott, mir machte das nichts aus! Und wenn man mich auf eine Dschunke kommandiert hätte – ich besaß nautische Kenntnisse und die glänzende Ahnungslosigkeit, die Heldentum ermöglicht. Angst ist die unschuldigste Form der Reife, und sie besaß ich nicht; vor dem grauen Riesenspielzeug wurde ich zum zweiten Mal zum Pimpf: ich befand mich auf dem nassen Kriegspfad, ein Lederstrumpf zur See.

Um mich zu legitimieren, mußte ich etwas vollbringen, doch ich erhielt keine Gelegenheit dazu: das graue Ungetüm, das einstweilen nur im gefahrlosen »Idiotendreieck« Swinemünde–Bornholm–Gdingen kreuzte, erwies sich auch nur als Stätte der Ausbildung: ich wurde Ladenummer an einem Fünfzehn-Zentimeter-Geschütz, wurde Kuttergast, erhielt eine Feuer-, Gefechts-, Wach- und Abblendrolle, und die einzige Möglichkeit, mich hervorzutun, bestand bei Schuhappellen, bei Kleider-, Spind- und Sauberkeitsappellen. Da ist es verständlich, wenn ich mich nicht genügend beansprucht fühlte; in mir schlief Lord Nelson, dem sein Trafalgar vorenthalten, vielleicht sogar geraubt wurde. Ich wußte nicht, daß man mich der letzten Reserve zugeteilt hatte, die in einem unvermuteten, späten Augenblick für strahlende Überraschungen sorgen sollte.

Der Augenblick kam. Er kam bald – und anders, als ich es gedacht hatte – nach dem Tag, an dem die Besatzung auf die Schanz befohlen wurde und der Kommandant von einem Attentat sprach. Er sprach im Seewind. Es hatte da ein Attentat auf den sogenannten Obersten Kriegsherrn stattgefunden, unzufriedene Offiziere hätten da eine Bombe, die Fäden bis nach Berlin, die Bombe sei hinter dem Rücken der ganzen kämpfenden Front, aber er lebt, denn der Herr oder die Vorsehung oder ein Flügel des Engels des Herrn, weil wir ihn brauchen, mit ihm für Deutschlands Sieg, und aus Dankbarkeit und aus Freude, aus Stolz würden seine Soldaten nicht mehr militärisch, sondern mit dem deutschen Gruß, mit seinem Gruß grüßen und ihr Leben noch freudiger …

An diesem Tag stürzte ich aus einer Illusion, ich entdeckte, daß sich der Mann, in dessen Dienst ich als Heldenlehrling stand, nicht auf allgemeine Zustimmung berufen konnte, daß man an ihm zweifelte und offenbar sogar Gründe hatte, ihn zu töten. Ich erfuhr zum ersten Mal, daß man ihm widersprach – also gab es nicht das Wunder eines kollektiven Gehorsams. Man hatte ihm hier und da das Vertrauen entzogen; das schien mir sehr bedeutungsvoll: ich mußte ihn von nun an beobachten, ich empfand eine neue Art der Aufmerksamkeit für ihn.

Sein Krieg erinnerte sich endlich an mich: wir erhielten überstürzte Einsatzbefehle, dampften dorthin, wo man in Bedrängnis war, und man war überall in Bedrängnis: nächtliche Kriegsmärsche, U-Boot-Alarme, Angriffe sowjetischer Bomber und Torpedoflieger, dekorative Fontänen bei Artillerieduellen über lange Distanz, gemächliches Kreuzen vor Inseln und Küsten mit gelegentlichen Bombardements, Geleitschutzfahrten, Beschießungen sowjetischer Panzeransammlungen: sie gaben mir einen Krieg, doch dies war nicht der Krieg, den der minderjährige, heimliche Admiral, der meinen Namen trug, sich gewünscht hatte. Was hatte ich mir gewünscht? Einen Spielzeugkrieg vielleicht, in dem alle mitspielten: die Schiffe spielten nur versenkt, die Verwundeten spielten nur Verwundete, und die Toten spielten nur Tote, so wie ich es einst als Kind getan hatte auf den sandigen Exerzierplätzen von Lyck. Ich war ratlos, ich war fassungslos und war verzweifelt, denn die Schiffe, die einmal versenkt worden waren, erhoben sich nicht vom gleichmütigen Grund der See; das Stöhnen der Verwundeten erfüllte die Decks und war wirklich, und die Toten stiegen nicht übers Fallreep an Bord zurück. Eine Gelegenheit zum unblutigen Erwerb von Ruhm gab es nicht. Ich bekam keinen Gegner zu Gesicht, er schickte nur seinen Tod herüber, so wie wir unsern weitreichenden Tod zu ihm schickten, und ich sah die Wirkungen auf unserer Seite: ich hatte sie nicht begehrt. Zuerst dachte ich, endlich erlebe ich etwas; dann, mitten in der Arena, mitten in den Wirren und Untergängen und Katastrophen, verlor ich meine Arglosigkeit, und die Erlebnisse hinterließen einen hellen Schrecken und einen unbekannten Schmerz.

Wir liefen in den Seekanal nach Königsberg ein. Wir verlängerten das Sterben in der Festung Königsberg, indem wir den Verteidigern mit unseren schweren Geschützen halfen. Wir stellten Landkommandos, die auf Schneefeldern, auf vereisten Piers Verwundete bargen.

Wir fuhren auf kleinen Schlitten Tote zum Pillauer Friedhof und begruben sie nicht: wir mußten an Bord unseres Schiffes zurück, wo Schuh-, Kleider- und Spindappelle angesetzt waren. Ein alter sächsischer Seemann lenkte meinen Blick auf Hitlers Bild und sagte: Mit dieser Visage zum Sieg, Kleiner – und ich protestierte nicht, die Bemerkung lähmte mich nicht, ein ruhiges Mißtrauen hatte mich bereits unterwandert. Ich war ein Gefangener des Augenscheins. Ich mußte die Tode anerkennen, die Verzweiflung der Flüchtlingstrecks, die Schiffstragödien. Ich konnte nicht wegsehen von treibenden Trümmern, von flammenden Parolen, von Gehenkten in kahlen Bäumen und den Spieren gesunkener Lazarettschiffe, die schwarz über der winterlichen Einöde der Ostsee standen: der Augenschein veränderte mich. Solange ich darauf aus gewesen war, blitzenden Ruhm zu erwerben, hatte ich den Tod als schüchternen Abteilschaffner angesehen; nun, da er mich umgab, erschien er mir als versteinerter Chef, der nur den Zeigefinger auszustrecken brauchte, um alle Hoffnungen zu zerstören.

Ich denke, wir waren sein Flaggschiff: der letzte intakte schwere Kreuzer, der noch in der Ostsee schwamm, und ich tat Dienst auf ihm. Ich ging U-Boot-Ausguck, ich verrichtete die Arbeit einer Ladenummer, ich fuhr nächtliche Kuttermanöver und lernte, im Stehen zu schlafen. Ich erwarb mir die redliche Müdigkeit, die ich bei meinen Ausbildern im Wehrertüchtigungslager so bestaunt hatte. Die Kette der Erinnerung ist nicht gebrochen: Bilder von hastiger Munitionsübernahme bei Scheinwerferlicht tauchen auf, bissige Angriffe sowjetischer Schlachtflieger, riskante Zickzackfahrten und vorbeiflitzende Torpedos, und dann ein klarer Wintermorgen, gepfiffene Kommandos, der alte sächsische Seemann, den der Bordwachtmeister vor versammelter Besatzung verhaftete wegen »Zersetzung der Wehrkraft«: er hatte mit einer Bierflasche nach Hitlers Bild geworfen.

Ich fragte mich: welche Rolle spielte Hitler selbst dabei, und ich wußte es nicht, ich erfuhr nur die Auswirkungen seiner unbeweglichen, unvergleichlichen Rachsucht. Lord Nelson in mir starb einen unbemerkten Tod, und Lady Hamilton, die aus Pflichtgefühl den Hochsprung trainierte und mir unverzagte Feldpostbriefe schrieb, empfing überrascht meinen formulierten Zweifel.

Wir brauchten zum Krieg nichts dazuzutun, er hatte seine eigene Dramatik, er war in seiner Weise vollkommen als vollkommenes Grauen, das Inferno als Form, der Wahnsinn, der nach letztem Ausdruck verlangte, und wer wollte, wer Zeit, Klarheit oder Herz besaß, konnte sich in ihm erkennen. Er konnte sich und seinem Werk begegnen in verstümmelten Körpern, in der Tränenlosigkeit der Kinder, in untergegangenen Schiffen. Der Krieg ist eine Sache des Menschen, in der er sich wiedererkennen kann: unter Schlägen und Leid findet er sein deformiertes Bild.

Mein Schiff ging im Bombenhagel unter, und mit ihm die Fünfzehn-Zentimeter-Langrohr-Geschütze: die Ladenummer hatte ihre Arbeitsstelle eingebüßt, ich durfte an Land. Hin und her geschoben, von neuem ausgebildet an modernen Minen, modernen Torpedos und ichweiß-nicht-was, bis zuletzt gedrillt und quälend beschäftigt mit Aufgaben, die nie erfüllt werden konnten, da Erde, Luft und See verloren waren, wofür wir feierlich und schikanös trainiert wurden: da mieteten sich Kafka und Ionesco in meinen Krieg ein, und Professor Parkinson fand die blendende Bestätigung seiner Lehrsätze. Ich lernte die Paradeaufstellung auf Schiffen, und wir hatten keine Schiffe mehr, man brachte mir die Bedeutung des geschossenen Saluts bei, doch wir besaßen keine Salutkanone, sie unterrichteten uns über die Behandlung von feindlichen Schiffbrüchigen auf hoher See, und wir selbst waren zumindest symbolisch die Betroffenen. Kein Stillstand, kein Atemholen, nur keine Pause, das schien die dringlichste Sorge derer, die das Wort hatten. Sie hielten uns in Bewegung. Sie fürchteten sich vor den Ergebnissen der Stille. Sie ließen uns Ein- und Aussteigen üben und verlegten uns nach Dänemark.

In den letzten Monaten kam ich nach Dänemark, und ich war von nichts mehr beeindruckt. Ich erinnere mich, daß ich gleichgültig auf alles reagierte, was sie mit uns taten. Ich war keineswegs darauf aus, mir heimliche Reservate von Freiheit zu sichern. Ich empörte mich nicht, floh nicht nach vorn, suchte weder mich noch die andern zu rechtfertigen, sondern begegnete allem mit der aufmerksamen Gleichgültigkeit, zu der der Soldat von einem gewissen Punkt an gelangt. Nichts wird mehr verwandelt, bewertet, zur Bestimmung der eigenen Person herangezogen. Man ist klar, offen, nüchtern, doch man sieht keine Aufgabe. Man nähert sich dem Zustand des Minerals.

Ich war in Dänemark und lernte Stillstehen, Warten, Laufen, Wachen, und ich hatte einen Strohsack und ein Kochgeschirr, und das genügte. Es genügte bis zu dem Tag, an dem sie einen erschossen, weil er sich aufgelehnt hatte mit Worten; sie brauchten einen Toten, um uns an ihre Macht zu erinnern, sie brauchten ihn aus pädagogischen und disziplinarischen Gründen; ich erfuhr es und erwachte. Was erhoffte ich mir, was wollte ich erreichen, als ich in einer Nacht mein automatisches Gewehr nahm und in die Wälder ging und mich versteckte? Lossagung vielleicht, eine stillschweigende, beiläufige Art der Lossagung ohne Plan – nicht mehr. Es war ein warmes Frühjahr, und ich streifte nachts durch die Wälder westwärts, verbarg mich am Tag. Sie verfolgten mich nur kurz und lustlos und ließen mich dann allein – zum ersten Mal allein. Ohne Kameraden, Freunde und Nebenmänner, ohne Lehrer, Erzieher, Vorgesetzte, ohne die bergende Anonymität der großen Zahl und ohne geregelte Tage, Nächte und Gedanken: mit neunzehn Jahren hatte ich es erreicht, zum ersten Mal allein zu sein. Ich schlief unter Büschen an Seeufern. Ich schlief in Schuppen und in einem Autowrack. Ich aß allein, wusch mich allein, ruhte und dachte allein. Nur mir gehörte meine Angst, niemand war zuständig für meinen Hunger, ich sicherte für mich, ich plante für mich, ich hoffte für mich: die Welt befand sich mir gegenüber. In Ruhepausen, krank von braunem Rohzucker, der meine Hauptnahrung war, wachsam und tückisch und von Tag zu Tag vorsichtiger, entwarf ich eine Aufgabe für mich allein: ich wollte am Leben bleiben.

»Ich zum Beispiel«, 1966

Die Wracks und die Taucher

Ein Umschlagplatz für bewimpelte Geschichten und Schicksale: das ist der Hafen gewiß auch; doch er ist nicht weniger eine Stätte exemplarischer Katastrophen, ein Ort, zu dem kleines und großes Unglück offenbar seit je dazugehört. Nicht nur, daß hier die Tragödien verbucht und bemerkt werden, die die freie See heimischen Schiffen bereitet; auch im Hafen selbst endet manche Lebensspur, für Leute ebenso wie für Schiffe. So verständlich es erscheint, daß über dem Unglück der Menschen das katastrophale Ende der Dinge oft vergessen wird, so unerläßlich ist es, zumindest gelegentlich an die Verluste der Werke zu erinnern, die, einst kühn konzipiert und dazu ausersehen, unsere Hoffnungen übers Meer zu tragen, in Augenblicken entfesselter Gewalt zerschlagen und zerstört und auf den Grund des Stromes geschickt wurden.

Verguckt in die Schauseite des Hafens mit seinen gewinnträchtigen Schnittmustern aus Kurs und Gegenkurs, weigern wir uns fast, zu glauben, daß dieses Stück des Stroms und die kunstvoll angelegten Hafenbecken vor noch nicht allzu langer Zeit ein einziger Friedhof der Schiffe war, eine kolossale Grabkammer für mehr als dreitausend Wracks. Wo heute dekorative Geschäftigkeit herrscht, die nicht nur den Marine-Maler anzieht, lastete am Kriegsende Totenstille über geborstenen Kai-Anlagen, über zerschmetterten Kränen, und unabsehbar hoben sich aus dem Wasser die Spieren und Aufbauten gesunkener Schiffe. Angesichts der monumentalen Aufgabe, die hier auf Berger und Taucher wartete, schien es unvorstellbar, daß dieser Hafen sich in absehbarer Zeit wieder regen, mit Leben füllen könnte.

... Mit Hebekränen und Haftladungen, mit Schweißbrennern und Fallbirnen gingen sie ans Werk und machten augenfällig, daß alles, was der überstandene Tobsuchtsanfall der Geschichte zurückgelassen hatte, ein Gebirge von Schrott war. Die Lehre einer historischen Katastrophe türmte sich auf Stränden und Piers – freilich, nicht lange; schon zeigte sich, daß selbst im Schrott Gewinn steckte. Früh, so hat es den Anschein, entsann sich der Hafen seiner Gesetze: Umschlag setzt Bewegung voraus und Verdienst wiederum den Umschlag.

Die Wracks von Hamburg, 1978

Was für trostlose Gassen! Pechschwarze Blöcke, nicht Häuser, zu beiden Seiten … Ha! dachte ich, ist dies Asche aus Gomorrha, jener zerstörten Stadt?

Herman Melville, *Moby Dick*

≈

Ich stand unten auf dem Ponton, auf dem sanft schwankenden Landungsponton, dessen Kanten zersplittert sind unter hundert Rammstößen … Ich wartete auf die Barkasse, wartete auf Timm, der mich nach Hause bringen sollte … Ich wußte, nun würde ich nicht mehr tauchen … Wir hatten das letzte Wrack gesprengt, ich war zweimal unten gewesen, um die Sprengladung einzubauen … Die Sprengung verlief gut, nun war alles vorbei, und ich wartete auf Timm, der mich nach Hause bringen sollte … Es war dunkel, und ich spürte den Geruch von Kohlenstaub, von Fischen, Bretterzeug und neuer Farbe … Ich sah in das Wasser hinab, und das Wasser kam mir zäh vor und dickflüssig, wie Saft, wie schwerer, öliger Saft … Ich machte einen Schritt zurück und sah weit über den Strom … Ich hörte den Strom unter meinen Füßen am Holz glucksen, hörte ihn klatschen und hochschwappen, und drüben waren die Docks und die Werften … Ich sah hinüber, und es war nichts mehr da als der violette Funkenregen der Schweißbrenner und das Knattern der Niethämmer … Ich sah nur die Arbeit da drüben, die rasselnden Laufkatzen, die Schneidbrenner, die Giraffenhälse der Kräne … Und ich stand und schaute hinüber und versäumte bald mein Boot … Wer zusehen kann, wird hier leicht sein Boot versäumen …

Die Nacht des Tauchers, 1954

≈

Der alte Fährdampfer mahlte schräg über den Strom, und die Männer saßen nebeneinander, und ihr Blick ging über das Wasser. Vier Schiffe kamen den Strom heraus, dicht hintereinander, vier tiefgehende Schiffe, die stetig und mit kleiner Fahrt an ihnen vorbeiliefen, von Schleppern empfangen und an die Kais gebracht wurden. Schnelle Barkassen kreuzten ihren Kurs, vollgestopft mit dem aktentaschentragenden Volk der Stauer, mit Werftarbeitern, mit Sekretärinnen und Seeleuten; die Barkassen pendelten jetzt unablässig hin und her: es war Schichtwechsel im Hafen. Aber es trat keine Stille ein, kein vollkommener Friede, obwohl die Schichten wechselten; alles überlappte und überschnitt sich, alles vollzog sich fließend unter der würgenden Notwendigkeit der Arbeit; von den Schneidbrennern zischte schon wieder violetter Funkenregen, die Kräne standen nicht still, wild und hallend ratterten die Niethämmer, Dampfsirenen riefen Signale über den Strom, und breit und langsam und schwappend zogen Schleppzüge zu den Kanälen hinab.

Der Mann im Strom, 1957

≈

Ich sah über den dunklen Strom und dachte an damals. Timm stand am Ruder und blickte voraus, wir sprachen nicht miteinander. Er brachte mich nach Hause. Ich wußte, nun würde ich nicht mehr den Kugelhelm aufgestülpt bekommen, ich würde nicht mehr tauchen …

Es war eine Nacht, eine klare, kühle Nacht, und ich saß allein im Heck der Barkasse, und ich dachte an damals, an das, was wir vorfanden … Ich dachte an den steil aus dem Wasser ragenden Bug der Unterseeboote, an diese schlanken Särge, deren Sehrohre auf den Himmel wiesen – ich dachte an die biederen, plumpen Schuten, an die geduldigen Proleten des Hafens, die überall herumlagen, geborsten, abgesackt … ich dachte an die weißen Aufbauten des Passagierdampfers, den es mitten in der Fahrrinne erwischte, ich dachte an Namen, an die ›Wally Faulbaum‹, an die ›Chios‹, an die ›Weißenfels‹, an die ›Neufundland‹, ich dachte an die fast dreitausend Schiffe, Getreideheber, Schlepper und Barkassen, denen damals die Stunde schlug … an der Pier, beim Ein- und Auslaufen … Der Strom war eine Geisterlandschaft damals, ein gigantischer Friedhof, ein Becken des Sterbens … und ich dachte an die geheimnisvollen Friedhöfe der Elefanten, als ich die wunden Schiffsleiber sah, schwarz, gewaltig und tot … manche lagen auf der Seite – ich glaubte sie stöhnen zu hören –, manche hatten noch versucht, den Strand zu erreichen, der sonst ihr Todfeind war, sie waren hinaufgefahren und auseinandergebrochen … Sie lagen da wie tote Wale, die in rätselhaftem Entschluß seichtes Wasser gesucht hatten, Sterbewasser, Todesstrand …

Die Nacht des Tauchers, 1954

≈

Sie fuhren quer über den Strom, an der Werft vorbei und weiter durch eine Schleuse, und schließlich waren sie am Ziel. Es war ein entlegenes Hafenbecken, windstill und tot, und es roch hier anders als auf dem Strom; es war nicht das milde Salz der Meerluft, nicht der Geruch von Teer und Terpentin, von Ruß und Bretterzeug, hier lag ein anderer Geruch. Hier bemerkte er nur Fäulnis und Verfall, schlappende Leblosigkeit; das Wasser war zäh, das Wasser war schmierig und ölbedeckt, Kohlstrünke trieben darauf, Büchsen und Abfallholz, keine Möwe ließ sich hier nieder. Es war noch alles, wie es am Ende des Krieges gewesen war, die Kaimauern waren zerschmettert, die Giraffenhälse der fahrbaren Kräne amputiert, verdreht und zerrissen, Lokomotiven lagen rücklings neben den Schienen, und im Wasser, vertäut noch, gespenstisch befestigt an Poller und Dalben, ruhten die Schiffe. Sie waren auseinandergebrochen, sie hatten sich auf die Seite gelegt, einige waren friedlich und senkrecht auf Grund gegangen, nur ein kleiner Passagierdampfer, der über das Heck gesunken war, hob seinen Bug verzweifelt heraus aus dem Wasser, und es sah aus, als hätte er im letzten Augenblick, da die Bombe ihn traf, Kurs auf den Himmel nehmen wollen. Eine der Schuten war gekentert, sie hing kieloben in ihrer Vertäuung, sie lag schwarz und gewaltig und tot da, wie ein Wal, der in rätselhaftem Entschluß seichtes Wasser gesucht hat, Sterbewasser, Todesstrand.

Der Mann im Strom, 1957

≈

Das Wrack

Auf der Heimfahrt entdeckte Baraby das Wrack. Es lag nicht allzu tief, ein langer, dunkler Schatten, der die Farbe der Wasseroberfläche veränderte; es mußte ein älteres Wrack sein, denn er hatte in letzter Zeit von keinem Schiffsuntergang gehört, und es lag weitab von der Fahrrinne. Es lag in der Nähe der Halbinsel, wo der Strom mehr als vier Meilen breit war, und es gab dem Wasser über ihm die Farbe eines alten Bleirohrs, stumpf und grau.

Baraby hatte das Wrack nie zuvor entdeckt, obwohl er den Fluß gut kannte; es war in keiner Karte eingezeichnet, und im Dorf wußte auch niemand etwas davon. Vielleicht hätte er das Wrack früher entdeckt, wenn er noch bei der Halbinsel gefischt hätte, aber seit einigen Jahren fuhren die Flußfischer weit in das Mündungsgebiet hinaus; sie legten die Angeln draußen aus und auch die Reusen, es gab am ganzen Strom nur noch eine Handvoll Flußfischer; ein elendes Geschäft war es geworden, zufällig und armselig, und die meisten hatten damit aufgehört.

Weil Baraby auch im Mündungsgebiet fischte, hatte er das Wrack erst jetzt entdeckt. Er stellte den Außenbordmotor ab, und das schwere, breitplankige Boot glitt sanft aus, glitt über den Schatten des Wracks hinaus, stand einen Augenblick still, wurde von der Strömung erfaßt und langsam zurückgetrieben. Der Mann beugte sich über die Bordwand und blickte ins Wasser, und er sah sein Gesicht im Wasser auftauchen, verzerrt und trübe, er sah, als er sich weiter hinabbeugte, sein Gesicht deutlicher werden, erkannte das Kinn und die Backenknochen und den Schädel, und er sah seinen alten, mageren Hals und ein Stück des durchgescheuerten Hemdkragens.

Plötzlich wurde das Wasser dunkel, und der Mann glaubte einen jähen kalten Luftzug zu verspüren, er erfaßte die Klarscheibe, die neben ihm auf der Ducht lag, und hielt sie ins Wasser. Er ließ sich von der Strömung über das Wrack treiben und starrte angestrengt in die Tiefe; er sah hinab in die düstere, grünlich schimmernde Einsamkeit, er sah das Ewigtreibende im lautlosen Strom des Wassers, und darunter, auf dem Boden des Flusses, erkannte er die genauen Umrisse des Wracks.

Er richtete sich auf und schaute zurück; der Schatten des Wracks wurde kleiner, er verschwand, während sich eine Wolke vor die Sonne schob, vollends, und der Mann ruderte gegen die Strömung an, und als er sich über dem

Wrack befand, lotete er die Tiefe. Er warf das Lot mehrmals aus, und es zeigte immer dieselbe Tiefe, aber unvermutet lief die Leine nur kurz aus und blieb schlaff im Wasser hängen, und da wußte er, daß das Lot auf dem Wrack lag. Baraby zog die Leine vorsichtig an, er holte sie, um mehr Gefühl zu haben, über den Zeigefinger ein, und er spürte kleine Stöße und Erschütterungen: das Lot schleifte über das Wrack, blieb manchmal für einen Augenblick hängen, so daß sich die Leine straffte, und der Mann fühlte, wie eine eigentümliche Unruhe ihn ergriff, der Wunsch, an das Wrack zu gelangen, das kaum zwanzig Meter unter ihm lag und groß war, schwarz und unbekannt. Er war allein auf dem Strom, und er ließ sich mehrmals über die Stelle treiben, wo das Wrack lag, aber er konnte nichts erkennen. Er wußte nur, daß es da war, ein Wrack, das nur er allein kannte. Die anderen Wracks, die im Strom gelegen hatten, waren längst gehoben oder unter Wasser gesprengt worden: was er wußte, wußte er allein. Baraby merkte sich eine genaue Markierung an Land und warf den Außenbordmotor an; er fuhr knapp um die Halbinsel herum und dicht unter Land weiter, und er war erfüllt von dem Gedanken an das Wrack.

Auf dem Landungssteg stand Willi, er war barfuß und hatte ausgebleichtes Haar und einen sonnenverbrannten Nacken, und er stand vorn auf der äußersten Spitze des Stegs und sah wortlos dem Anlegemanöver seines Vaters zu. Als das Boot gegen den Steg stieß, warf Baraby eine Leine hinauf, und der Junge fing die Leine auf und befestigte sie wortlos an einem Pfahl, und dann sprang er ins

Boot und öffnete den Fischkasten in der Mitte; es waren nur wenige Aale drin. Sie holten die Aale heraus und warfen sie in eine Kiste, und der Junge hob die Kiste auf den Kopf und trug sie über den Landungssteg fort. Baraby verließ das Boot und ging zu den Hügeln, wo das Haus lag, es war ein altes, niedriges Haus mit kleinen Fenstern und einem kaum benutzten Vordereingang; der Mann betrat das Haus von der Rückseite, und nachdem er Kaffee getrunken hatte, ging er zu seinem Lager und legte sich hin und dachte an das Wrack. Er dachte an seinen Schatten und daran, daß es auf keiner Karte eingezeichnet war, er dachte an den Boden des Stromes, auf dem es lag, und an die Tiefe, die ihn selbst vom Wrack trennte, und während er daran dachte, wußte er, daß er zu ihm hinabdringen würde, er würde unbemerkt an das Wrack gelangen. Vielleicht, dachte er, ist es ein Passagierdampfer, der noch voll ist; vielleicht ist genug in dem Wrack drin, daß es für ein ganzes Jahr ausreicht – es war alles noch nicht so lange her, und er erinnerte sich, daß sie sogar das Bier hatten trinken können, das sie aus einem anderen Wrack geborgen hatten.

Er stand auf und ging wieder zum Boot hinab. Im Boot saß der Junge; er befestigte neue Haken an der Aalschnur und sagte kein Wort, als sein Vater über ihm auf dem Steg stand. Baraby stand mit zusammengekniffenen Augen auf dem Steg, er stand aufrecht unter der sengenden Sonne, die Hände in den Taschen, und sah dem Jungen zu. Und plötzlich sagte er: »Mach Schluß, Junge. Ich brauche dich jetzt. Leg die Haken weg und hör mir zu.

Ich werde jetzt gleich rausfahren, Junge, und du wirst mitkommen. Du wirst mit mir hinausfahren, aber du mußt mir schwören, daß du zu keinem ein Wort sagst von dem, was du zu sehen bekommst. Zu keinem, Junge, hast du gehört?«

»Ja, Vater«, sagte der Junge.

»Wir werden zur Halbinsel fahren. Um diese Zeit kommt da niemand vorbei. Wir werden das Boot verankern, Junge, und dann will ich runter. Ich habe ein Wrack gefunden, drüben, bei der Halbinsel, und ich werde runtergehen und allerhand raufholen. Du wirst keinem Menschen etwas sagen, Junge. Wenn du redest, ist es vorbei.«

»Ja, Vater«, sagte der Junge, »ist gut.«

Baraby warf eine lange Ankerleine ins Boot und stieg ein. Er warf den Motor nicht an, denn wenn der Motor zu dieser Zeit gelaufen wäre, hätten sie auf dem Hügel ihre Köpfe ans Fenster geschoben, darum nahm er die Riemen und stieß das Boot weit in den Fluß hinaus. Es wurde von der Strömung erfaßt und trieb langsam flußabwärts, es trieb auf die Halbinsel zu, und vorn im Boot stand der Junge und hielt Ausschau nach dem Wrack. Noch vor der Markierung warf Baraby den Anker, er glitt einige Meter über den Grund und setzte sich dann fest, und der Mann steckte so lange Leine nach, bis das Boot über dem sichtbaren Schatten des Wracks lag. Er wartete, bis Zug auf die Ankerleine kam und das Boot festlag, dann beugte er sich weit über den Bootsrand und rief den Jungen zu sich, und beide lagen nebeneinander und sahen stumm in den Fluß. Sie erkannten, weit unter dem düsteren Grün des Wassers, eine scharf abfallende dunkle Fläche, sie sahen schwarze Gegenstände auf dieser Fläche und wußten, daß es das Wrack war.

»Da liegt es«, sagte der Mann. »Es ist groß, Junge, es ist wohl achtzig oder noch mehr Meter lang. Siehst du es?«

»Ja«, sagte der Junge, »ja, ich sehe es genau.«

»Ich will es versuchen«, sagte der Mann. »Ich werde heute nicht weit runterkommen, ich werde es nicht schaffen. Aber ich werde es mir aus der Nähe ansehen.«

»Es ist ein Passagierdampfer«, sagte der Junge. »Vielleicht sind da noch Leute drin, Vater. Es ist bestimmt ein Passagierdampfer.«

»Vielleicht, Junge. Wir müssen abwarten. Du wirst zu keinem Menschen ein Wort sagen. Das ist unser Wrack, wir haben es entdeckt, und darum gehört es uns allein. Wir können es brauchen, Junge, wir haben es nie nötiger gehabt als jetzt. Das Wrack wird uns helfen. Wir werden raufholen, was wir raufholen können, und du wirst zu keinem Menschen ein Wort sagen.«

»Ja«, sagte der Junge.

Der Mann begann sich zu entkleiden; er trug schwarze Wasserstiefel, die mit roten Schlauchstücken geflickt waren, und zuerst zog er die Stiefel aus und dann die Jacke und das Hemd. Der Junge sah schweigend zu, wie der Mann sich entkleidete, er hielt die Brille mit den Klarscheiben in der Hand, und als der Mann nur noch mit der Manchesterhose bekleidet war, reichte er ihm die Brille und sagte: »Ich werde aufpassen, Vater. Ich bleibe oben und passe auf.«

Baraby legte die Brille um und schwang sich über die Bordwand, er glitt rückwärts ins Wasser, die Hände am Bootsrand. Er lächelte dem Jungen zu, aber der Junge erwiderte dies Lächeln nicht, er blieb ernst und ruhig und blickte auf die rissigen Hände seines Vaters, die an den Knöcheln weiß wurden.

»Jetzt«, sagte der Mann, und er richtete sich steil auf und ließ sich hinabfallen. Er tauchte an der Spitze des Bootes weg, kerzengerade, und der Junge warf sich über den Bootsrand und sah ihm nach. Und er sah, wie der Mann drei Meter hinabschoß und wie kleine Blasen an ihm hochstiegen, aber dann fand die Kraft des Sturzes ihr Ende, und Baraby stieß den Kopf nach unten und versuchte, Tiefe zu gewinnen. Er schwamm mit kräftigen Stößen nach unten, aber die Strömung war zu stark; obwohl er verzweifelt gegen sie anschwamm, trieb ihn die Strömung unter das Boot, und er schien zu merken, daß er hoffnungslos vom Liegeplatz des Wracks abgedrängt wurde, denn schon nach kurzer Zeit sah der Junge, wie der Körper seines Vaters eine plötzliche Aufwärtsbewegung machte und mit energischen Bewegungen zur Oberfläche strebte. Der Mann tauchte knapp hinter dem Boot auf, und der Junge hielt ihm einen Riemen hin und zog ihn an die Bordwand heran.

»Es ist zuviel Strömung«, sagte Baraby. »Du hast gesehen, Junge, wie mich die Strömung abtrieb. Aber sie ist nicht so stark wie draußen in der Mündung, sie wird durch die Halbinsel verringert.«

Er atmete schnell, und der Junge sah auf seine Schultern und in sein nasses Gesicht. »Ich werde es noch einmal versuchen«, sagte der Mann. »Wenn ich noch drei Meter tiefer komme, werde ich mehr sehen. Ich werde es jetzt anders machen, Junge. Ich werde an der Ankerleine ein Stück runtergehen, und wenn ich tief genug bin, lasse ich mich treiben. Die Strömung wird mich genau über das Wrack treiben, und dann werde ich mehr sehen können. Hoffentlich komme ich so lange mit der Luft aus.«

»Ja«, sagte der Junge.

Der Mann zog sich an der Bordwand um das Boot herum, dann griff er nach der Ankerleine und zog sich weiter gegen die Strömung voran, und schließlich tauchte er, ohne zurückgesehen zu haben. Er brachte sich mit kurzen, wuchtigen Zugriffen in die Tiefe, und als er einen leichten Druck spürte, gab er das Seil frei und überließ sich der Strömung. Während die Strömung ihn mitnahm, machte er noch einige Stöße hinab, und jetzt war er mehrere Meter tiefer als beim ersten Versuch. Er hielt in der Bewegung inne und überließ sich völlig der Strömung, und dann sah er eine breite, dunkle Wand auftauchen, das Wrack. Es lag quer zur Strömung und mit leichter Krängung auf dem Grund des Flusses, und es war kein Passagierdampfer. Das Deck des Wracks war erhöht, oder es schien zuerst, als ob es erhöht wäre, doch dann erkannte Baraby, daß es Fahrzeuge waren, Autos, die mit Drahtseilen zusammengehalten wurden, große Lastwagen und auch einige Fuhrwerke. Er sah einen Schwarm von Fischen zwischen den Lastwagen, sie zuckten zwischen ihnen hindurch, verschwanden hinter den Aufbauten, und das Wrack lag da, als sei es vor kurzem beladen worden und warte nur darauf, die Leinen loszuwerfen. Dann sah der Mann einen scharfen Schatten und wußte, daß er über das Wrack hinausgetrieben war; er hob den Oberkörper empor, und die Strömung drückte gegen seine Brust und richtete ihn unter Wasser auf. Er riß die Arme weit nach oben und gelangte mit einigen starken Stößen ans Licht.

Der Junge sah ihn forschend an, er nahm die Klarscheiben in Empfang, die der Mann hinaufreichte, und ging wieder nach vorn. Der Mann kletterte in das Boot, er war erschöpft und lächelte unsicher, und die Haut über seiner Bauchhöhle zitterte.

»Ich habe ihn gesehen«, sagte er, »es ist kein Passagierdampfer, Junge, aber er ist voll. Es muß ihn bei der Ausfahrt erwischt haben, denn auf dem Deck stehen noch Autos und Fuhrwerke. Er ist voll, und wir werden eine Menge heraufholen können. Aber du darfst zu keinem Menschen darüber sprechen, Junge. Heute hab ich's noch nicht geschafft, aber ich werde es in den nächsten Tagen wieder versuchen; wir werden es so lange versuchen, Junge, bis wir an das Wrack kommen. Da liegt noch die ganze Ladung unten, das Wrack ist unberührt.«

Baraby ließ seinen Körper an der Sonne trocknen, dann kleidete er sich an, und nachdem er angezogen war, zerrte er das Boot an der Leine gegen den Strom und brach den Anker aus dem Grund. Sie fuhren wortlos zum Anlegesteg und gingen nebeneinander den Hügel hinauf zum Haus, und sie dachten beide an das Wrack.

Am folgenden Tag fuhren sie wieder zu der Liegestelle

des Wracks; Baraby hatte keine Reusen im Mündungsgebiet aufgestellt. Sie fuhren schon morgens zur Halbinsel hinaus, als noch Nebel über dem Strom lag, und der Mann ließ sich in das kalte, langsam strömende Wasser hinab und tauchte. Sie fuhren Tag für Tag dorthin, wo das Wrack lag, und zweimal gelang es Baraby, bis zum Deck des gesunkenen Schiffes hinabzukommen, es gelang ihm sogar, sich für einen Augenblick an einem der angezurrten Lastwagen festzuhalten, aber länger konnte er nicht unten bleiben, die Luft reichte nicht aus. Einmal brachte er eine Konservendose empor, die auf der verrotteten Ladefläche eines Lastwagens gelegen hatte; sie öffneten die Konservendose und fanden Kohl darin.

Das war der einzige Erfolg. Aber je öfter der Mann hinabtauchte, desto ungeduldiger wurde er, und desto größer wurde seine Zuversicht, daß das Wrack noch unberührt und beladen war. Und wenn er sich hinabließ in die grüne Dunkelheit unten, spürte er die Nähe des Gewinns und des Sieges, und manchmal stieg er nur hinab, um dieses Gefühl zu haben. Er wußte, daß das Wrack ihm einmal endgültig gehören, daß er in sein Inneres eindringen und alles, was in ihm lag, bergen würde. Baraby wußte es. Er fuhr nur selten ins Mündungsgebiet hinaus, um die Schnüre und Reusen auszulegen, er verbrachte die meiste Zeit am Wrack, und der Junge begleitete ihn jedesmal und hing über der Bordwand und starrte ins Wasser.

Aber eines Tages, an einem unruhigen Vormittag, als der Wind kurze Wellen den Strom hinauftrieb und sie gegen die Halbinsel warf, tauchte der Mann neben dem Boot auf und schüttelte den Kopf. Er kletterte hinein, warf die Jacke über den bloßen Körper und setzte sich auf eine Ducht und sah blaß aus und kraftlos und alt. Er blickte auf den Jungen und sagte: »Ich schaffe es nicht. Ich komme nicht in das Wrack hinein, Junge, ich habe alles versucht. Ich weiß genau, wo der Niedergang ist und wie die Strömung über das Wrack geht, ich kenne alles genau, aber mir fehlt die Luft. Ich habe zuwenig Luft, Junge.«

»Ja, Vater«, sagte der Junge.

»Aber wir werden es trotzdem schaffen: wir werden zurückfahren, und am Abend gehen wir zur Werft, ich werde den Außenbordmotor verkaufen.« Der Junge hob den Kopf und sah auf seinen Vater.

»Ja«, sagte der Mann, »ich werde den Motor verkaufen. Es hat keinen Zweck mehr, Junge, wir fangen nichts mehr auf dem Fluß, und draußen in der Mündung ist es nicht besser. Ich weiß, daß wir ohne den Motor nicht viel machen können auf dem Fluß, aber ich werde ihn trotzdem verkaufen. Ich werde den Motor einem von der Werft geben, der sucht schon lange einen, und dann werden wir uns ein Sauerstoffgerät besorgen. Ich werde ein altes besorgen, auf der Werft haben sie das, und mit dem Gerät werden wir zum Wrack zurückkommen. Das sind zwei kurze, dicke Stahlflaschen, Junge, und wenn ich die auf den Rücken nehme und habe einen guten Schlauch, dann kann ich vierzig Minuten unten am Wrack bleiben, und in vierzig Minuten kann ich allerhand raufholen. In vierzig Minuten schleppe ich das Boot voll. Und da ist eine Menge drin in dem Wrack. Das siehst du an den Autos.«

»Ja«, sagte der Junge.

Sie gingen gemeinsam zur Werft und fanden den Mann, der den Außenbordmotor haben wollte, und der Mann besorgte ihnen das Sauerstoffgerät. Baraby trug es in einem Sack auf der Schulter nach Hause. Er probierte es an der Halbinsel aus, in seichtem Wasser, wo der Grund sandig und locker war, und der Junge stand vorn im Boot und beobachtete seinen Vater. Baraby wollte sich erst an das Sauerstoffgerät gewöhnen, bevor er zum Wrack hinabstieg; er brauchte eine ganze Weile dazu, der Druck, der durch die eingeklemmte Nase in seinem Schädel entstand, machte ihm zu schaffen, aber schließlich traute er sich zu, in das Wrack einzudringen.

Er hatte sich eine Unterwasserlampe gebaut, es war eine breite Taschenlampe, die in eine durchsichtige, wasserdichte Hülle eingenäht war, er hatte sie ausprobiert, und sie warf ein kräftiges Licht. Er verwahrte die Taschenlampe und das Sauerstoffgerät abends im Boot, und am nächsten Morgen ließen sie sich den Strom hinabtreiben und warfen vor dem Wrack den Anker aus; sie warteten, bis der Anker festsaß und Zug auf die Leine kam, dann entkleidete sich der Mann, und der Junge reichte ihm die Klarscheiben und befestigte die Riemen des Sauerstoffgerätes unter der Achsel. Baraby nahm die Taschenlampe und ließ sich über den Bootsrand hinab; langsam senkte sich sein Oberkörper, der Hals verschwand, das Kinn und schließlich das Gesicht, das mit den Klarscheiben wie ein riesiges Insektengesicht aussah; er verschwand mit grausamer Langsamkeit, und der Junge warf sich wie erlöst über den Bootsrand, als die ersten Blasen an der Oberfläche erschienen.

Baraby hatte eine Leine um seine Brust gebunden, es war ein dünnes, starkes Tau, das durch die Hände des Jungen lief und dessen Ende, damit es nicht ausrutschen konnte, um eine Ducht geschlagen war. Der Junge spürte, wie die Leine ruhig und gleichmäßig durch seine Hand lief, er achtete kaum darauf, er sah nur ins Wasser, wo er den sanft sinkenden Körper seines Vaters mit den Blikken begleitete, und dann fühlte er, daß die Leine nicht mehr auslief, und er wußte, daß sein Vater das Wrack erreicht hatte.

Baraby stand auf dem schrägen Deck des Wracks, er hielt sich an der Reling fest und spürte, wie die Strömung leicht an seinem Körper zerrte. Er blieb einen Augenblick so stehen und prüfte seinen Atem, doch das Gerät arbeitete gut und versorgte ihn mit Luft. Er fühlte sich sicher und zuversichtlich und war froh, daß er den Außenbordmotor weggegeben hatte; er war allein unter Wasser, und er sah sich um mit dem Blick eines Besitzers, der sein neues Land prüft. Er sah auch hinauf zum Himmel, aber er erkannte nur die trübe Silhouette des Bootes und den Kopf des Jungen, der über der Bordwand lag und zu ihm hinabstarrte; er winkte hinauf, obwohl er wußte, daß dieses Winken verloren, daß es oben nicht zu erkennen war.

Dann ließ er die Reling los, und die Strömung trieb ihn auf die Lastwagen zu; sie standen ausgerichtet auf Deck, immer zwei nebeneinander, und es hatte den Anschein, als sei ihnen nichts geschehen. Aber sie waren unbrauchbar und verrottet, und das Führerhaus und die Ladefläche waren bei allen voll von Schlamm; Baraby versuchte den Schlamm an einer Stelle mit dem Fuß zu entfernen, der Schlamm war zäh. Er sah, daß die Lastwagen zu nichts mehr taugten, und er schaltete die Taschenlampe ein und schwamm auf einen offenen Niedergang zu. Er wollte in das Wrack eindringen und bewegte sich über den verschlammten Niedergang abwärts. Der Schein der Lampe wurde klein und armselig und kämpfte mit der Dunkelheit, er riß sie nur wenig auf, er gelangte nicht weit. Baraby verhielt und zog die Leine nach, die oben durch die Hände des Jungen lief, und er hatte das Gefühl, daß die Leine hinaufreichte bis zum Himmel. Plötzlich kam er in einen eiskalten Sog; er richtete den Strahl der Lampe zur Seite, es war ein großes ausgezacktes Loch an der Seite, durch das er in den Maschinenraum sehen konnte; der Schein fiel auf den hohen Kessel, glitt an ihm vorbei, wanderte an Röhren und Leitungen entlang und verlor sich wieder in der Finsternis. Der Mann strebte aus dem Sog hinaus und arbeitete sich seitlich hinab. Er fand fast alle Schotten geschlossen, und er hatte eine Menge zu tun, ehe er sie aufbekam, und als der Lichtkegel kein Ziel mehr fand, wußte er, daß er im vorderen Laderaum war. Er konnte sich aufrichten und nach allen Seiten bewegen, er konnte bis zur Bordwand vordringen, es war Platz genug. Aber nachdem er den Raum ausgeschwommen hatte, drang er zum Boden des Laderaums hinab, und als er das Licht zum ersten Mal nach unten richtete, sah er wimmelnde Aale, die aufgeschreckt aus dem Strahl zu entkommen suchten. Er schaltete das Licht aus und hielt sich an einem Bodenring fest, und er spürte die gleitende, kalte Berührung der Tiere, wenn sie dicht an ihm vorbeischwammen. Dann schaltete er das Licht wieder an und war allein auf dem Boden des Laderaums. Auch der Boden war mit Schlamm bedeckt, aber der Schlamm war hier nicht so zäh wie auf den Lastwagen. Baraby begann den Boden des Laderaums abzusuchen, doch er fand nicht das, was er zu finden gehofft hatte; er fand weder Kisten noch Geräte, es war überhaupt nichts da von einer Ladung, und solange er auch suchte, er fand nichts, das mitzunehmen sich gelohnt hätte. Aber unvermutet zuckte der Lichtkegel in einen Winkel, und es glänzte weiß auf; der Mann schwamm sofort dorthin und untersuchte die weißen Gegenstände: es waren große Knochen, Rippenknochen, die aus dem Schlamm hervorragten, und Baraby sah, daß sie von Pferden stammten.

Sie werden Pferde geladen haben, dachte er; als das Schiff unterging, hatten sie nichts als Pferde an Bord. Und er betastete die Knochen und versuchte, sie aus dem Schlamm zu ziehen, und nach einer Weile schwamm er zum Niedergang zurück. Er arbeitete sich mit den Händen hoch, und über einen anderen Niedergang gelangte er in den achten Laderaum; hier entdeckte er das Loch, das die Mine in den Leib des Schiffes gerissen hatte, das Loch war groß wie sein eigenes Boot, und da es zur Strömung stand, war eine große Menge Schlamm in das Schiff eingedrungen, der Laderaum war hoch mit Schlamm gefüllt. Der Mann untersuchte alles, er war unruhig geworden und schwamm verzweifelt den Raum aus, und als er nichts fand, schlug er die Beine um einen Stützbalken und wühlte sich mit den Händen durch den Schlamm bis zum Boden des Laderaums durch.

Aber auch hier fand er wieder nur Knochen, er sah sie plötzlich aufleuchten und wußte, daß das Schiff nur Pferde an Bord gehabt hatte, als es von der Mine getroffen wurde. Er nahm einen einzelnen Knochen und schwamm zurück zum Deck; er sah hinauf zum Licht, zur Silhouette des Bootes. Und er wandte sich ab und zog sich zu den Aufbauten des gesunkenen Schiffes hinauf. Er untersuchte alle Schapps und Kammern, er öffnete jedes Schott, das er fand, aber überall war nur Dunkelheit und Schlamm, und er entdeckte nichts von dem, was er zu finden gehofft hatte.

Und er gab dem Jungen das Signal mit der Leine, und der Junge zog ihn Hand über Hand ans Licht; er spürte nicht einmal den Druck der Leine auf der Brust, als er hinaufgezogen wurde, er glich den Zug nicht mit den Händen aus, er hing ohne Bewegung und wie leblos am Seil, und der Junge holte ihn rauf.

Baraby kletterte ins Boot. Der Junge zog an der Ankerleine und brach den Anker aus dem Grund. Dann setzte er sich auf eine Ducht. Der Mann hatte sich angezogen und sah blaß und müde aus. Sie saßen einander gegenüber, sie saßen reglos unter der sengenden Sonne, und die Strömung erfaßte das Boot und trieb es lautlos gegen die Halbinsel.

1952

≈

Regeln für Taucher

Dein Helm ist aus getriebenem Kupfer, er besteht aus dem Kopfstück und aus dem Schulterstück, die durch Schraubenbolzen miteinander verbunden werden. Damit kannst du schon irgendwie anstoßen. Dein Kopfstück hat vier luftdicht schließende Fenster … Rechts ist das Luftauslaßventil … Merk dir das … es ist ein Überdruckventil, das du selbst betätigen kannst … Wenn du sinken willst, drückst du mit dem Schädel auf den Knopf … Wenn du raufwillst, drehst du an der Kapsel. Aber paß auf, daß du nicht das Helmventil öffnest, wenn ein Unterdruck da ist … Wenn du bewußtlos wirst und das Helmventil mit dem Kopf offenhältst, kannst du ertrinken … Und merk dir das: du mußt dich immer nach dem Boden richten … Wenn du auf Sand arbeitest, oder auf Felsboden, dann darfst du nur wenig Luft im Anzug haben … Wenn du Schlick unter den Füßen hast, mußt du mehr Luft drin haben, damit du immer etwas Auftrieb hast … Und das wichtigste: wenn du unten arbeitest, fließt dein Blut schneller und du bekommst eine Menge Sauerstoff rein … Der Stickstoff ist dein größter Feind, er hat schon viele fertiggemacht … Sei vorsichtig beim Aufstieg … das Runtergehen ist nicht so gefährlich wie der Aufstieg … laß dich immer langsam rauf oder, wenn du schon oben warst, nochmals auf halbe Tiefe zurück …

Die Nacht des Tauchers, 1954

≈

Er wälzte sich in das ölige, schwarze Wasser des Hafenbeckens, er drückte mit dem Kopf auf das Überdruckventil, er sank. Es ging langsam und sanft und ohne Geräusch, und als er hinaufsah, entdeckte er gegen das Licht die Silhouette des Prahms; er sah für kurze Zeit die Köpfe der Männer, die ihm nachstarrten, aber sie verschwanden, sie zerliefen, und jetzt wurde auch der Umriß des Prahms ungenau, wurde grob, und schließlich war nichts mehr da als die kalte, lichtlose Tiefe, ihr Schweigen und ihr Druck.

Zuerst landete er neben der Bordwand, er tastete sich an ihr entlang, Hand über Hand, er suchte alles ab, aber er konnte kein Loch entdecken. Der Dampfer saß nahezu senkrecht auf Grund, es war keine große Beschädigung festzustellen, und der Mann dachte, daß der Dampfer sich selbst geflutet haben mußte. Und er ließ sich hinauftreiben zu den Aufbauten und zur Brücke, er wollte ins Kartenhaus rein, aber das Schott hatte sich versetzt, und er konnte es nicht aufbrechen. Und er schwebte wieder zurück auf das Deck des Dampfers, stieß gegen ein Luk, bückte sich und öffnete das Luk und lauschte hinab. Er spürte sein Herz und den Druck des Wassers, und er machte schnelle Schluckbewegungen, um den Druck des Wassers auszugleichen, dann tauchte er in das Luk ein. Er wußte, daß es der erste Laderaum war; obwohl er nichts sah, kannte er das Schiff, wußte jederzeit, wo er sich befand, er trug genau das Modell im Kopf, und das führte ihn. Langsam ließ er sich hinab auf den Boden des vorderen Luks, schritt es aus, fühlte und spürte, und seine linke Hand glitt unentwegt über die Ladung, die linke Hand machte ihn sehend: er sah, obzwar er nichts sehen konnte, den grauen Berg von 15-cm-Granaten, liebevoll gestapelt, behutsam verteilt mit der unendlich gewissenhaften Sorgfalt, die man nur für 15-cm-Granaten aufbringt. Und Hinrichs wußte, daß sie hier nicht schneiden konnten. Sie würden einen Teil der Ladung mit Stahlnetzen bergen, sie würden den Dampfer mit Trossen unterfangen müssen, das war die einzige Möglichkeit.

Der Mann im Strom, 1957

≈

Regeln für Taucher

Merk dir eins: die 13-Meter-Tiefe ist die wichtigste Grenze für einen Taucher. Wenn du tiefer als 13 Meter runtergehst, mußt du besondere Vorsichtsmaßregeln treffen. Du darfst auf keinen Fall rasch an die Oberfläche zurück, sonst bist du bald fertig. In deinen Muskeln und Gelenken, in deinen Brust- und Bauchorganen bilden sich Blasen, und du kannst dir eine Sache wegholen, die dich in kurzer Zeit kaputtmacht. Wenn du über die kritische Tiefe hinabtauchst, darfst du keinen reinen Sauerstoff verwenden. Und paß auf: wenn du unten bist und du hörst das klopfende Geräusch einer Schiffsschraube –, dann ist es der Puls einer Kopfader, und du tust gut daran, schnell aufzutauchen. Wenn du aber gezwungen bist, schnell aus größerer Tiefe aufzutauchen, dann laß dich in einer Taucherdruckkammer auf halben Druck setzen, sonst stehst du nicht lange auf den Beinen …

Die Nacht des Tauchers, 1954

≈

Er ging höher hinauf, zurück auf das Deck und blieb plötzlich stehen: er hatte ein klopfendes Geräusch im Ohr, es war der Puls einer Kopfader, der klopfte und zählte, es wurde immer stärker und furchtbarer, und der Mann umklammerte die Signalleine. Er nahm einen zunehmenden Druck auf sein Trommelfell wahr, er machte Schluckbewegungen, sammelte Speichel auf seiner Zunge und schluckte ihn hinab, und als der Druck dauerte, preßte er sein Gesicht gegen das Helmfenster und atmete heftig durch die Nase aus. Er tat es so lange, bis es in seinem Ohr deutlich knackte und das Trommelfell ein wenig entspannt war; das Klopfen wurde jetzt erträglicher, aber ein anderes Geräusch trat ein, ein Mahlen und Summen in seinem Schädel. Der Mann kannte dieses Geräusch, er hatte es oft gehört, wenn er unten war und eine Schiffsschraube über ihm gearbeitet hatte, doch er kannte es nicht in dieser verletzenden Stärke, in dieser heimsuchenden Gewalt, die ihn benommen machte und unfähig, etwas zu tun. Er konnte keinen Schritt mehr machen, er konnte sich nicht mehr orientieren, das mahlende Geräusch in seinem Kopf rief ein schweres Schwindelgefühl hervor, und der Mann riß einmal an der Leine, tat einen einzigen langen, verzweifelten Zug und signalisierte: ›Holt mich rauf!‹

Der Mann im Strom, 1957

≈

Regeln für Taucher

… wenn du erkältet bist oder Schnupfen hast, dann sei vorsichtig beim Tauchen. Du spürst einen Druck auf dem Trommelfell, und dieser Druck kann mitunter so schlimm werden, daß dein Trommelfell platzt. Du mußt versuchen, den Druck auszugleichen, indem du Schluckbewegungen machst, Speichel hinunterschluckst oder die Nase gegen das Helmfenster drückst und heftig durch die Nase ausatmest. Tu das so lange, bis es im Ohr einmal knackt. Dann ist dein Trommelfell entspannt. Wenn es nicht knackt, komm nach oben, dann hat's keinen Zweck, und du holst dir nur etwas weg dabei …

Die Nacht des Tauchers, 1954

≈

Das Wasser war ölig und trübe, und ich schaltete die Handlampe ein und schwebte auf den schäbigen kleinen Frachter runter. Er lag etwas auf der Seite, der Schein der Lampe glitt über seinen Namen, aber ich konnte den Namen nicht lesen. Es hatte ihn sauber am Heck erwischt, die Bombe hatte die Schanz durchschlagen und hatte ihn furchtbar aufgerissen, er mußte schnell weggesackt sein. Er lag da, als ob er schliefe. Und ich glitt über das aufgerissene Deck und zog mich an den Aufbauten rauf. Ich wollte zur Brücke, aber das Schott klemmte, und ich brach es mit dem Messer auf und leuchtete alles mit der Handlampe aus. Und dann fand ich sie beide, sie hingen in einer Ecke des Kartenhauses, in schmerzlicher Umklammerung, und ich leuchtete über ihr flutendes Haar und ihre Gesichter und sah, wie ähnlich sie sich waren. Es mußten Vater und Sohn sein, und ich starrte sie an und versuchte mir, ihre letzten Minuten vorzustellen. Ich sah das Bild groß und unwiderstehlich auf mich zukommen, ich sah die beiden Männer an Deck und glaubte, noch einmal ihre letzten Minuten zu erleben …

An das und an die Anfänge dachte ich, während Timm mich nach Hause brachte … Es waren schwierige Anfänge und verzwickte, ich erfuhr es nach und nach … Ich erfuhr beispielsweise, daß in Hamburg eine Hafenordnung besteht, wonach der Eigentümer eines gesunkenen Schiffes verpflichtet ist, das Wrack zu beseitigen … Natürlich, kurz nach dem Krieg, da kamen die Eigentümer und erhoben Einspruch gegen diese Verordnung. Und sie sagten, in diesem Fall sei das Sinken ihrer Schiffe ein »Act of God«, höhere Gewalt ... Aber die Wracks mußten trotzdem geborgen werden, und da halfen die Engländer ... Sie bildeten die »salvation group«, wie sie es nannten, und stellten mit den Hamburger Taucher- und Bugsier-Formen einen Plan auf, wie man die vielen gesunkenen Schiffe bergen könnte ... Unter den 2830 Wracks waren ja 105 Seedampfer, die je mehr als 2000 Tonnen hatten, und auch ein Neubau der Hamburg-Amerika-Linie war dabei, ein mächtiges Ding von 32000 BRT, und dann ein kleineres Schwimmdock ... man mußte schon einen Plan haben, wenn man sie alle heben wollte ... Und zuerst gingen wir ran und machten die Fahrrinne und Zufahrten frei ... Wir hatten wenig Zeit, und darum schleppten wir die Wrackteile auf das »Wasserrollfeld« der Finkenwerder Flugzeugwerft ... hier versenkten wir sie wieder ...

Es war eine langsame und mühselige Arbeit, es gibt wohl keine Arbeit auf der Welt, die so langsam vorangeht, die so wenig Ergebnisse zeigt, wie das Heben eines Wracks ... Du arbeitest hundert Stunden, und es ist immer noch nichts zu sehen ... Ein Maurer hat längst ausgeschachtet und das Fundament eines Hauses gelegt, aber du steigst hinab und arbeitest, und es ist nichts zu sehen ... Du mußt gleichgültig sein und hartnäckig bei so einem Wrack, du mußt alle Geduld ablegen und wiederkommen ... Und ich dachte an den Fährdampfer, der uns so oft wiederkommen ließ, er war zäh und eigensinnig und ließ sich nicht heben, so daß wir ihn schließlich sprengen mußten ...

Die Fahrrinne ist nun sauber und frei, und von draußen kommen Schiffe herein, groß und erleuchtet ... Im Jahre 51 waren schon wieder 13 000 Schiffe hier, und sie gingen in See und verbanden diese Stadt mit 750 Häfen der Welt ... Sie kamen die Elbe herauf, und manchmal schlug wohl ihre Kompaßnadel irr aus – wenn sie über den Boden eines gesunkenen Schiffes fuhren, das wir gesprengt hatten ... Und ich dachte an die Schiffsteile, die wir nicht bergen konnten ... An die U-Boote, die unter den eingestürzten Bunkern liegen; sie waren alle noch fahrbereit am Ende des Krieges, aber ihre Besatzungen versenkten sie, und die Alliierten sprengten die gewaltigen Bunker, unter denen die Boote lagen, und heute werden Wracks von schweren Betonbrocken zugedeckt ... Niemand kann an die 16 Wracks unter den großen U-Boot-Bunkern heran, sie haben gigantische Grabkammern gefunden, unzugänglich wie die Gräber der Pharaonen, sie liegen da unter den viereinhalb Meter dicken Betonklötzen, verborgen, in den Grund gedrückt von der tödlichen Last, moderne Steinzeitgräber, düstere Kerkerbetten, die vom tobsüchtigen Walten der Geschichte zeugen ...

Die Nacht des Tauchers, 1954

≈

Zwei Unterseeboote lagen unter der Rampe, eins war völlig unter Wasser, schräg, mit eingebeultem Turm, als habe eine Riesenfaust es gegen die Rampe geschleudert und hinabgedrückt; das andere, ein kleineres Boot, lag mit seinem ganzen Körper auf dem gesunkenen, waagerecht fast, so daß die Türme sich berührten. Die Boote waren außen kaum beschädigt, die Torpedoklappen geöffnet. Sie sahen von der Rampe wie die toten Augen eines ungeheuren Tieres aus. Auf einem der Türme setzte sich matt und schwach gegen das Grau das Symbol der Flottille ab: ein pausbäckiger, jovialer Neptun mit Dreizack, sein Dreizack war erhoben, schleuderbereit, gerichtet gegen jedermann, der auf der Rampe stand: ein jovialer Todbringer, der pausbäckige Souverän der Tiefe. Auf der Rampe war Ausrüstungsgut gestapelt, Öltonnen, Kisten, eiserne Behälter; Trossen lagen herum, einige hingen schlaff ins Wasser hinab, wo überall zwischen den Booten Bretterzeug, Kanister und Büchsen schwammen. Eine hohe, holzverkleidete Lauframpe auf der gegenüberliegenden Seite war aus den Fundamenten gerissen, sie hatte sich zur Wasserseite hin übergelegt und drohte völlig umzustürzen. Und über all der Wirrnis und Verwüstung lag ein Geruch von Öl und faulendem Holz.

Der Mann im Strom, 1957

≈

Hier lag das gesunkene Munitionsschiff … Es muß hier gelegen haben, dicht neben der Fahrrinne … Wir haben es ziemlich spät gehoben, in einem Februar, das Wasser war kalt und schnellströmend und bildete Strudel über dem gesunkenen Schiff, dessen Spieren knapp über die Oberfläche hinausragten … Ich ließ mich neben dem Munitionsdampfer hinab und untersuchte die Bordwand, es war kein Leck zu finden, und ich betrat sein Deck und sah mich um. Ich sah auch nach oben und erkannte den trüben Himmel und den dunklen Umriß unseres Prahms, ich fühlte mich müde und wartete einen Augenblick, bevor ich ins Innere des Dampfers eindrang. Ich fand einen engen Niedergang und schaltete die Handlampe ein und stieg hinab. Das Wasser schien noch kälter zu werden. Ich stieg hinab, bis ich vor einem verschlossenen Schott stand. Die Vorreiber waren umgelegt, ich öffnete sie mit großer Anstrengung und zog das Schott auf. Der Schein meiner Lampe irrte ins Dunkel und blieb plötzlich stehen: – Er lag dicht hinterm Schott, er lag so, als ob er versucht hätte, das Schott in letzter Minute zu erreichen. Ich fand die Flutventile offen und versuchte mir vorzustellen, was hier geschehen war. Ich stand wie erstarrt da, während ich sein Ende mitzuerleben glaubte. Vielleicht war er Chief auf diesem Dampfer gewesen, Ingenieur. Vielleicht hatte er die Flutventile gar nicht geöffnet. Ich wurde hineingezogen in den Strudel von Vorstellungen und glaubte auf einmal alles wieder zu hören …

Der Munitionsdampfer hatte kein Leck, er war von keiner Bombe getroffen worden. Die Besatzung hatte ihn selbst geflutet. Wir hoben ihn und entfernten die Munition, und dann wurde er mit Schweißbrennern zerschnitten. Seine Teile lagen nicht lange herum. Aber ich werde immer an ihn denken, immer, wenn ich an dieser Stelle vorüberkomme, werde ich an den Mann denken, den ich allein im Maschinenraum vorfand, dicht vor dem geschlossenen Schott ...

Timm brachte mich nach Hause, und ich sah auf das kleine Licht des Landungsstegs. Und ich dachte an das, was wir vorfanden und erlebten, ich dachte an die Schicksale der Menschen, die mit den gesunkenen Schiffen verbunden waren und die ich mir vorzustellen versucht hatte, vielleicht waren sie anders verlaufen, vielleicht genau so, ich weiß es nicht ... Es ist immer ein bitterer Augenblick, wenn eine Biographie endet, denn damit endet auch die Herausforderung an die Welt ... Ich hatte mir diesen Augenblick immer vorzustellen versucht, ich war gezwungen dazu, denn ich hatte ihn gleichsam konserviert vorgefunden ... Und ich dachte noch einmal an die Schicksale der 2830 Wracks ... Konnte ich daran denken? Erträgt das noch unser Gedächtnis? Vielleicht sollte man sich davon freimachen, leerdenken von Erinnerung, vielleicht wäre das gut ... Du spürst, wie mächtig diese Neigung ist, der Wunsch, zu verdrängen, zu vergessen. Du glaubst, du möchtest nur deine Ruhe haben, aber dann spürst du, daß es dir guttut, auch deine Unruhe zu haben, du spürst, daß du nicht ohne sie auskommst. 2830

Schiffe, Schuten, Kräne, Barkassen, Yachten und Kähne – du denkst an sie und an die Menschen, die sich auf ihnen befanden, du denkst an die Fracht, die sie trugen, an Munition, Nahrung, Autos, Pferde, Benzin, Waffen, Kosten und Konserven, du denkst an das Ende, mit dem alles wieder beginnt …

Die Nacht des Tauchers, 1954

≈

Die Bergung

SIE Mach ruhig das Licht an.

ER Du bist noch nicht im Bett?

SIE Ich hab gewartet.

ER Es muß gegen drei sein.

SIE Ich hab Übung.

ER Die Kinder?

SIE Hab ich dich richtig verstanden? Fragtest du nach den Kindern?

ER Hör schon auf … Schau dir an, wie's draußen regnet … Ohne Mantel – ich war bis auf die Haut naß geworden … Hat Oswald Ärger gemacht?

SIE Die Gläser stehen immer noch da.

ER Was?

SIE Ich sagte, die Gläser sind auf der Anrichte. Du willst doch sicher noch etwas trinken.

ER Ich hab dich nach Oswald gefragt.

SIE Dein Onkel schläft, hoffentlich. Er wollte nicht mit uns essen … Er hat sich eingeschlossen.

ER Warum?

SIE Warum? Er hat sein Zimmer auf den Kopf gestellt … Dann erklärte er mir, daß er mit uns nichts mehr zu tun haben will … Mehr weiß ich nicht.

ER Wir müssen nachsichtig mit ihm sein.

SIE Willst du nichts trinken?

ER Was ist los, Doris? Was ist los mit dir?

SIE Ich stell mir vor, daß es zu so einer nächtlichen Heimkehr gehört … Der ermüdete Sieger kommt nach Hause … Bei einem letzten Schluck bilanziert er den Tag … Du kannst drei Tage bilanzieren.

ER Du fragst mich nicht, wie alles gegangen ist?

SIE Ich kenne deine Antworten.

ER Und warum wartest du auf mich? Warum hockst du im Dunkeln und wartest auf mich?

SIE Vielleicht – ich wollte sehen, wieviel noch übriggeblieben ist … Von dem Mann, den ich einmal kannte …

ER Werd nicht feinsinnig.

SIE Nimm die Zeitung … Leg dir die Zeitung unter, wenn du dich setzt … Es tropft aus dir.

ER Doris …

SIE Ich weiß, was du sagen willst.

ER Doris, ich muß dir etwas erklären.

SIE Du kannst dir's sparen.

ER Du hast keine Ahnung, was passiert ist.

SIE Die Frühjahrsstürme, vermute ich ... Einmal waren die Herbststürme schuld, jetzt werden es die Frühjahrsstürme sein ... Oder vielleicht ist es der Mahlsand ... Irgend etwas hat dir mal wieder einen Strich durch die Rechnung gemacht.

ER Hör auf, so zu reden ... Was hast du, verdammt noch mal?

SIE Ich seh dich an.

ER Du scheinst nicht zu begreifen ...

SIE Doch, o doch ...

ER Nein ... Nichts.

SIE Warum, glaubst du, hab ich auf dich gewartet? Warum, hm?

ER Ich muß etwas trinken.

SIE Siehst du ...

ER Was soll denn das?

SIE Jetzt entsprichst du dem Bild ... Der »Fuchs der Küste« kommt nachts nach Hause und gießt sich einen ein ... Auf die Beute ... Auf alles, was gerade hinter ihm liegt ... Sie nennen dich doch »Fuchs der Küste« ... Weil – weil sie dir eben alles zutrauen.

ER Warum hast du auf mich gewartet?

SIE Sag, daß es nicht stimmt, Harry ...

ER Was?

SIE Die Sparbücher der Kinder ... Beide Sparbücher, die sie zur Taufe bekommen haben ... Sag, daß du es nicht abgehoben hast, das Geld ...

ER Doris ...

SIE Keine Erklärungen ... o Gott ... Komm mir jetzt

bloß nicht mit Erklärungen ... Du hast es also abgehoben ... Du hast es den Kindern weggenommen ... Hast du vergessen, was wir uns versprochen haben, damals, vor sieben, vor neun Jahren? Ihre Taufgeschenke ...

ER Nun hör mir mal zu. Keiner hat den Kindern was fortgenommen. Geliehen, kapierst du? Ich hab mir das Geld meiner Kinder geliehen ... Der zweite Schlepper ... Ich brauchte einen zweiten Schlepper, Doris, um das abgesprengte Vorschiff aus der Rinne zu ziehen ... Wir hatten eine Rinne ausgekolkt ... Der zweite Schlepper – sie wollten das Geld im voraus ... Die Kinder werden es zurückbekommen.

SIE Meine Schläfen ... Ich halt es nicht mehr aus.

ER Soll ich Tabletten holen?

SIE Nie ... das hätte ich dir nie zugetraut.

ER Nun mal halblang ... Ich hab doch wohl das Recht, mir bei meinen Kindern Geld zu borgen. Oder? In einem Augenblick, wo alles auf dem Spiel stand.

SIE Das ist widerlich, Harry ... Das ist so widerlich.

ER Sag das nicht noch einmal.

SIE Ich werde dir noch etwas ganz anderes sagen.

ER Was willst du eigentlich? Du weißt doch, wozu ich das Geld brauche ... Woran ich seit einem Jahr arbeite ... Das weißt du doch ... Herrgott noch mal, ich hatte soviel in die verdammte »Regina« investiert. Ich konnte doch nicht alles aufgeben ... Hast du mir nicht selbst zugeraten, das Wrack zu kaufen ... Denk mal dran ... Als der Mann aus London hier war, als er mir das Angebot für die »Regina« machte …

SIE Kein anderes Bergungsunternehmen war interessiert.

ER Weil die keine Einfälle haben.

SIE Der »Fuchs der Küste« wollte es ihnen zeigen …

ER Ich muß dir etwas sagen, Doris.

SIE Wie du die Kredite zurückzahlen willst? Und alles, was Mutter uns geborgt hat? Und die beliehene Lebensversicherung?

ER Du hast die Photos gesehen … Von der »Regina«, meine ich. Da auf dem Großen Sand … Ich hab dir vorgerechnet … Vielleicht hast du nicht zugehört … Das Schiff tat dir leid … das schöne Schiff, das auf den Großen Sand geraten war … Die vierzigtausend, die ich den Londonern bezahlt hab, waren nicht zuviel.

SIE Mir wird übel … Ich spüre, daß mir ganz übel wird.

ER Trink etwas. Soll ich dir ein Glas holen?

SIE Mutter hat mich gewarnt.

ER Wieder mal?

SIE Immer.

ER Früher hat dich auch dein Vater gewarnt … Beide haben sie dich gewarnt … zweistimmig.

SIE Sie hatten recht.

ER Tatsächlich? Soll ich dir wiederholen, was dein Vater mir sagte … damals, als wir eine gute Zeit hatten? Als wir dieses Haus einweihten? … Sei doch vernünftig, Doris … Wir hatten sehr gute Jahre, das weißt du … Als wir den Hafen von Riga geräumt hatten … Die alten Linienschiffe im Skagerrak, denk mal dran … Oder das havarierte U-Boot auf der Doggerbank … Keiner traute sich ran. Ich hab das Boot gehoben … Dein Vater hatte den Zeitungsbericht in der Hand … Dort am Fenster standen wir … Ganze Arbeit, sagte er, das war ganze Arbeit, mein Junge … Das sagte der Mann, dem ein Lob nur alle Schaltjahre über die Lippen kam.

SIE Onkel Oswald vermißt seine Pfandbriefe.

ER Was willst du damit sagen?

SIE Seine Pfandbriefe sind verschwunden.

ER Sie verschwinden jede Woche einmal … Die Pfandbriefe, die Sparbücher, die Brieftasche, sie spielen Versteck mit ihm. Zum Wochenende sind sie wieder da.

SIE Du hast dir auch von ihm Geld geliehen.

ER Hab ich's dir nicht gesagt? … Du weißt, wie unser erster Schleppversuch ausging … Ich mußte neue Trossen kaufen. Schau, Doris, als ich das Wrack der »Regina« erwarb, da wußten wir's noch nicht … Wir glaubten, daß sie nur im Mahlsand festsaß … Mit ihren sechstausend Tonnen im Mahlsand … Hans und ich, wir sind beide unter Wasser gewesen. Wir haben alles untersucht … Das hat keiner von uns entdeckt: die »Regina« saß nicht nur im Sand fest, sie hatte sich auch noch auf ein altes Wrack gesetzt, das seit neunzig Jahren dort liegt, die »Emmy

Fassdorff«. Deshalb hatten wir keinen Erfolg bei unserem ersten Schleppversuch. Die Trosse brach.

SIE Harry, ich weiß alles … Ich hab doch alles miterlebt … Begreifst du denn nicht, um was es mir geht? Heute?

ER Du bist müde. Müde und überspannt.

SIE Mein Gott, nicht einmal das merkst du.

ER Was? Was meinst du?

SIE Daß ich nicht geweint habe … Ich war so entsetzt, daß ich nicht einmal weinen konnte … Weißt du nicht mehr, was wir uns versprochen hatten?

ER Nimm die Luft raus, Doris.

SIE … bei der Taufe der Kinder …

ER Sie werden zurückbekommen, was ihnen gehört … Verdammt noch mal, ich werde ihnen sogar etwas dazulegen. Zufrieden?

SIE Auf einmal ist es weg, Harry … Die Sicherheit, dies Gefühl unbedingter Sicherheit … Es war das Schönste für mich, das Wichtigste … Sie konnten sagen über dich, was sie wollten … Mich konnten sie nicht erschüttern … Das war meine Festung: ich war deiner ganz sicher. Ich konnte es mir leisten, zu schweigen, wenn sie es auf dich abgesehen hatten … auf den »Fuchs der Küste«.

ER Sag bloß, ich hab nicht für euch getan, was ich tun konnte.

SIE Das ist nicht wahr.

ER Und mit wem habe ich alle Unternehmungen besprochen? Mit wem, hm?

SIE Seit drei Tagen ist es nicht wahr.

ER Ich versteh dich nicht … Wirklich, Doris, ich komm einfach nicht mehr mit.

SIE Wenn dein Bild in der Zeitung war … Immer wenn dein Bild in der Zeitung war nach einer gelungenen Bergung … Mutter las kaum den Text … Sie studierte immer nur dein Photo … Und immer sagte sie: Hoffentlich mußt du es nicht erleben – Harry hält sich an keine Regel. Wenn etwas auf dem Spiel für ihn steht, setzt er sich über alles hinweg … Ich wollte es ihr nicht glauben.

ER Jetzt weißt du also Bescheid.

SIE Im Grunde hast du alles für dich getan.

ER Träumst du? Sag mal, träumst du? Hast du vergessen, daß hier am Tisch der Ägypter saß, der ägyptische Reeder? Wer hat den Vorschlag gemacht, ihn zum Abendessen einzuladen? … Na, dämmert es bei dir? … Weißt du nicht mehr, wie du mich unter dem Tisch angestoßen hast, als er uns sechshunderttausend bot für das Vorschiff der »Regina«? Du hast ihm die Bilder der »Regina« gezeigt … Er wollte das Vorschiff als Ponton verwenden … Aber das ist ja gleichgültig … Wir waren gerade Eigentümer des Wracks, da kam dieses Angebot, dies einmalige Angebot … Unsere Feier hinterher, als wir allein waren … Hast du unsere Feier vergessen? Soll ich wiederholen, was du mir gesagt hast? Wer hat nicht schlafen können vor Freude, vor Erregung, wer? … Und du sagst, ich hätte alles nur für mich getan …

Glaub mir, Doris, seit dem Tod meines Bruders, seit ich sein Bergungsgeschäft übernommen habe, hat es für mich keinen Tag gegeben wie diesen: auf einmal spürte ich, was Zufriedenheit ist … Und um sie zu erhalten, nahm ich mir vor, an der »Regina« ganze Arbeit zu leisten, wie's dein Vater nannte. Ganze Arbeit.

SIE Darum geht es doch gar nicht, Harry.

ER Worum denn?

SIE Um deine Maßlosigkeit … Du kennst keine Grenzen mehr … Dein Ziel … um dein Ziel zu erreichen, ist dir jedes Mittel recht … Du kannst nicht aufgeben. Vielleicht ist es Stolz, vielleicht Besessenheit … Vielleicht so ein Komplex … Ich weiß nicht … Du mußt einfach bis zum Letzten gehen, ohne Rücksicht.

ER Mach dir doch nichts vor, Doris … Was du da redest, diese Beschuldigungen – auf so was kommt man in der Nähstunde … In meinem Beruf mußt du durchhalten, das weißt du … Aufgeben … Du mußt doch wohl zugeben, daß ich uns nur deshalb soweit gebracht habe, weil ich niemals aufgebe.

SIE Hast du mal zusammengerechnet, wieviel du schon investiert hast? Seit einem Jahr zahlst du und zahlst du … Noch hat sie sich nicht einen Zentimeter bewegt, deine »Regina«.

ER Doris, ich muß dir etwas sagen, etwas Ernstes.

SIE … Zwölfhundert Tonnen Stahl, das ist alles, was du bisher rausgeholt hast. Dafür hast du einen Kran verloren ... Wenn du mich fragst: damals hättest du aufhören sollen.

ER Meinst du?

SIE Ja.

ER Bisher hast du's noch nicht ein einziges Mal gesagt ... Bisher warst du doch einverstanden damit, daß ich dranblieb ... Und was den Kran angeht: wir hatten uns auf den Wetterbericht verlassen. Keiner hat mit diesem Sturm gerechnet. Der Kran war zu schwer für unser Bergungsschiff ... Ah, wie du reden kannst ... Aber du hättest mal draußen sein sollen damals ... Wie mit Vorschlaghämmern, so bekamen wir es ... Der »Regina« wurde die Brücke zerschlagen.

SIE Ich halte es nicht mehr aus ... Meine Schläfen.

ER Hier, trink aus meinem Glas.

SIE Jetzt muß ich eine Tablette nehmen.

ER Wasser?

SIE Hab ich hier noch stehn ... Ich komm und komm nicht auf den Namen ...

ER Auf welchen Namen?

SIE Dieser Kapitän ...

ER Welchen meinst du?

SIE Der Jäger, der große Waljäger ... Er kennt nur ein Ziel. Er lebt nur dafür.

ER Ein Kapitän?

SIE Ein Opfer seiner Besessenheit ... Ahab ... Der Kapitän heißt Ahab.

ER Nie gehört.

SIE Manchmal … Du hast etwas von ihm … Ihr riskiert alles, euch zuliebe … Nichts kann euch zur Aufgabe bringen … Als ob ihr verfallen seid, ja … Eurem Ziel verfallen … Ich weiß, du hast deine eigene Ansicht …

ER Du machst es dir leicht, Doris … Hoffentlich merkst du, wie leicht du es dir machst.

SIE Widerstand, dich reizt der große Widerstand, hast du immer gesagt … Bewährung: ein Lieblingswort von dir … Es tut mir leid, Harry, aber es bedeutet mir nichts, gar nichts … Wer Bewährung sucht, so wie du, der handelt egoistisch.

ER Du mußt schon genauer werden.

SIE Ich war dabei, als du deine Leute zusammengeholt hast. Hier, in diesem Raum. Alle fünf waren da, außerdem die drei Männer vom gekenterten Schlepper … Die drei geretteten Männer … Es war im Sommer, an der »Regina« bewegte sich nichts … Zehn Tage wart ihr draußen gewesen. Eines Nachts ist der Schlepper gekentert …

ER Es war ein Manövrierfehler …

SIE Laß mich ausreden … Ihr konntet die Männer retten, ja. Alle waren hier und hörten dir zu … Du hast wohl gespürt, in welcher Stimmung sie waren … Du mußtest sie bei der Stange halten, Mut mußtest du ihnen machen … Aber das war nicht alles …

ER Was noch?

SIE Du hast ihnen deine Rechnung aufgemacht –

so nennt man das wohl … Du hast sie eingeweiht … ich sehe sie noch um dich herumsitzen mit gesenkten Köpfen … Vielleicht dachten sie an das, was du ihnen schuldig warst … um das sie fürchten mußten auf einmal … Und plötzlich der alte Schlepperführer … Ich höre noch, wie er sagte: Aussichtslos, Harry, bei der »Regina« ist alles aussichtslos; das Schiff bleibt, wo es ist … Überlaß sie der See, Harry, das sagte er … Er riet dir aufzugeben … Und du, du wurdest nicht mal nachdenklich … Du kamst ihm mit Bewährung … Das Aussichtslose: eine Gelegenheit zur Bewährung … So hast du sie überredet.

ER Immerhin, sie blieben bei der Stange.

SIE Du hast sie angesteckt.

ER Angesteckt?

SIE Mit deiner Besessenheit.

ER Davon verstehst du nichts … Wirklich, Doris, du verstehst einfach nicht, was einen Mann bewegt.

SIE Mach dich nicht lächerlich … Was einen Mann bewegt, wenn ich so was höre, krieg ich die Platze … Der große Einzelgänger, hm? Der einsame Kämpfer, der Weltveränderer – komm bloß nicht damit … Süchtig seid ihr, süchtig nach Bestätigung …

ER Denk an deinen Vater.

SIE Wieso? Was hat er damit zu tun?

ER Geht dir nichts auf? Sie nennen ihn »Katastrophen-Brüggmann«.

SIE Vater?

ER Hast du dich nie gefragt, was ihn bewegt, wenn er

immer wieder kaputte Firmen kauft? – Firmen, die abgewirtschaftet haben, die vom Konkurs bedroht sind … Wo etwas zusammenbricht, erscheint der »Katastrophen-Brüggmann«, prompt … Erscheint und übernimmt die Reste zu Ramschpreisen … Längst könnte er sich zur Ruhe setzen, aber etwas bewegt ihn, weiterzumachen. Verstehst du, was ich meine?

SIE Ich merke, merke genau, worauf du anspielst … Das ist gemein, Harry.

ER Ich habe auf nichts angespielt … Erinnern, ich wollte dich nur daran erinnern, daß ein Mann seinen Weg geht – gehen muß.

SIE Das erste Darlehen hast du von ihm bekommen.

ER Unser Bergungsschiff trägt seinen Namen: »Walter Brüggmann«. Ich hab ihm ein Denkmal gesetzt … Und das Geld – er wird es zurückerhalten.

SIE Er war entsetzt.

ER Wer?

SIE Als du dieses Haus gekauft hast … Ich hab es ihm erzählt.

ER Was?

SIE Wie du die Erbengemeinschaft … Wie du die beiden Schwestern gegeneinander ausgespielt hast … Ich hab es Vater erzählt. Er war entsetzt.

ER Tatsächlich? Hätt' ich ihm nicht zugetraut, dem alten Spezialisten. Er war also entsetzt … Na, dafür wirkt *er* ja zum Wohle des Volkes.

SIE Das ist niederträchtig.

ER Es ist nur wahr … Wo etwas leckschlägt, da erscheint der Retter und kauft zum Ramschpreis … Läßt sich Staatsbürgschaften auszahlen, um bedrohte Arbeitsplätze zu sichern … und saniert und saniert, bis Ruhe einkehrt, Friedhofsruhe. Von ihm können wir lernen, wieviel Havarien wert sind … Mach dir nichts vor.

SIE Ich mache mir nichts vor … Ich weiß nur: er hätte das nie getan.

ER Doris, versuch mal, ganz ruhig zu sein … Trink etwas und hör mir zu …

SIE Den Kindern wegzunehmen …

ER Herrgott, nun halt doch mal die Luft an … Entschuldige … Du weißt nicht, wofür ich mir das Geld geliehen habe.

SIE Das interessiert mich nicht.

ER Wie soll es auch … Dich interessiert nur, was dich selbst betrifft.

SIE Es gibt Dinge, die sind unantastbar.

ER Doris, wir hatten einen Unfall, draußen auf dem Großen Sand … Ich hab's dir nicht erzählt … einen schweren Unfall … Es lag an dieser Schlagseite … Du hast es selbst gesehen, auf den Photos: die »Regina« hatte mehr als fünfzig Prozent Schlagseite … Da zu arbeiten: für die Männer war es ein einziger Balanceakt … Ich weiß nicht, Alfred hat nicht aufgepaßt … Vielleicht war er auch zu erschöpft … Er rutschte über die ganze Bordwand ab, da, wo das Bergungsschiff vertäut war … Die Dünung, als die Dünung das Bergungsschiff hochtrug … Alfred wurde eingeklemmt, zwischen den Bordwänden.

SIE Alfred?

ER Ja.

SIE Ist er tot?

ER Er wird wohl ein Bein verlieren.

SIE O Gott … Er hat doch gerade erst geheiratet.

ER Er ist nicht versichert … Die beiden haben keine Versicherung abgeschlossen … Sie hängen einfach in der Luft.

SIE Warum hast du mir nichts gesagt?

ER Wann denn? Ich hatte keine Zeit … Alfreds Frau: ich brachte ihr das Geld, fürs erste … Dann bin ich rausgefahren. Sie warteten draußen auf mich. Wir wollten das Vorschiff der »Regina« absprengen. Es war meine Sache, die Sprengladungen anzubringen unter Wasser … Du weißt, das war immer meine Sache.

SIE Aber du bist doch bei Alfred gewesen?

ER Morgen … morgen werde ich zu ihm gehen … Der ägyptische Reeder drängte … Nach all der Zeit, was sollte ich tun nach all der Zeit? Wir mußten mit der »Regina« fertig werden.

SIE Ist das wahr, Harry? Ist das wirklich wahr?

ER Wir hingen doch alle von ihm ab, von dem Wrack … Zuletzt …

SIE Ich schaff es nicht, Harry. So kann es nicht bleiben.

ER Es ist nicht immer so.

SIE So kann es nicht weitergehn … Du spielst dein

Spiel, und wir, wir alle tragen dein Risiko … Sieh mal …

ER Was?

SIE Meine Hand … Wie sie zittert … Seit Wochen dies Zittern … Warum hast du nicht aufgegeben? … Wann, wann wirst du einsehen, daß du dich übernommen hast … daß du dich immer übernimmst?

ER Immer? Denk an den Fischkutter … Wer hat geklatscht vor Begeisterung? … Du warst doch dabei, als ich ihn gehoben hab, als er gehorsam aufschwamm mit all der Luft in den abgedichteten Hohlräumen … Es war meine Idee … Wer hat da geklatscht vor Begeisterung? … Siehst du! … Und für die »Regina« … Ich wußte von Anfang an, daß ich das Schiff vom Mahlsand wegbekomme … Für die »Regina« hatte ich auch meinen Plan; für ihr Vorschiff.

SIE Harry, begreif doch. Es geht um etwas anderes … Ich halte das nicht mehr aus.

ER Aber zuerst … als wir anfingen, da ging es doch.

SIE Der Einsatz – er war nicht so hoch. Du hast den Einsatz ständig erhöht, immer mehr. Ich kann ihn nicht mehr mittragen.

ER Und? Was heißt das?

SIE Wenn es so weitergeht … Wir werden uns trennen müssen, wenn es so weitergeht.

ER Kommt man darauf, wenn man allein sitzt im Dunkeln?

SIE Ich meine es ernst.

ER Ach, Doris.

SIE Etwas muß sich ändern, Harry.

ER Halt mal das Glas. Ich muß den Kragen aufmachen.

SIE Ist dir nicht gut?

ER Heiß, mir ist nur heiß.

SIE Wir müssen uns entscheiden, Harry …

ER Wie sich das anhört: Wir müssen uns entscheiden … Als ob wir die Wahl hätten … eine beliebige Wahl …

SIE Du willst doch auch nicht, daß wir nebeneinanderher leben.

ER Doris, es gibt keine »Regina« mehr.

SIE Was? Was hast du gesagt?

ER Erledigt … Das Kapitel »Regina« ist abgehakt, endgültig, buchstäblich.

SIE Was soll das heißen?

ER Das Wrack – es existiert nicht mehr … Verloren, unerreichbar, weg.

SIE Du willst mir einen Schreck einjagen.

ER Ich will dir keinen Schreck einjagen.

SIE Das stimmt nicht, Harry … Das kann nicht stimmen.

ER Verloren und versunken mit allem … Es ist wahr.

SIE Aber – aber du warst doch … Als du gingst, warst du doch zuversichtlich … Alles stand gut … Ich hab noch mit Ewald gesprochen … Morgen bewegt sie sich, sagte er.

ER Sie hat sich bewegt, die »Regina« hat sich bewegt.

SIE Was ist denn passiert? Red doch schon, um Himmels willen!

ER Ein Jahr, Doris, und dann hatte ich sie soweit … Keiner hat mir's geglaubt … Das Angebot, das der Ägypter mir gemacht hat – er hat's auch anderen gemacht, vorher … Alle haben abgewinkt … Mit der »Regina« wollte sich keiner einlassen. Ich hab's mir zugetraut.

SIE Ich glaub es einfach nicht.

ER Das Vorschiff – wir haben es abgesprengt nach Plan … Wir haben es abgedichtet und vollgepumpt mit Luft … Zum zweiten Mal haben wir eine Fahrrinne ausgekolkt … Das werde ich nicht vergessen, Doris … als die Schlepper endlich anzogen. Alle sahen nur zu ihr hin … die Trossen strafften sich, immer mehr Zug, und dann rührte sich die »Regina«, glitt langsam aus dem Mahlsand … Wie sie aufschwamm und torkelte, als ob sie noch benommen wäre vom langen Liegen … Geklatscht, die Männer haben geklatscht und kamen zu mir gerannt … Nie werd ich das vergessen.

SIE Also doch, Harry … Dann ist es doch gutgegangen.

ER Wir nahmen sie in Schlepp, behutsam … Über Grund machten wir nicht mehr als zweieinhalb Meilen … bestimmt nicht mehr.

SIE Es war ruhiges Wetter, das weiß ich.

ER Die See war kaum bewegt … Ich hatte mir vorgenommen, dich anzurufen aus dem Hafen, gleich … Ich bin fertig, Doris.

SIE Aber was ist denn geschehen?

ER Damit hat keiner gerechnet … Es trübte sich ein …

Allmählich trübte es sich ein, und wir kamen in Nebel – flache Bänke …

SIE Ist sie gesunken … Sag doch!

ER Sie schwamm besser, als wir gedacht hatten … Zwanzig Meilen … Nur knapp zwanzig Meilen vom Feuerschiff … Auf dem Tanker haben sie unser Nebelhorn nicht gehört …

SIE Gerammt?

ER Zweihunderttausend Tonnen … Er hat das Vorschiff der »Regina« unter Wasser gedrückt … Gerammt und unter Wasser gedrückt … Auf dem Schlepper konnten sie gerade noch die Leinen slippen.

SIE Harry … Harry, ich kann es nicht fassen.

ER Es ist so.

SIE Weißt du, was es heißt für uns?

ER Ich weiß es.

SIE Warum hast du es nicht gleich gesagt, als du hereinkamst? Wie konntest du das für dich behalten? … Gib mir was zu trinken.

ER Ich hab's versucht; ich wollte es dir ja gleich sagen … Aber du hattest deine Anklage vorbereitet …

SIE Du wirst sie heben. Du wirst die »Regina« bestimmt heben. Oh, Harry.

ER Keiner wird sie heben. Sie liegt jetzt mehr als vierzig Meter tief; das Vorschiff, meine ich … Da geht keiner mehr ran … Du hättest die Leute hören müssen, unsere Leute, Doris … Das war ein einziger Schrei … Wir stoppten sofort … Es war kaum was zu sehen …

SIE … danke … Trinkst du nichts mehr?

ER Dieses Brausen, als die »Regina« auf Tiefe ging.

SIE Es ist furchtbar, Harry … Und jetzt?

ER Sie liegt genau auf achtundvierzig Meter Tiefe.

SIE Alles umsonst. Es kann doch nicht sein, daß alles umsonst war … Immer … Du hast doch immer Rat gewußt.

ER Vorbei, Doris.

SIE Aber wir können es doch nicht verloren geben … Dir wird etwas einfallen … Du hast nie etwas verloren gegeben.

ER Diesmal gibt's keine Chance.

SIE Harry, denk daran, was wir reingesteckt haben … wieviel für uns davon abhängt … Die »Regina« gehört dir.

ER Es hilft nichts mehr, kein Plan, keine Ausdauer.

SIE Was soll denn werden?

ER Ich weiß nicht … Ich bin fertig, Doris.

SIE Setz dich zu mir. Komm … Setz dich hierher.

ER Du weißt nicht, wie hoch ich eingestiegen bin.

SIE Wir schaffen es schon, Harry … Du wirst sehen, wir schaffen es.

ER Ich komm da nie wieder raus.

SIE Zuerst … Du mußt dich jetzt ausruhn.

ER Ich hätte es dir erzählen sollen.

SIE Was?

ER Vor drei Tagen, als wir rausgingen … Ich hätte dir erzählen sollen, daß alle Vorbereitungen abgeschlossen waren … Daß wir die »Regina« soweit hatten …

Ich wußte, daß ich sie vom Mahlsand runterbekommen würde ... Ah, Doris: ich wollte mit der guten Nachricht nach Hause kommen.

SIE Ich glaube, du solltest dich jetzt hinlegen, Harry ... Ich mach das hier in Ordnung.

ER Ich hatte mir schon alles zurechtgelegt ... Begreifst du das? Um ein Haar, und es wäre uns gelungen.

SIE Es ist dir gelungen ... Das, worauf es ankam, ist dir gelungen.

ER Was soll jetzt werden?

SIE Komm, Harry ... Ich sag's dir morgen ... Bitte, komm.

1982

≈

Die allerletzte Reise
oder: Schlachthof für Schiffe

Manche gehen auf schwedischen Klippen verloren. Manche wirft ein Sturm auf die scharfen Felsen vor der schottischen Küste. Der Atlantik holt sich einige, die Karibische See, die Pazifischen Gewässer: Schiffe enden überall. Im Nebel der Schelde, zwischen driftenden Eisbergen vor Grönlands Küsten, auf den wandernden Sandbänken der Deutschen Bucht, im Schlamm des Mississippi-Deltas, auf Atollen und Riffs der Sunda-Welt, in den kurzen

Schmetterseen der Biskaya: überall liegen die unbeabsichtigten Friedhöfe der Schiffe, verteilt auf die Meere und Wasserstraßen der Welt. Manchmal beendet ein Sturm eine Fahrt, manchmal ein Schaden in der Maschine oder ein falsches Besteck, eine Unachtsamkeit, ein winziger nautischer Irrtum. Einige erwischt es auf der ersten Reise, andere trifft es in gesegnetem Alter: Schiffe enden planlos, unvermutet, als Beute eines tödlichen Zufalls. Das unterseeische Riff, das den Bug aufschlitzt, der feindliche Bug, der das entscheidende Leck reißt, die Faust des Taifuns, unter der das Schiff zerbricht: sie sorgen jedoch nicht für den tödlichen Zufall, sondern gleichsam für einen natürlichen Tod. Denn Schiffe, so hatte ich früher geglaubt, werden gebaut und hinausgeschickt und in Fahrt gehalten, bis sie der See nicht mehr gewachsen sind und ein Mißgeschick oder Verhängnis ihnen ein natürliches Ende bereitet, draußen auf See, in der heimischen Einöde des Meeres. Mit vielen geschieht es auch so: sie gehen draußen verloren, und ihre Tode erscheinen wie Zugeständnisse an die großen Gewässer.

Aber die meisten Schiffe enden anders, die bei weitem größere Zahl kommt auf andere Weise aus der Welt, ihre allerletzte Reise führt nicht zu unverstelltem Horizont, sondern in ein abgelegenes Hafenbecken, in die Windstille schützender Piers. Wenn draußen ein Schiff verlorengeht, wird sein Ende in den Nachrichten erwähnt, erscheint in der Zeitungsspalte für Vermischtes, und an den Küsten erreicht es den Wert eines Gesprächsgegenstandes für eine Weile: die Schiffe, die hier enden, erregen unser Interesse nicht mehr. Sie sterben sachliche Tode, sie sterben unauffällige, lakonische, ganz und gar zweckmäßige Tode, und sie gehen nicht dramatisch verloren wie vor fremden Küsten, sondern bedachtsam, nach ökonomischem Ratschluß. Hier, auf der Abwrackwerft, enden die meisten Schiffe, und von ihrem Ende spricht man nicht.

Die Werft, die dafür eingerichtet ist, alten Schiffen das Letzte abzugewinnen, liegt draußen vor der Stadt, liegt mitten in einer kahlen, mauerdurchzogenen Industrielandschaft. Ich fuhr hinaus über leere, gepflasterte Straßen, an schwarzen Drahtzäunen entlang. Ich fuhr zu den abgelegenen Seitenbecken, in denen die Fähre der Großen Hafenrundfahrt nie erscheint, in dem kein Bordführer den staunenden Touristen dralle Zahlen nennt, stolze, seewindgeschwellte Zahlen sozusagen, die von Aufbau und Illusion, von Leistung und Wagnis künden. Die Werft, auf der die Reise aller seewärts gerichteten Träume endet, gehört nicht zur Schauseite des Hafens, hier findet das Auge keinen erheiternden Silberglanz, hier werden dem weltweiten Umsatz keine fröhlichen Wimpel aufgezogen, keine Sektflasche zerspringt am Bug der Verheißung. Zurückgezogen, beinahe versteckt, liegt die Werft da, unscheinbar nach außen, und dabei ist sie die rechtschaffene Entsprechung, die notwendige Rückseite der repräsentativen Ansicht des Hafens.

Es muß sie geben, wie es die sehenswerten, die leistungsstolzen Helligen der großen Werften gibt, von denen Neubau nach Neubau ins Wasser gleitet, vom Heulen der Sirenen empfangen, von Beifall und den üblichen Hurras begrüßt. Beim Ende eines Schiffes sind Ehrengäste naturgemäß nicht zugegen …

Ein roter, schmuckloser Backsteinbau: das Kontor. Ein Schild über der Tür besagte: »Anmeldung – Verkauf«, und ich ging hinein, um mich anzumelden auf dem Friedhof der Schiffe. Ich zögerte zunächst, denn ich hatte keinen ausreichenden Grund für meinen Besuch: meine Neugier galt dem Ende ausgedienter Schiffe, ihrem ergiebigen Sterben gewissermaßen. Erfahren wollte ich, wie man den Veteranen der Meere, die die Stürme überstanden, die die Untiefen glücklich vermieden hatten, einen Sankt-Nimmermehrs-Tag bereitete, sie zerschnitt, zerhieb und zersägte – bis nichts mehr von ihnen blieb als toter Stoff und Erinnerung.

Den jungen, sehr freundlichen Kontoristen wunderte meine Neugier nicht, er begrüßte mich wie einen Geschäftsfreund, lud mich ein, die Abwrackwerft zu erkunden, und schickte mich zu einem Meister auf den Platz. Der Meister war nicht zu sehen, und ich ging über den unübersichtlichen, zugigen Platz, auf dem die Winde vielfältig abgelenkt wurden von Hügeln aus Holz und Metall, von Kesseln, Waggons und Kränen. Ich stand im Schatten eines Stapels gebleichter Duckdalben; sie waren zerschrammt, zersplittert, weißgescheuert von Bordwänden, die sie in elastischer Fessel gehalten hatten. Ihre Nutzzeit war vorbei, sie waren aus dem Grund und aus dem Verkehr gezogen, warteten vielleicht auf die Kreissäge; doch einstweilen bewahrten sie noch die Schrammen und Scheuerwunden, Zeichen drangvoller, langsamer und kolossaler Bemühungen. Wo waren die Schiffe, die an diesen mächtigen Stämmen festgelegen hatten, deren behäbige Bewegungen von ihnen aufgefangen wurden? An den ausgedienten Duckdalben vorbei ging ich zur Pier hinab, zwischen alten Druckkesseln, rostigen Ankerketten, Spills und Schornsteinen, zwischen zerschlagenen Wellen und Ruderblättern, dreckigen Bodenplatten und ölschwarzem, verbogenem Gestänge, das an den Schnittflächen den rötlichen Schimmer des Kupfers preisgab. Dort, von der Pier, her hörte ich das harte Zischen der Schweißbrenner, hörte die rasselnde Bewegung eines Krans, sein warnendes Klingelzeichen. Ich hörte den Fall von Hämmern und das Geräusch eines Dieseltriebwagens.

Hier herrschte keine Friedhofsruhe, nicht die gebotene Stille eines Platzes, auf dem so kolossale Wesen wie Schiffe ihr Ende fanden, hier wurde ebenso rasch, ebenso planvoll und termingerecht gearbeitet wie an der Schauseite des Stroms, dort, wo die jungen Schiffe entstanden. Der Kran senkte sich hinter einem Berg scharfkantiger, zerschlagener Eisenteile, ruckte an, hob etwas, zog etwas empor, und ich sah einen gelbbraunen Schiffsmast hochschweben, sah ihn über den Eisensteg und die Kessel schwenken, einen kompletten Schiffsmast mit Antennen und dem schlanken Querbalken, der mir in diesem Augenblick wie ein Kreuz erschien, ein schlankes Friedhofskreuz: es war *nicht* das Wahrzeichen dieses Platzes. Das Wahrzeichen dieses Platzes, wenn überhaupt, war der scharfe Funkenregen der Schneidbrenner, die zischende Flamme, die sich durch das Eisen biß; ich sah es, als ich zwischen den Hügeln der Schiffsteile hindurchtrat zur Pier.

An der Pier hatte ein Dampfer festgemacht, ein schwarzer, altmodischer Bursche, auf Bug und Heck prangte noch sein Name, ein Name, der an Morgenröte erinnerte, doch jetzt an Abenddämmerung gemahnte. Der vordere Mast fehlte ihm, auch ein Teil der Kajüte fehlte und der Schornstein und die Funkbude. Überall an Bord – auf der Brücke, auf dem Vor- und Achterschiff – arbeiteten Männer mit Plastikhelmen, rissen Planken und Verschalungen los, lösten Schrauben und Blockierungen, schnitten Teile der Bordwand heraus, und ich sah, wie sich der Kran über den alten Dampfer senkte, wie sein Haken irgendwo eingepickt wurde, und dann schwenkte ein Teil der Aufbauten durch die Luft. Dröhnende Schläge hallten herüber, das widerwillige Knarren, wenn Stemmeisen rostige Nägel lockerten, Planken brachen, Eisen fiel auf Eisen, die Flammen knatterten, und wieder senkte sich der Kran über den Veteranen. Hart und sachgerecht gingen sie dem alten Dampfer zuleibe, und ich mußte an ein Bild denken, an eine Zeichnung des gefesselten Gulliver bei den Zwergen: unter der wimmelnden Beschäftigung der Kleinen büßte der Held seine Möglichkeiten ein. Ich stand und sah zu, wie sie aus dem alten Dampfer ein Wrack machten und das Wrack planvoll zerlegten; da kam der Meister zu mir.

Auch der Meister trug einen Plastikhelm. Der Meister war ein grauhaariger Mann mit hellen, langsamen Augen und dem bedachtsamen Gang des Fahrensmannes. Er wunderte sich ebenfalls nicht über meine Neugierde, begrüßte mich sehr freundlich und lud mich ein, Fragen zu stellen. Er zeigte seine Bereitschaft, auf alle Fragen zu antworten, ausgenommen auf Fragen nach Preisen, und er entschuldigte sich dafür, indem er auf das lange Ohr der Konkurrenz verwies und auf den Zwang zu allerschärfster Kalkulation, dem alle unterliegen, die Schiffe abwracken. Mich interessierten keine Preise. Mich interessierte das Ende der Schiffe, das Gegenteil des hoffnungsvollen Stapellaufs, und wir nahmen den Dampfer als Beispiel, dessen Name nach Morgenröte klang. Der Meister erzählte, daß es ein estnischer Dampfer sei, der unter der Flagge Panamas gefahren war. Der Kapitän und ein Teil der Besatzung waren Esten gewesen, und das Schiff habe ihnen alles ersetzen müssen, was sie am Ende des Krieges verloren hatten. Sie hatten alle Gefühle auf ihr Schiff übertragen, hatten ihm alle Fürsorge und Liebe und pflegliche Aufmerksamkeit geschenkt, denn auch in tropischen Deltas, unter heißem Himmel, sollte ihnen das Schiff ein Zuhause sein, und das heißt: Estland. Zwei- oder dreitausend Tonnen Estland fuhren in Charter um die Welt, bis die Reparaturen zu teuer, die Fahrten unrentabel geworden waren. Die letzte Reise führte zur Abwrackwerft. Und der Meister erzählte von rührenden

Entdeckungen, die er auf dem alten Dampfer gemacht hatte, von der sehr persönlichen Ausstattung, die an Estland erinnern sollte. In vier Wochen würde dies alles verschwunden sein, vier Wochen dauert es ungefähr, bis sie ein altes Schiff zerschnitten, ausgeweidet und zerlegt haben; dann bleibt nur noch der Boden nach, den sie bei Niedrigwasser aufschwimmen und zerschneiden, denn die Dockkosten sind zu hoch.

Stück für Stück hob der Kran von dem estnischen Schiff ab, setzte die Teile auf Land oder bereitstehende Waggons, die sie zur Lagerstelle fuhren. Der Meister entschuldigte sich noch einmal dafür, daß er keine Preise nennen könne. Er erwähnte lediglich, daß auf dem internationalen Wrackmarkt in Pfund Sterling bezahlt wird und daß die Konkurrenz groß sei, da eine Reihe ausländischer Regierungen Abwrackwerften Unterstützungen gewährte. In der Bundesrepublik werden keine Unterstützungen gewährt. Auf dieser Werft gilt, was in anderer Weise für Bergungsfirmen verbindlich ist: Kein Erfolg – kein Geld. Indes, der Erfolg kommt hier nicht dem Glücksfall eines Haupttreffers gleich; der Erfolg stellt sich vielmehr als Folge einer sehr sorgfältigen Kalkulation ein. Bevor ein Schiff hier anlegt, um in seine Teile zerlegt zu werden, ist es schon einmal vom Sachverständigen auf dem Papier zerlegt und kalkuliert, aufgelöst und geschätzt worden. Das geschieht allemal, auch bei günstiger Gelegenheit, das geschah auch im Falle des spanischen Dampfers, der mit vollzähliger Besatzung nur zu kurzer Überholung ins Dock gehen wollte, doch dann hier auf der Abwrackwerft endete, nachdem sich herausgestellt hatte, daß die Reparaturen zu teuer sein würden.

Der Meister lud mich zu einem Gang über den Werftplatz ein, über das »Schlachtfeld«, wie er sagte. Es war ein naheliegender, ein einleuchtender Vergleich; denn fast alles, was hier zuhauf lag, trug die Spuren gewaltsamer Zerstörung, war gebrochen und geknickt, geborsten und verbogen – freilich in berechneter Weise. Wellen und Rohrleitungen, Kolben und Platten, Pumpen und Kiele: sie waren nicht wahllos zerschlagen, sondern nach einem ungefähren Maß: fünfzig mal einsfünfzig ist die wünschenswerte Abmessung für Metall, das nur noch Schrottwert besitzt. Da lag ein Hügel von Messingventilen, ein Berg von kupfernen Leitungen, ein Haufen armlanger Eisenstäbe, die einst als Ballast gedient hatten: die Metalle waren bereits ihrer Qualität nach sortiert. Eines Tages würden sie in die Schmiede der Werft wandern, verflüssigt werden und als gegossene Barren wieder zum Vorschein kommen, bereit zu einem neuen Kreislauf. Ich mußte an die großen Friedhöfe von Vorzeittieren denken, an ihre mächtigen, überspezialisierten Körper, die unter Farn und Erde verschwanden, vergessen wurden, bis man über den Gräbern Bohrtürme errichtete, die den dickflüssigen Zauberschatz hervorquellen ließen. Nichts geht verloren, und wer kalkulieren kann, entdeckt die Ergiebigkeit großer Leichname.

Auf der Abwrackwerft kann jedes Stück Gewinn bringen, der Veteran der Meere wird vielfältig verwendet. Ein

Satz Entlüfter eines abgewrackten Liberty-Schiffes: man läßt die genormten Teile in der Hoffnung liegen, daß eines Tages ein einlaufendes Schiff diese Teile benötigt und hier zu einem billigen Preis erhält. Schwere, düstere Kessel, plumpe Wassertanks, die aus dem Bauch eines griechischen Dampfers stammen: vielleicht wird eine Ölfirma sie kaufen, um in ihnen Vorräte zu speichern. Ein Satz rostiger, zerschrammter Ankerketten, ein wohlerhaltener Schiffsmast, ein gehämmertes Ruderblatt: sie liegen auf dem Platz bereit, warten auf den Kunden, der sich mit gebrauchtem Material begnügt oder begnügen muß. Was eine Chance hat, im Stück verkauft zu werden, bleibt liegen: vom Rettungsboot und den passenden Davits bis zum Ankerspill.

Wir fanden eine graugetünchte Funkbude, auf der noch der Peilring befestigt war: welche Signale waren hier durchgelaufen, wieviel chiffrierte Hoffnung, wieviel verschlüsseltes Glück wurde hier aufgenommen? Welche Ansteuerungspunkte wurden hier ausgemacht vor ständig wechselnden Küsten? Würde sie je wieder benutzt werden? – Es ist alles möglich, meinte der Meister und führte mich zum Fallturm, einem hohen, spitz zulaufenden Bau, der entfernt an den Turm einer Norweger Kirche erinnerte. Seine Wände bestanden aus einer Schicht Eisen. Hier wurde zertrümmert und zerschlagen, was sich dem Schneidbrenner widersetzte. In der Mitte des Bodens war eine schwere Eisenplatte eingelassen, auf der die Kugel lag, ein einfaches, aber wirkungsvolles Werkzeug der Zerstörung, das an einem Seil hochgezogen wurde bis zur Spitze und von dort herabsauste mit der Wucht einer Granate.

Die Wände des Fallturms bewiesen die Kraft des Sturzes, hoben die Spuren der veränderten Gewalt auf: löcherig waren sie, aufgerissen, zerspießt und gezackt von tobsüchtigen Splittern, die wie Schrapnelle durch den dichten Raum zuckten. Die schwere Kugel unterwarf sich das sperrige Metall, hämmerte es sich so lange zurecht, bis es die Form eines Barrens annahm und ein erwünschtes Maß überdies. Was hier im Fallturm entstand, konnte nur als Schrott verkauft werden; es waren die ganz und gar unbrauchbaren Teile eines Schiffes, die geringsten Innereien sozusagen, für die aber gleichwohl noch Verwendung bestand.

Die wertvollen, zumindest die empfindlichen Teile der ausgeschlachteten Riesen lagen nicht auf dem Platz, sie lagerten in einem mehrstöckigen, schuppenartigen Gebäude, zu dem der Meister mich hinüberführte. In dem dämmrigen Schuppen herrschte die Ordnung, die man auf Schiffen findet, und auch hier durfte jedermann kommen und kaufen, was von einem abgewrackten Schiff übrigbleibt. Da standen viele Typen und Jahrgänge von Kompassen, da lagen Buchten voll Tauwerk und Stapel von Seekarten, ich fand die schwachen Spuren abgesteckter Kurse: nach Alexandria war die Fahrt gegangen, eine andere nach Hongkong, Manila, Saigon. Ich blätterte weiter, fand Karten für alle Meere der Welt, abgegriffene, fleckige, kaum oder auch gar nicht benutzte Seekarten von südamerikanischen Gewässern. Vielleicht war die Reise dorthin immer eine Hoffnung geblieben, vielleicht hatte sie aber auch gerade bevorgestanden, als der Spruch eintraf, der das Ende verkündete. Als der alte Dampfer auf den Wert alten Eisens herabgesetzt wurde, als man ihn vom Meer ausschloß, da hatte sich niemand die Mühe gemacht, die Karten mitzunehmen, nach denen er so lange gefahren war. Man beließ sie ihm zur letzten Reise, so, wie man ihm die Möbel und Rettungsringe beließ, die Lampen und Laternen. Da stand der lederbezogene Drehstuhl des Kapitäns, standen die altmodischen, unbequemen Stühle und Sessel, die einst den ausgesuchten Komfort einer Kajüte dargestellt hatten: Agenten, Manager, Händler, einflußreiche Besucher hatten in fremden Häfen darin gesessen und nach erfolgreichen Abschlüssen den zollfreien Whisky getrunken, schäbig, zerschlissen waren die Bezüge, doch das dunkel gebeizte Holz verriet immer noch seine exotische Kostbarkeit.

Und ich blickte auf das Spalier der dunkel gebeizten Kommoden und Schränke, deren Holz von gleicher Härte und Kostbarkeit war. Auch sie waren altmodisch und eng, der Enge des Raumes angemessen, die ein Schiff nun einmal bietet. Welche Mitbringsel, Geschenke von fernen Kontinenten hatten in ihnen gelegen? Und die Rettungsringe: hatte man sie je gebraucht? – einem Mann zugeworfen, der über Bord gegangen war? Und die dickglasigen, vergitterten Laternen: in welchem Sturm hatten sie geleuchtet, wem ein Zeichen gegeben, das Rettung bringen sollte? Sie sind einzeln zu haben oder auch im Spalier, so, wie auch die Treppen und eisernen Niedergänge zu haben sind, gut erhaltene von der Brücke, abgewetzte aus dem Maschinenraum.

Wir stiegen eine Treppe hinauf, und der Meister deutete auf angelaufenes Küchengeschirr, auf ausgediente Pütt und Pannen sozusagen: auch der Küche des Wracks schlug die letzte Stunde. Kein Smutje wird vermutlich in diesen Pfannen mehr braten, keiner der fleckigen Aluminiumtöpfe wird in der Dünung des Eismeers vom Feuer rutschen und dem Koch die Füße verbrühen. Ich fragte den Meister, ob auch die Küchengeräte des alten Dampfers ihre Kunden finden, und er bestätigte es, entsann sich, daß vor gar nicht langer Zeit eine Zigeunerfamilie erschienen war, um ihren Hausrat preiswert zu vervollständigen. Nichts geht verloren: die Pfanne, die dem Seemann seine Koteletts briet, wird jetzt dazu dienen, vielleicht ein Kaninchen für die musikalische Besatzung eines Planwagens zu schmoren. Und der Topf, in dem an Bord die Nudeln kochten, wird jetzt das Wasser wärmen, in dem ein quietschendes Zigeunerbaby gebadet wird.

Ich sah eine Kiste mit Flaggen und Wimpeln, einen Stapel sonnengebleichter Schwimmwesten, und in einer Ecke des Bodens lagen Kojengestelle und das dazugehörige Bettzeug. Würden auch sie einen Käufer finden? Würde es jemanden geben, der die Träume aufnahm, die unter diesen schweren, rot-weißen Oberbetten geträumt wurden?

Wir verließen den Schuppen mit all den tadellosen, erinnerungsreichen Gegenständen, traten wieder auf den

Platz der Abwrackwerft. Der Himmel war trübe, der Wind fiel in kurzen Böen ein. Ein seltsamer Geruch war in der Luft, in dem die Elemente Kohlendioxyd und Erbsensuppe vorherrschten. Wahrscheinlich kam der Geruch von dem schwarzen Zehntausendtonner herüber, der im Freihafen hinter den Halden lag.

Der Meister schien sich vergewissert zu haben, daß ich nicht ein treuherzig getarnter Späher der Konkurrenz war, und ruhig, mit diskreter Genugtuung, weihte er mich in ein Arbeitsprinzip dieser Werft ein, das den fünfundzwanzig Männern, die hier tätig waren, ihre Beschäftigung zu erhalten hilft. Es ist gewissermaßen das Prinzip des Fleischers, der das Tier ja nicht nur ausweidet, sondern einzelne Organe verwandelt, veredelt, etwas Neues entstehen läßt mit Hilfe von Gewürzen und Mischungen. Die Werft kann sich nicht damit begnügen, die gewonnenen Teile eines abgewrackten Schiffes liegen zu lassen, bis Käufer kommen – sie muß auch das alte Material verwenden, um etwas Neues daraus zu machen. Und so hat diese Abwrackwerft ihre eigene Tischlerei, ihre Gießerei und Schlosserwerkstatt, in denen gewonnenes Gut aus alten Schiffen aufbereitet wird.

Wir besuchten die Tischlerei. In einem Raum entstand eine Yacht-Kajüte, gefertigt aus wunderbaren, glatten Hölzern, die aus einem ausgedienten Schiff stammten. Für diesen Bau lag bereits ein fester Auftrag vor, und ich bewunderte Muster, Eleganz und Solidität der Kajüte. Hier wurden aber auch Duckdalben zu Latten und Kanthölzern verarbeitet, Rettungsboote repariert, steinharte Planken, die von den Wassern aller Meere überspült wurden, zu Nutzholz gemacht. Nichts geht verloren, denn auch für die Berge von Abfallholz gibt es feste Interessenten. In der Gießerei waren frischgegossene Barren gestapelt; sie wirkten nicht ganz rein. Da waren in die schmutzige Silberfarbe Messingfäden eingelaufen, doch sie besagten nichts, es waren lediglich Reste aus einem früheren Guß. Und in der Schlosserei wurde gefeilt und gebohrt, geschliffen und repariert, alle Schraubstöcke waren besetzt, und unter den kundigen Händen der Meister gewannen ausgediente Ritzel und Räder, Wellen, Leitungen und Tachometer neue Brauchbarkeit.

Auf diesem geschäftigen Friedhof, diesem von nüchternem Handelssinn zeugenden Schlachtfeld, war kein spektakulärer Wohlstand zu erwerben; von diesem Platz – das glaubte ich zu erkennen – floß den Bossen kein ähnlich herausfordernder Reichtum zu wie jenem drangvollen Werftherrn, der immer neue, immer modernere Schiffe baute, bis sein Imperium zerbrach, weil er nicht bedachtsam kalkuliert hatte. Bei unserem Geschäft hier, sagte der Meister, ist es schwer, sich eine »goldene Nase« zu machen.

In den ersten Jahren nach dem Krieg war es noch anders; denn damals ernteten sie Wracks in allen Tiefen und Gewässern. Und die untauglichen Schiffe, die ihnen zufielen, waren noch nicht so streng kalkuliert wie heute: sie boten mehr Überraschungen, sie gewährten abenteuerliche Entdeckungen. Außerdem hatten viele ihre Herren und Besitzer verloren – wie die sehr ergiebigen U-Boote etwa, die mit ihrem eingebauten Vermögen an Akkus, Bleiplatten und Kupferzeug zur Verfügung lagen, wenn auch unter herabstürzenden Bunkerdecken, in den Erbbegräbnissen der jüngsten Geschichte. Damals herrschte eine Blütezeit der Wracks, und wer sich auf das nicht risikolose Geschäft des Ausschlachtens verstand, fuhr silbernen Gewässern entgegen.

Es hat allerdings nicht den Anschein, als stünden diesem so rationell arbeitenden Schlachthof alter Schiffe unmittelbar krisenhafte Zeiten bevor. Das Angebot an Tonnage ist groß, die Frachtraten auf dem internationalen Schiffsmarkt unterliegen erheblichen Schwankungen. Alle Reedereien der Welt sind bemüht, ihre Flotten zu modernisieren, und das sichert dieser Werft Arbeit. Das sichert ihr einen beständigen Zustrom zu langsamer, zu unrentabler Schiffe. Wehmut? Romantisches Mitgefühl? Sie brauchen uns nicht zu überkommen. Die belebte Schönheit eines Schiffes, seine Eigentümlichkeit, sein angenommenes Herz und seine angenommene Seele, überhaupt der Eindruck seiner Lebendigkeit: all dies gibt es nur, solange ein Schiff eine Besatzung hat. Verlassene, aufgegebene, der Abwrackwerft überstellte Schiffe – so zumindest erschien es mir – nehmen bald ihren angestammten Charakter an, den Charakter eines Werkzeugs, das man sich zum Transport, zur Fortbewegung ersonnen hat.

Nein, es war keine Stätte der Melancholie, es war kein Friedhofshimmel, der sich über dieser Werft spannte. Die rasselnde Fahrt des Krans, der Fall der Hämmer, der Funkenregen der Schneidbrenner, die auffordernden Rufe und Signale, die ein- und ausfahrenden Lastwagen, der Karbidgeruch, die bunten Plastikhelme: dies alles gehörte zum Panorama einer selbstzufriedenen Arbeitswelt. Der Weg von den stolzen Werften hierher, von den Helligen des Anfangs zu der grauen Pier des Vergessens, ist ein üblicher, ein selbstverständlicher Weg, der niemand befremdet. Schließlich gibt es für alles einen Hafen ohne Wiederkehr – und warum sollte es ihn nicht für Schiffe geben?

1964

≈

Die anderen waren weg, nur mein Vater war allein am Tisch und forderte mich mit einer Handbewegung auf, mir von seinem besonderen Apfelwein einzuschenken … Er fing abermals von dem fünfzigjährigen Firmenjubiläum an, das im neuen Jahr gefeiert werden sollte. Für die vielen Gäste wollte er auf dem Werftplatz ein Festzelt hochziehen lassen, Ausschank und kaltes Buffet beim Eingang, man sollte auf Bänken sitzen, vor zusammengestellten Tischen. Ihr, sagte er, werdet an einem Katzentisch sitzen und euch als Läufer an Deck bewähren, also die Mietkellner unterstützen. Reden halten können die aus der Werftleitung und die Vertreter des Senats. Er hob die Schultern, trank schnell, massierte seine Finger. Fünfzig Jahre, sagte er, fünfzig Jahre. Bald werden auch wir ausgemustert – wie die Schiffe, die sie zu uns zum Abwracken brachten. Wenn ich daran denke, wie viele es waren: eine ganze Flotte kommt da zusammen. Dafür wurden neue gebaut, sagte ich, und er darauf, Neue, ja, aber nur die alten haben ein Schicksal.

Er bat mich, ihm sein Werft-Album zu holen, das er ausschließlich für sich angelegt hatte, einen Band mit den Photos von Schiffen, die auf ihrer letzten Reise bei uns gelandet waren; unter den Photos, von Hand geschrieben, standen Namen, Reederei, Tonnage, Dauer des Abwrackens. Es war nicht das erste Mal, daß er sein Werft-Album aufschlug und es gemächlich durchblätterte, immer schien er da etwas zu überprüfen, blickweise zu vermessen; wer ihm zusah, konnte annehmen, daß er etwas suchte, was er nicht auf sich beruhen lassen wollte. Was es war, darüber sprach er mit keinem von uns, und er hatte es auch nicht gern, wenn man ihm bei seinen geduldigen Überprüfungen und Vergewisserungen über die Schulter guckte oder ihn mit Fragen störte. Auf meine Bemerkung: Ich geh mal zu den andern, blickte er nicht einmal auf.

Arnes Nachlaß, 1999

Vom Fischen und Angeln

Ich wohnte in einem kleinen Haus am Seeufer, und der Lyck-See war für mich die Welt im Spiegel. Ich erkundete seine Ufer. Ich lernte fischen und schwimmen, bevor ich lesen lernte. Der ruhige See weihte mich in seine Geheimnisse ein und gewährte sanfte Abenteuer. Als ich an einem Märzmorgen durch das mürbe Eis brach und nur mit Mühe gerettet wurde, glaubte ich mich künftig gegen alle Mißgeschicke auf dem See gefeit: welch ein Glück, sagte ich, nun kann mir nichts mehr passieren. Ich sah in dem Unglück eine Vertraulichkeit. Ich nahm dem See nichts übel. Im Boot, auf träge driftendem Binsenfloß, im Segelschlitten und im schwülen Schilfgürtel bot ich ihm eine zarte Freundschaft an. Wer mich suchte, brauchte nur ans Wasser zu gehen, wo ich auf den schwarzen Fischkönig wartete, den meine Großmutter nicht müde wurde zu denunzieren, weil sie sich Sorgen um mich machte. Ihre Warnungen hatten das Gegenteil bei mir erreicht: ich sehnte mich nach dem Anblick des schwarzen Fischkönigs, um ihm meinen Dienst anzubieten, ich wollte sein Admiral ohne Bezahlung werden, seine Gegner vernichten und hinterher seine fischlippige Tochter heiraten, die ich mir als entzückend gefährdete Karausche vorstellte. …

Die Verheißungen des Lyck-Sees waren immer noch groß, und ich nahm seine Aufforderung an und erkundete ihn allein an all seinen Ufern, fischte von all seinen Fischgattungen und lernte von geduldigen, polnisch sprechenden Holzflößern, wie man Angelschnüre dreht, Bleifische gießt, wie man Barsche brät und alle Genugtuungen in der Erwartung auf den Biß findet.

»Ich zum Beispiel«, 1966

Laßt den zerstreutesten Menschen in tiefste Träumereien verfallen – stellt diesen Menschen auf seine Füße, setzt ihn in Gang, und er wird euch unfehlbar ans Wasser führen.

Herman Melville, *Moby Dick*

≈

Das größte Glück ist es, einen Fisch zu fangen; das zweitgrößte – keinen zu fangen. Oh, halte das nicht für Chinesisch, für irgendeinen lapidaren Tiefsinn des Ostens, nein. Denn das ist unsere Maxime, die schlichte Weisheit des Anglers, sein genügsames Glücksideal, seine bescheidene List gegenüber dem Leben. Auch keinen Fisch zu fangen ist ein Glück. Warum? Weil die Beute nicht wesentlich ist. Sie ist nicht das Ein und das Alles, sie zählt für uns keineswegs. Entscheidend ist nur das Gefühl.

Wenn du draußen bist im Boot, allein vor dem Schilf, du riechst das Kraut und den Kalmus, du hörst die Geräusche, zirpende, knarrende, blubbernde Geräusche, du spürst immer etwas von Feierabend, und deine Gedanken gehen friedlich wie Rauch über das Land. Wenn du so draußen bist und die Angeln sind ausgelegt, dann stellt sich das Gefühl ein, das große, uralte Gefühl der Erwartung, das jeder Angler kennt. Du erwartest beileibe noch nicht den Fisch – du erwartest seinen Biß, das jähe Zittern des Schwimmers, das diesen Biß meldet, du erwartest, daß der Fisch den Schwimmer hinabzieht, tief und geheimnisvoll, und daß du anschlägst und der Fisch kraftvoll und schwer ist. Du wünschst, daß er die Schnur von der Rolle reißt und verschwindet, du möchtest ihn noch gar nicht sehen, denn wenn er gleich beim Anschlagen herauskäme, wäre er klein. Er soll tief und unsichtbar bleiben, du willst seine Kraft im Stock fühlen, in deiner Hand, du wünschst die Auseinandersetzung mit ihm, der Fisch soll dir zu schaffen machen. Oh, er ist noch lange nicht dein Besitz, auch der Fisch weiß, worauf es ankommt, er wehrt sich unentwegt, und seine Chance, sich loszureißen, ist nicht klein. Es ist entschieden anders als bei der Jagd, wo der Bock ahnungslos ist, ungewarnt, wenn ihn die Kugel erreicht – beim Angeln hat der Fisch seine Chancen. Du siehst ihn ja nicht, kennst nicht die Art, die Gattung, und wenn er dann, sehr müde, zum ersten Mal auftaucht, und er ist herrlich und groß und glänzend, und du spürst, daß er fertig ist, dann wird er dir sonderbar gleichgültig: die Beute ist unwesentlich, was zählt, ist das Gefühl.

Und mit den Schmerzen ist's nicht so schlimm, mit den Schmerzen für den Fisch. Das hat Büchner belegt, Georg Büchner, der seine Antrittsvorlesung über das Nervensystem der Fische hielt, und die Praxis des Anglers hat es oft bestätigt. Man hat Fische gefangen, große Fische, die einen Haken im Maul hatten, gerade empfangen, der Haken schadet ihnen nicht viel und wächst bald heraus.

Aber so flüssig, so geschwind und so unbekümmert geht es natürlich nicht zu beim Angeln; ach, wie armselig wäre es, wenn man nur hinginge mit einem Stock, etwas

Schnur und dem Haken und zöge einfach Fische heraus. Man würde, wenn man so etwas täte, den ganzen Königssport der Geduld entwerten, man würde das Angeln profanieren, ihm seinen Ruhm nehmen, sich über sein ausschweifendes Zeremoniell hinwegsetzen. Erinnere dich doch bitte nur an das spanische Hofzeremoniell Philipps II.: bevor man in den blendenden Genuß kam, den Thron des Herrschers zu sehen, mußte man vier Räume durchschreiten, und diese Räume dienten der Vorbereitung, man konnte nicht schlankerhand ins Heiligtum treten. So ähnlich verhält es sich auch beim Angeln. Man muß sich vorbereiten. Man muß das Zeremoniell respektieren. Alle Angler würden beispielsweise Kohlen an deinen Scheiterhaufen heranscharren, wenn du mit einem Stöckchen und etwas Schnur und kommunen Würmern hingingest, um Forellen zu fangen. Vorbereitung ist alles, und diese Vorbereitung beginnt, wenn die innere Einstellung zur Beute nichts mehr zu wünschen übrigläßt – mit dem Angelgeschirr, mit seiner kunstvollen, bedächtigen Auswahl und Zusammenstellung.

Zunächst also triffst du eine schwierige Entscheidung in der Auswahl der Rute: hast du Grund, anzunehmen, daß bei dir leichte Hechte und Forellen beißen, dann entscheidest du dich vielleicht für die »Smart«-, die »Junior«-, die »Baby«-, »King«- oder »Quick«-Rute. Du würdest dich der gnadenlosen Lächerlichkeit der fachmännischen Bruderschaft preisgeben, wenn du dafür die schwere »Helgoland«-, die »Kapitäns«-, »Senior«- oder »Master«-Rute benutztest. Ach, es gibt sehr viele Namen, und wenn die Schwierigkeit dieser Entscheidung vorbei ist, kommt die Rolle dran. Auf ihr sind vierzig, hundert oder sogar zweihundert Meter Schnur drauf, man braucht sie, um einen großen Fisch zu drillen, um mit Hilfe einer simplen physikalischen List der Gewichtverteilung den Fisch müde zu machen. Es gibt »automatische«, »halbautomatische« und »vollautomatische« Rollen, es gibt sie für schwere und leichte, für Grund- und Spinnangelei. Und natürlich gibt es das Rollenzubehör: Halter, Gummiringe, Fett, Öl und Turniergewichte. So, und nun kommt die Schnur, ein Kapitel für sich, ein strenges Kapitel. An einer Schnur hängend dachten sich die Alten das Universum, und – ist es verwunderlich, wenn der Angler ihr so viel bedeutsame Aufmerksamkeit schenkt? Die Schnur trägt den Fisch, sie ist die waghalsig dünne Verbindung zur Beute, der geflochtene, emaillierte, gefettete Turnier- und Todesfaden. Wer wird sich unterstehen, hier etwa von »Strippe« zu reden, wo es Namen voll poetischer Anspielungen gibt: »Pfeffer und Salz« heißt eine Schnur, es gibt Keulen-, Fliegen- und Torpedoschnüre – wähle sie sorgsam aus!

Nun ist's bald geschafft: zwei Dinge fehlen noch zur gewöhnlichen Angel, der Schwimmer und der Haken. Der Schwimmer, die Pose, zeigt dir an, was los ist unten im Wasser, sie beginnt zu vibrieren, wenn ein Fisch die Schmackhaftigkeit des Köders prüft, und sie taucht unter oder setzt sich in Bewegung, wenn er sich zur Mahlzeit entschlossen hat. Natürlich wird ein Angler nie einen Holland-, Kork- oder Trolitulschwimmer nehmen, wenn er mit kleineren Fischen rechnet. Diese Schwimmer sind zu schwer und würden nur den Argwohn des Fisches hervorrufen. In solchem Fall entscheidet man sich eher für eine Stachelschwein-, Gummi- oder Federsturmpose.

Gut. Und jetzt kommt der Haken: oh, glaube nicht, daß jeder Haken für jeden Fisch zu verwenden wäre. Natürlich, dem Fisch ist der Haken schnuppe, aber der Angler – er möchte den Karpfen auch garantiert auf einen Spezialkarpfenhaken (mit geschlitzten Schenkeln) anbeißen sehen, den Aal auf einen verzinnten Aalhaken, den Wels auf einen Blitz-Doppelhaken, überhaupt jeden Fisch auf den für ihn bestimmten Angelhaken. Dann erst ist der Anglersieg makellos, der Genuß unüberbietbar, das Zeremoniell erfüllt. Es gibt Hunderte von Haken, gebräunte und blasse, eiserne und echt vergoldete, kurz- und langschenkelige – wähle umsichtig und mit Muße. Denn sonst bist du unten am Wasser, die Fische beißen mit lautloser Gier, und es kommt einer, der viel versteht vom Angeln und dir sagt, der Haken sei nicht der gedachte.

Da hilft gar nichts: auch wenn du dem Fachmann sieben Karpfen vorweisen könntest, zwei Hechte und sechsundzwanzig Barsche – der Haken, hol's der Teufel, muß stimmen, sonst ist der Erfolg nur ein Mißverständnis, ein Irrtum. Jedenfalls: die gewöhnliche Angel ist erst einmal fertig, die einfache Stipp- oder Grundangel, die billigste Freude dieses Sports. Glaube nun nicht, damit sei alles getan, die Vorbereitung vorüber: das Angeln besteht – wie die Meditation der Yogi – im wesentlichen aus Vorbereitung; stufenweise nähert man sich dem einzigartigen Ziel, dem Ort der Verheißung. Obwohl du bisher beiläufig achtzig, hundertfünfzig oder sogar dreihundertfünfzig Mark drangegeben hast, jetzt kommt erst die schwierige Phase der Bewährung oder, sagen wir mal, der Kreuzweg, an dem sich die Virtuosen und die Stümper dieser frühaufsteherischen Zunft trennen. Dieser Kreuzweg wird schlicht bezeichnet durch den Köder, durch das, was du dem Fisch anbietest, womit er in Versuchung geführt wird. Mit einem Wort, der Fisch hat nach Vorschrift zu beißen.

Also, ist man zum Beispiel auf Lachs aus, auf Äsche oder Forelle, dann sucht man sich eine Fliege. Keine selbstgefangene Hausfliege, versteht sich, sondern ein künstliches, schönes, mit ziselierter Heimtücke um den Haken gebundenes Arrangement von Flügeln, Härchen und Federn. Denke nicht, daß es lausige Phantasiefliegen sind, all die Hunderte von Arten, die es für den Angler zu kaufen gibt; alle sind nach ihrem schwirrenden Vorbild im Leben gearbeitet, kaum unterscheiden kann man sie oft – allerdings hat die eine den Haken.

Sie haben, diese künstlichen Fliegen, sogar internationale Namen, gesetzlich geschützte Fachbezeichnungen, und zuweilen tragen sie auch den Namen ihres Erfinders. Sie alle aufzuzählen würde mehrere Seiten füllen: es gibt die Märzbraune männlich und dieselbe in weiblich, es gibt den Junikäfer und die Maifliege, die weiße Motte und die rote Kielmücke, das Wasserheimchen, die Zulufliege, die braune Raupe, die Kuhmistfliege, und selbst die Eintagsfliege ist in mehreren Spielarten vorhanden.

Eine heißt sogar »der Gouverneur«, eine andere »Leichter Professor«, und von der orangenen Hummel bis zur Ziegenfliege ist die ganze Insektenschöpfung anwesend. Schlimmstenfalls geht nur die Hälfte des Urlaubs bei der Wahl der Fliege drauf, denn, nicht wahr, man muß ja zunächst erforschen, welche Sorten in dem Gebiet, in dem man zu fischen die Freude hat, heimisch sind. Und daß man ein ganzes Sortiment mit sich herumschleppen muß, das fordern schon Ufergebüsch und Äste, Stachel- und Telephondrähte und was das Fliegenfischen sonst noch kurzweilig macht.

Aber weiter mit dem Köder: man angelt auf Wurm und auf Made, auf Teig und Kartoffeln, auf Kirschen und Erbsen, auf Muscheln, Hühnerdarm und Rindfleisch, und für die Makrele nimmt man tunlichst ein feines Heringsfilet. (Von Eisbein hörte ich noch nichts, doch man könnte es versuchen.) Selbstverständlich aber muß der Köderfisch erwähnt werden, ein munteres, lebendes Fischchen, auf den der Raubaal geht, der Hecht und der Barsch. Auch die Forelle fliegt natürlich darauf, doch das, wie gesagt, wäre nicht waidgerecht im Sinne des Anglers, bei der Forelle nimmt er die Fliege.

Aber interessanter noch und auch königlicher ohne Zweifel ist die Spinnfischerei, das Angeln mit einem Blinker oder Spinner. Du wirfst ihn weit hinaus mit der Rute, und während die Rolle sich dreht, kommt er unter Wasser zurück: ein blitzendes, verführerisches Metallstückchen, das taumelt und schlenkert und sich über die Maßen exzentrisch gebärdet, so daß es unwiderstehlich wirkt auf jeden Raubfisch. Es gibt Löffel-, Kraut- und Zebraspinner, oh, wer kennt hier die süße, erfindungsreiche Perfidie, mit der der Fisch an den Haken gelockt wird. Man kennt rotierende und liegende, silber- und goldfarbene, schlanke und plumpe. Und selbstredend gibt es sie für Hechte und Huchen, für Barsche, Makrelen und was sonst noch darauf zu beißen hat. Es wird dir bald klar werden, daß du mit einem nicht auskommst, denn manchmal schnappt auch das Schilf nach ihnen, ein Ast, eine Matratze am Grund, ein uralter Schuh – der Verschleiß ist beträchtlich. Doch allmählich kennst du dich aus. Du bist vorbereitet in jeder Weise und erleichtert um das halbe Gehalt eines Monats. Jetzt kann es beginnen: du gehst hinab an das Wasser.

Du bist allein im Boot, ein Bild vollendeten Feierabends, und du sitzt und qualmst milde das Pfeifchen der Genügsamkeit, und Friede geht von dir aus oder Anregung für einen fernen Maler am Ufer. Laß ihn malen, er stört nicht. Bei dir ist nichts als das schöne, große, uralte Gefühl der Erwartung und der liebliche Trost, falls du nichts fängst: die Beute ist unwesentlich, entscheidend ist nur das Gefühl.

»Die Kunst, einen Fisch zu fangen«, 1955

≈

Eisfischen oder Was man mit Hechten erleben kann

Für Sebastian Schramm

Auch im Winter ist mit unserm See noch was los. Man muß nur warten, bis das Eis dick und blau geworden ist, und am liebsten läßt man überhaupt erst einen Schlitten mit Pferden darüberfahren, bevor man durch den braunen, knackenden Schilfgürtel geht. Wenn sich kein Schlitten mit Pferden sehen läßt, genügt es auch, die Luftblasen und Äste und Flaschen zu zählen, die in der Tiefe des Eises einfrieren, und wenn genug eingefroren ist, und man kommt nicht weiter mit Zählen, dann kann man gleich mit Anlauf raufglitschen.

Was am allerbesten ist? Am allerbesten ist, wenn die Eisfischer kommen auf ihren flachen kleinen Schlitten, die sie mit einer Stange vorwärtsschieben. Die Eisfischer haben immer was zu rufen, ich weiß nicht, warum, und wir hörten die Rufe »Hooo-oh« oder »Hooo-ah«, noch bevor sie um die nackte Halbinsel bogen. Da tickten wir erst gar nicht mit den Absätzen ans Eis. Sobald die Eisfischer zu hören waren, flitzten wir gleich durch die Schneewehen am Ufer. Wir nahmen Anlauf. Und tsss, so glitten wir ihnen entgegen, und der Schwung war so groß, daß man noch auf dem Rücken weiterrutschte, wenn man hinplumpste auf der glatten, glatten Fläche.

Zuerst tranken die Eisfischer Kaffee, das war nun mal so. Sie saßen auf ihren flachen Schlitten in einem Kreis.

Die Eisfischer hatten Schnauzbärte, daran hingen kleine Eiszapfen, und ihre Augenbrauen waren mit Rauhreif gepudert. Die sahen schon so aus wie der Januar, ganz gewiß. Ihren Kaffee tranken sie etwas zu langsam, sogar im Schneegestöber.

Dann rief einer »Hooo-oh«, und die anderen nahmen von einem Schlitten Äxte und Eisenstangen, die bekam das Eis jetzt zu spüren. Die Eisfischer hackten und pickten. Das splitterte nur so und brach und seufzte. Manche Splitter funkelten wie buntes Glas. Die Eisfischer hackten so lange, bis da ein großes Loch im Eis war, und dann stellten sie zuerst Stangen mit einem Strohwisch auf. Jetzt wußte jeder: Hier heißt es aufpassen. Das Loch war vielleicht viermal so groß wie ein Küchentisch, das genügte.

Wieder rief einer »Hooo-oh«; – ohne zu rufen, bekamen die wohl nichts fertig. Sie schleppten das glitzernde, steifgefrorene Netz zum Loch. Das Netz knisterte. Es sang. Es hörte sich an wie eine sehr dünne Stimme, die sang, als sie das steifgefrorene Netz zerrten und zogen. Dann drückten sie das Netz mit Stangen in das Loch und schoben die Stangen unter das Eis. Wir kannten das schon. Mit Hilfe der Stangen zogen die Eisfischer eine Leine unter dem Eis entlang. Die Leine lief in einem Bogen und öffnete das Netz, das sich ganz vollgesogen hatte und auf Grund lag. Die Eisfischer hackten noch viele kleine Löcher, um die Leine immer weiter zu ziehen, und neben jedem Loch stellten sie einen Strohwisch auf. Geld hatte sicher keiner von den Eisfischern in der Tasche. Aber eine Flasche, die hatte jeder. Und wenn sie nicht »Hooo-oh«

riefen, dann mußten sie einen langen Schluck aus der Flasche nehmen. Wir versuchten erst gar nicht, die Schlucke zu zählen.

Auf zwei Schlitten waren braune Tonnen drauf; die konnten sich drehen. Und als die Eisfischer weit genug von dem großen Loch entfernt waren, holten sie die Leine herauf. Sie legten sie um die Tonne, und die Tonne drehte sich, und die Leine wurde straff und zitterte. Jetzt sang die Tonne. Zwei Eisfischer drehten sie. Die Leine fror gleich an der Luft zu einer weißen Schlange. Da liefen wir dem Netz entgegen, das unter dem Eis langsam und stetig wanderte mit seinen offenen Flügeln. Wir legten uns auf das dunkle, durchsichtige Eis. Unten wanderte das Netz in aller Stille über den Grund, mehr kann man nicht sagen.

Die Tonne hörte nicht auf mit ihrem quietschenden Gesang, und einige Eisfischer schlugen wieder ein großes Loch. Hier sollte das Netz herausgeholt werden. Wir standen neben dem Loch und beobachteten den braunen Grund. Ffft, ffft, so zuckten da die Fische durcheinander, sehr schlank oder spindelförmig. Immer mehr Fische wurden es, die flohen vor dem stetig wandernden Netz mit den offenen Flügeln. Die Eisfischer freuten sich über das Gewimmel, und einer rief »Hooo-oh«, danach schnaubte er in sein Taschentuch.

Aber jetzt wurde das Wasser unruhig. Es brauste. Es riffelte sich. Die Eisfischer kloppten sich die Hände warm, so heißt das. Das Wasser schäumte nur so von all den aufgeregten Fischen, und einige schnellten sich in die Luft. Nun waren die Flügel des Netzes zu sehen. Da steckten Schilfplötze drin mit rot leuchtenden Flossen. Die Eisfischer zogen die Flügel zusammen und hoben das Netz auf das Eis; dann schüttelten sie die Fische aus. Die Fische hopsten und sprangen auf dem Eis, viele Fische: dunkelgrüne Barsche, die ihre Stacheln aufrichteten, silberne Brassen, Schleie, Zander und fünf silbergrüne Hechte mit Mäulern wie Entenschnäbel. Die Fischer sortierten die Fische in Holzkästen. Die kleinen Fische schenkten sie uns.

Natürlich wollten wir am liebsten einen Hecht haben, denn das ist der beste Fisch in unserem See. Aber einen Hecht wollten die Fischer uns nicht schenken. Und einen aus der schuppenbedeckten Kiste nehmen, das konnten wir nicht, weil jeder Eisfischer die fünf Hechte gezählt hatte. Langsam gezählt.

Nun wußten wir aber schon, daß jeder Räuber seine Beute abgibt, wenn er ertappt wird; darüber wundert man sich nicht mehr. In unserm See ist der Hecht der schönste und stärkste Räuber. Wir sahen uns die fünf Hechte in der Kiste aufmerksam an. Die Eisfischer tranken wieder mal Kaffee. Ein Hecht war sehr dick und atmete auch angestrengt. Wir massierten seinen silbernen Bauch. Wir hoben ihn am Schwanz in die Höhe. Plötzlich spuckte er einen kleinen Hecht aus, den er kurz vorher verschluckt hatte. Den hatten die Eisfischer nicht gezählt, und als sie sahen, daß wir einen Hecht hatten, gingen sie gleich zur Kiste und zählten nach, einmal und noch einmal: Da waren immer noch fünf drin. Jetzt strichen sich die Eisfischer die kleinen Eiszapfen aus dem Schnurrbart und wunderten sich, und weil sie sich lange wundern können über etwas, wundern sie sich vielleicht auch heute noch.

Als sie mit ihren flachen Schlitten davonfuhren, riefen sie »Hooo-oh«. Da riefen auch wir »Hooo-ah«, und es klang wie »Hob Dank«.

1966

≈

… angesichts der Binnenseen in dieser Stadt käme wohl niemand auf die Idee, hier seien Fische vorhanden. Als alter Angler war ich immer daran interessiert, herauszufinden, ob es hier Fische gibt, wer die Fischrechte hat und ob der, der die Fischrechte hat, auch in der Lage ist, etwas zu fangen.

Was wir sehen, sind die Binnen- und die Außenalster. Und auf den ersten Blick, und für den Hamburger erkennbar, liegen große Hotels herum, große Kaufhäuser. Und als Angler, als passionierter Fischer, fragt man sich: Gibt es im Zentrum dieser Millionenstadt, in diesen beiden Binnenseen, Fische? Ich habe diese Frage lange erörtert, habe viele Anekdoten erfahren – wie die, daß ein Kellner eines großen Hotels an der Binnenalster nicht glauben wollte, daß es dort Fische gibt, daß er sich eines Tages eine Leine um seinen Bauch band, sich auf eine Kaimauer setzte, die Leine auswarf mit einem großen Köder und dann verschwand. Geangelt wurde von einem zentnerschweren Wels – der Angler wurde geangelt!

Aber neben solch netten Anekdoten – ich habe mich für diese Fragen interessiert und erfahren, daß die Fischer von Finkenwerder ein verbrieftes Fischrecht für die Binnen- und für die Außenalster haben.

Die Fischer von Finkenwerder, also jenseits der Elbe?

Die Finkenwerder fischen tatsächlich im Herzen einer Großstadt Hunderte von Zentnern Fisch. Hier könnte man fast »ernten« sagen, und zwar hauptsächlich Karpfen, Schleie und Hechte.

Erstaunlich, ich habe noch nie Fische in der Alster gesehen.

Das liegt sicher daran, weil das Wasser trüb ist, ölverschmiert mitunter, und Fische grundsätzlich keine Neigung haben, sich dem Spaziergänger persönlich vorzustellen.

Wo angeln die eigentlich an der Alster? Wenn man nach Hamburg kommt und dieses viele Wasser sieht, meint man immer, es müßte wie an der Seine sein, Angler neben Angler.

Die Finkenwerder Fischer könnten natürlich nie davon leben, wenn sie den Fisch in der Binnen- oder Außenalster »angelten«. Sie fangen ihn mit Netzen – und zwar nach einer altbewährten Methode: Das Netz wird ausgeworfen und gegen Land hin, gegen eine Ecke des Ufers hin, zusammengefaßt und dann auf Land gezogen. Es wird in gewisser Weise geerntet, man zieht das Netz mit allem, was sich darin fängt, in eine Ecke – das macht man sechs- oder achtmal.

Aber warum habe ich das noch nie gesehen?

Das geschieht natürlich nicht zur Nachmittagszeit und nicht zur Mittagszeit, sondern morgens um 3 Uhr – und wenn man um drei an die Alster geht an gewissen Tagen, wird man dieses herrliche Schauspiel erleben können ... aber wann kommt man schon um 3 Uhr an die Alster? Ich bin nicht in der Lage, die genauen Zentnerzahlen zu nennen, aber da ich nicht nur passionierter Angler bin, sondern auch amateurhafter Ichthyologe, muß ich zugeben, daß mich die genannte Zahl, die ich nur ungefähr in Erinnerung habe – nämlich einige hundert Zentner Fisch –, wirklich in Erstaunen gesetzt hat.

Wo die Möwen schreien ..., 1976

≈

Der vollkommene Angler

Izaak Walton und seine hohe Schule des Fischfangs

Das Zuverlässigste an dieser Welt scheint darin zu bestehen, daß sie in Gefahr ist. Seit fünftausend Jahren wird uns vorgerechnet, wie vielfältig die Bedrohungen sind und wie nah das Ende. Das lehrt die Geschichte, das lehrt die Erfahrung und die Bibel, und weil sie es alle in vollkommener Einmütigkeit lehren, bleibt uns nichts anderes übrig, als dasselbe festzustellen. Der Bestand der Welt ist ordentlich bedroht. Doch wo sich eine Bedrohung zeigt, da zeigen sich auch Männer, die ein Mittel gegen diese Bedrohung kennen, und zwar viele Mittel, denn eine Bedrohung kommt ja selten allein. Und so hat es seit je nicht an variationsreichen Vorschlägen gefehlt, ein erkanntes Ende der Welt abzuwenden. Jeder durfte sich dazu berufen fühlen, jeder sprach für sich, für den Umkreis seines Lebens. Die alten Astrologen erhoben ihre Stimme, die Teppichhändler, die Mathematiker und Kavallerieoffiziere. Jeder, der sich gedrängt fühlte, gab irgendwann einen Ratschlag ab zur Haltung der Welt.

Diese Ratschläge waren so zahlreich, daß wir in der glücklichen Lage sind, zu wählen. Wir können uns, um für den Bestand der Welt einzutreten, mit den Argumenten der Bodenkundler gleichsetzen, mit den Sorgen der Zirkusunternehmer, oder wir können den fundierten Ratschlägen der Versicherungsspezialisten nachgeben. Wie gesagt, wir können wählen, wir können uns aussuchen, für welch ein Heil wir uns entscheiden wollen. Ich allerdings kann nicht mehr wählen. Ich habe mich, gewissermaßen unter angenehmem Zwang, bereits entschieden. Dieser Zwang ging von der Lektüre eines Buches aus, eines Buches von Izaak Walton. Und wenn man mich heute fragte, wer den Fortbestand der Welt am vorzüglichsten garantiert, ich würde ohne Zögern mit Izaak Walton sagen: die Angler, und niemand als die Angler.

Vielleicht mutet es Sie seltsam an, nun – für diesen Fall und wenn Sie gerade in der Stimmung sind – die

Geschichte dieses seltsamen Bekenntnisses zu hören, für diesen Fall sind Sie nachdenklich eingeladen.

Doch zunächst möchte ich Sie mit dem Mann bekannt machen, dem ich diese Überzeugung verdanke, daß die Gefahr, in der sich die Welt befindet, nur durch den Angler abgewendet werden kann, genauer: durch den vollkommenen Angler. Ich möchte Sie bekannt machen mit Izaak Walton.

> Ich bitte, mir nicht zuviel zugute zu halten. Mein Name ist Izaak Walton, geboren am 9. August 1593 in Stafford, England. Nach meiner Schulzeit erlernte ich den kaufmännischen Beruf in einem Eisenwarengeschäft. In dieser Branche war ich sieben Jahre als Angestellter in London tätig. Später machte ich mich selbständig. Früh entdeckte ich bei mir gewisse schriftstellerische Anlagen. Ich suchte sie zu nutzen und hatte dabei etliche Genugtuung und die Freude, mit geistig hochstehenden Persönlichkeiten in Beziehung zu treten. Ich schrieb mancherlei, doch erst im Alter von sechzig Jahren war ich vertrauensvoll genug, mich an mein Hauptwerk zu wagen: An das Buch Der vollkommene Angler. Die erste Auflage erschien im Jahre 1653.

Irgendwann lösen sich Bücher, und ich meine wichtige Bücher, völlig von ihrem Autor. Sie erscheinen selbständig, selbst gewachsen, sie muten uns wie ein zeitloses Wesen an, das auf die wechselnden Herausforderungen der Welt klassische Antworten bereithält. Und zu diesen Büchern, glaube ich, gehört auch *Der vollkommene Angler* von Izaak Walton. Die Anglerbibel, wie man gelegentlich gesagt hat. Und bevor ich meine Überzeugung begründen möchte, warum das Glück der Welt ausgerechnet von den Angeln kommen soll, möchte ich unseren Sachverständigen bitten, etwas zur Geschichte, zum Charakter dieses Buches zu sagen, dem ich meine unschuldige Überzeugung verdanke.

»*The Compleat Angler*, ja, *Der vollkommene Angler*. Erschienen ist das Buch zum ersten Mal 1653 und hat seither mehr als dreihundert Auflagen erlebt. Es wurde geschrieben ›zu eines nachdenklichen Mannes Erholung‹. Doch insgeheim enthält es – erfordert es auch vielleicht – das Idealbild eines Menschen, der nach Walton so sein sollte: vorurteilsfrei, aufrecht, gottesfürchtig und naturfroh. Damit half das Buch seinerzeit mit, in England den Begriff des Gentleman neu zu bestimmen. Wie der Übersetzer Martin Grünefeld bemerkt, wurde der Begriff des Gentleman nunmehr von allen Vorstellungen gesellschaftlicher Gebundenheit befreit, und nicht nur dies – Waltons Buch verhalf dem Anglersport in England zu nationalem Ansehen. Und als dann Übersetzungen erschienen – sie erschienen in fast allen Sprachen –, bewirkte es Außerordentliches. Beispielsweise soll es den Angelsport in Japan völlig umgewandelt haben. Kurz gesagt, und nicht zuviel gesagt: Was Herodot für die Geschichte, das ist Izaak Walton für die bedächtigen Künste der Jünger Petri, nämlich ein Vater.«

So viel zur Geschichte des Buches. Doch ich wollte vom stummen Abenteuer meiner Überzeugung erzählen. Nun, es begann anders, als ich erwartet hatte. Ich hatte erwartet, gleich an einen Fluß, an einen See geführt zu werden; ich glaubte, daß der Hecht schon nach zwei Minuten am Haken sein müsse, sah in meiner Ungeduld schon den Karpfen im Ufergras. Natürlich wurde ich enttäuscht, und zwar regelrecht enttäuscht. Obwohl es nicht geschrieben ist, lernte ich schon am Anfang das, was die einfachste Voraussetzung für einen vollkommenen Angler ist. Ich lernte die diskreten Wonnen der Erwartung kennen. Ja, mit hochgestimmter Erwartung beginnt es. Eine Geduldsprobe, die man gleich zu Anfang leisten muß. Darum führt Izaak Walton keinen auf kürzestem Wege ans Gewässer, sondern er führt seinen Leser zunächst in die dunklen Wege der Geschichte hinab. Um die Vorzüge einer erlesenen Liebhaberei wie der des Angelns zu begründen, scheint ihm die Geschichte der Menschheit nicht zu lang zu sein. Ja, ich hatte mitunter das Gefühl, daß er besonders glücklich gewesen wäre, wenn er hätte beweisen können, daß Gott selbst gelegentlich die Angel zur Hand genommen hätte. Die Welt am Angelhaken Gottes. Immerhin gelingt es ihm, sehr frühes Anglerentzücken zu entdecken.

> Nach ältesten Berichten soll das Angeln schon vor der sagenhaften Deukaleonsflut, mit der Zeus das Menschengeschlecht strafte, verbreitet gewesen sein. Manche schrieben auch Belos, dem ersten Lehrer der Gottesverehrung, schon Anweisungen in dieser Kunst zu. Etwas Ähnliches ist uns von Seth, einem Sohn Adams, berichtet. Wie dem auch sei – sicher

ist jedenfalls, daß bereits bei dem Propheten Amos Angelhaken erwähnt werden, wie auch im Buche Hiob, das noch älter ist.

Und was meint unser Sachverständiger dazu?

»Wir müssen Walton in jeder Beziehung zustimmen. Wir wissen heute, daß der Beruf eines Fischers einen Urberuf, seine Freude gewissermaßen eine Urfreude darstellt. Der Fisch hat kultische und spirituelle Bedeutung. Er war Liebessymbol der Christen und Symbol des Speisungswunders. In der arabischen und indischen, babylonischen und ägyptischen Tradition – überall wurde dem Fisch bedeutungsvoll gehuldigt.«

Nachdem ich so gelernt hatte, wie ehrwürdig die Vergnügungen der petrischen Zunft sind, glaubte ich es an der Zeit, an diesem Vergnügen selbst teilnehmen zu müssen. Doch Walton hatte keine Eile. Weitläufig hatte er mir gezeigt, in welch einer Tradition der vollkommene Angler steht, und nun, da meine Ungeduld immer größer wurde, wandte er wieder einen erzieherischen Trick an. Er schürte die Erwartung, indem er zunächst einmal darauf verwies, daß das Angeln alles andere als ein niederes Hobby sei, sozusagen ein kleines Glück für kleine Geister. Vielmehr demonstrierte er, daß eine so ausgesuchte Liebhaberei die Gedanken verehrungswürdiger Männer wert sei, und er nannte Namen von Autoritäten, die in diesem Sport höchste Genugtuung fanden. Und ich merkte allmählich, daß alles, was Walton an den Anfang setzte – die Geschichte, die Autoritäten –, daß dies alles den Novizen davon überzeugen sollte, daß die sublimsten Freuden eines vollkommenen Anglers erstens in der Erwartung liegen und zweitens in der Vorbereitung. Und zwar gehört zur Vorbereitung sowohl die unerhört sorgfältige Auswahl und Zusammenstellung des Geräts als auch, nun, sagen wir: die Einstimmung des Gemüts. Stufenförmig, wie in den Weisheiten des Ostens, nähert man sich dem Ziel der Verheißung. Weswegen ich auch erst jetzt den schlichten Tiefsinn jener Anglermaxime begreife: Das größte Glück ist es, einen Fisch zu fangen, das zweitgrößte, keinen zu fangen. Daran zeigt sich die reine Genügsamkeit des vollkommenen Anglers, dem das Gefühl mehr gilt als die Beute. Stufenförmig näherte ich mich also meinem feuchten Glücksideal. Ich hatte erfahren, wie alt die Kunst des Angelns ist, ich hatte die Stimme der Autoritäten gehört und gelernt, jede Ungeduld zu bremsen. Nun, dachte ich, ist es soweit. Wieder erfolgte eine erzieherische Enttäuschung, denn Walton, der wußte, worauf es ankommt, richtete jetzt die Aufmerksamkeit auf das, was die Freude und Tugenden des vollkommenen Anglers erst möglich macht – auf die Fische. Und er gab mir zu verstehen, daß man angesichts dieses Reichtums das Staunen nicht vergessen darf.

> Schon im Psalm 104 hat sich David für das Wasser und seine Bewohner hoch begeistert; Plinius versichert, daß die Wunder der Natur sich im Wasser mehr offenbarten als irgendwo anders. Und dann das Wunder der erstaunlichsten Unterschiede der Veranlagung aller dieser Wesen. So gibt es einen Fisch, eine Rochenart, der seine Beute mit einer Art

kurzer Angelleine anlockt und davon die Bezeichnung Angler trägt; er täuscht damit einen Köder vor. Weiter beschrieb schon der römische Dichter Elian einen Fisch – Adonis – als das friedlichste lebende Tier, das immer darauf bedacht sei, keinem anderen Wesen ein Leid zuzufügen. Im stärksten Gegensatz dazu steht wieder der Fisch Sargus, den Dubartas als Ausbund von Faulheit und Schlechtigkeit, als buhlerischen Herumtreiber gegeißelt hat, dem er wieder einen ganz andersgearteten entgegenhält. Dagegen der tugendhafte Cantarus schafft seiner Gefährtin wenig Verdruß; nur Pflichterfüllung kennt er als Zeitvertreib, stets ist er bemüht um sein braves Weib.

»Vielleicht sollte hier erwähnt werden, daß wir heute etwa dreißigtausend Fischsorten kennen, unter denen der Angler das Vergnügen hat, zu wählen. Dreißigtausendmal eine Variation zweckmäßiger Vollkommenheit. Als goldschuppige Spindel, als schlichtes Scheusal, als abenteuerliche Schönheit erscheint uns der Fisch. Der radarbegabte Wels und der kuhförmige Kofferfisch, der kaltschnäuzige Stör und der biedere Brassen, der Nilhecht und der Nasenhai, Saibling und Sardine, Barsch und Blei – dreißigtausendmal ein Anlaß zur Angler- und Fischerfreude. Und wenn der Fisch auch lange vor dem Fischer da war – es trennen sie rund 300 Millionen Jahre –, so sind doch alle Fische, wenn man uns Anglern trauen darf, nur zum Entzücken der Zunft geschaffen.«

Ganz gewiß, denn mit teilnehmender Freude schuf

Gott die Fische, aber auch die Fischer. Wenigstens sagen das die letzteren. Immerhin, nun glaubt auch Walton, daß sich genug Erwartung angestaut hat. Der Fang kann beginnen, das heißt, zuerst einmal die zeremonielle Einleitung des Fangs. Wenn die gefühlsmäßige Vorbereitung nichts mehr zu wünschen übrigläßt, kann die technische Vorbereitung beginnen. Oh, wie rasch wurde ich von dem Gedanken geheilt, daß zum Angeln lediglich Stock, Schnur und Haken gehören, eine Schachtel voller Würmer und bestenfalls Wasserstiefel. Nein, wer das täte, würde augenblicklich den Groll der petrischen Bruderschaft auf sich ziehen. Vielmehr wird der Angler, und gar der vollkommene Angler, seine Liebhaberei nach so ziselierten Vorschriften ausüben wie Philipp II. seine filigranähnliche Etikette, das spanische Hofzeremoniell. Walton gab mir dezidiert zu verstehen, daß jeder Fisch einen anderen Charakter habe, andere Eigentümlichkeiten und einen sehr unterschiedlichen Geschmack, und demzufolge will jeder Fisch auf seine Weise geködert und gelandet sein. Der Döbel wird anders gefangen als der Hecht, der Lachs anders als der Karpfen und der Aal. Wie sie gefangen werden? Nun, Izaak Walton demonstriert mit klassischer Sorgfalt die Methoden des Fangs. Erstens: Das Fangen von Döbeln.

> Der Döbel ist nicht wählerisch. Er nimmt viele Köder. Denselben Dienst wie ein Grashüpfer leistet auch ein Mai- oder Junikäfer, eine kleine schwarze Schnecke oder eine Larve vom Mistkäfer, wie man sie unter trockenen Kuhfladen findet. Auch ein

Sprockwurm tut's, die Larvenform der Köcherfliege. Ferner eignen sich auch Teig, Geflügeldärme, Würmer, Käse, Kirschen und kleine Fische. Sie ziehen den Köder auf den Haken und gehen hinter einem Baum am Ufer oder hinter Gebüsch in Dekkung. Vorsichtig lassen Sie den Köder aufs Wasser sinken und werden dann erleben, daß er meist sogleich genommen wird. Mit einem kurzen Ruck im Handgelenk quittieren Sie alsbald den Biß, und der Döbel hängt. Da der Döbel zu den ledermäuligen Fischen zählt, dringt der Haken leicht ein und hält gut fest.

Sodann die kundige Unterweisung im Fang von Hechten:

Die Nahrung der Hechte besteht aus Fischen und Fröschen. Man fischt auf den Hecht nun entweder mit der Setz- beziehungsweise Stellangel oder mit der Handangel. Für ersteren Zweck kommen nur lebende Fischchen in Frage – Rotaugen, Hasel und so weiter. Auch kleine Barsche sind gern genommene Köder. Man muß ihnen vorher aber schonend mit einem scharfen Messer oder einer Schere die Rückenstacheln abschneiden. Zur Anköderung verwendet man Doppelhaken am Vorfach. Man löst den Haken aus seiner Befestigung und führt das Vorfach, nachdem man zwischen Kiemen und Rükkenflosse, und nach dem Schwanz zu, je mit einem Schnitt ein wenig die Haut eingeritzt hat, vorsichtig zwischen Haut und Körper vom Schwanz her durch und hängt den Haken wieder ein, zieht dann das Vorfach so weit zurück, daß die Hakenspitzen nach hinten gerichtet heraussstehen. Die am Vorfach befestigte kräftige Leine – nicht unter zehn Meter – wickelt man kreuzweise um eine zurechtgeschnittene Astgabel und klemmt sie in ein gespaltenes Ende davon so ein, daß das ins Wasser gehängte Fischchen eine beschränkte Bewegungsfreiheit, etwa einen Meter Umkreis, behält. Beim Biß fällt die Leine aus der Astgabel-Kerbe, und der Hecht schwimmt mit dem Fischchen etwas abseits, wo er nach kurzer Zeit das Fischchen mit dem Kopf voran schluckt, wobei der Haken dann sicher zu fassen pflegt.

Und nun noch Ratschläge für den beliebtesten Friedfisch, den Karpfen:

Zum Karpfenfang ist, wie sonst kaum beim Angeln, Geduld die erste Voraussetzung für den Erfolg. Ich habe einen Angler gekannt, der mehrere Tage hintereinander drei bis fünf Stunden darauf verwendete, ohne auch nur einen Biß zu bekommen. Solche zähe Ausdauer, die letzten Endes doch zum Erfolg zu führen pflegt, möchte man manchem für das praktische Leben wünschen. Wie es für quälende Zahnschmerzen bekanntlich eine Unzahl von bestens empfohlenen Mitteln gibt, hat auch die überaus große Vorsicht der Karpfen zu Versuchen mit entsprechend zahlreichen Ködern geführt. Ich habe die Erfahrung gemacht, daß süße Pasten, am besten mit einem Honig-Zusatz, besonders gern genommen werden. Eine andere besonders erfolgreiche Paste besteht aus einem ganz fein geschnittenen Fleisch von Kaninchen oder von einem Katzenkadaver, gemischt mit Bohnenblüten und Honig oder Zucker. Man muß lange kneten, bis die Masse in einer Kugel gut zusammenhält, kann dazu auch nötigenfalls mit etwas gelblicher oder weißer Wolle, die man beifügt, nachhelfen. Die Paste ist nun ziemlich haltbar, läßt sich auch fester am Haken anbringen.

Der Karpfen ist der typische Vertreter der ledermäuligen Fische, und ein einmal eingedrungener fester Haken wird ihn so leicht nicht wieder freigeben.

Entschuldigung, wenn ich hier unterbreche. So kurios sich vielleicht diese Ratschläge zum Fischfang ausnehmen – ich möchte nur bestätigen, daß sie jeder Annahme wert sind. Es sind Ratschläge, die einen ungewöhnlichen Naturinstinkt verraten, ausgiebige Beobachtungen der Fische und lange Erfahrungen mit ihren Gewohnheiten. Obwohl Waltons Fanganweisungen rund dreihundert Jahre alt sind – sie würden einem Angler auch heute alle Genugtuung verschaffen. Vielleicht hat sich das Angelgerät verbessert, mag sein, das Eingehen auf den Fisch jedoch, auf seine Arten und Unarten, das kann nicht empfindlicher geworden sein. Allein die Begründung der Köderwahl zeigt, daß Walton in jeder Weise aktuell ist, und sogar mehr als dies. Seine hingebungsvollen Überlegungen dürfen für einen Angler beispielhaft sein, und wo könnte es sich besser zeigen als in dem Kapitel, das er der königlichen Disziplin des Anglers gewidmet hat – man könnte fast sagen, dem Florettsport –, nämlich dem Fischen mit der Fliege. Der sublimste Triumph des Anglers besteht ja darin, eine Forelle, eine Äsche oder einen Lachs mit der künstlichen Fliege zu fangen. Da der Fisch jedoch nur die Fliege nimmt, die gerade schwirrt, hat Walton vor über dreihundert Jahren gewissermaßen ein Jahr der Fliegen beschrieben, worin dem Angler gesagt werden soll, welche Fliege in welchem Monat zu benutzen ist. Er zählt sie nacheinander auf und nennt auch gleich das Material, aus dem man die natürlichen Insekten nachbilden kann.

> Die erste Fliege im Jahr ist die Märzbraune: Körper aus brauner Wolle, Flügel von Rebhuhnfedern. Im April kommt die Steinfliege: Körper aus schwarzer Wolle, unter den Flügeln und am Schwanzende gelb angesetzt und mit den Flügeln von dunkelbraunen Enterichfedern. Im Mai die Rotfliege, die grünliche und die schwarze Fliege, dann die sattgelbe Junifliege: Körper aus schwarzer Wolle, Flügel aus einer Bussard-Schwungfeder, mit schwarzem Faden gebunden. Gut bis Mitte Juni ist die lohfarbene Fliege: Körper aus lohfarbener Wolle, Flügel aus den weißlichen Federn des Stockerpels, Unterseiten voneinander abgekehrt.

Und so weiter. Er entwirft ein ganzes Fliegenjahr für den vollkommenen Angler. Es ist nicht zuviel gesagt, daß man mit dieser Auswahl auch heute den gesamten Bestand eines Forellengewässers betören kann. Da ein rechter Angler daran gewöhnt ist, einen halben Hausstand mit sich zu tragen, wird es ihm wohl auch nicht als zusätzliche Belastung erscheinen, wenn ihm Walton empfiehlt, außerdem noch ein kleines Wollgeschäft bei sich zu haben. Er selbst sagt:

> Ich führe sogar am Wasser immer alles nötige Material an Federn, Wolle, Seide und so weiter mit, um für den Fall, daß ich keine Nachbildung einer gerade von den Forellen bevorzugten Fliege zur Hand habe, nicht zum Mißerfolg verurteilt zu sein und mir an Ort und Stelle die wirksame Fliege verschaffen zu können. Ich muß sagen, daß ich dieser Vorsicht viele und beste Erfolge verdanke.

Das ist die Haltung des vollkommenen Anglers. Die Suche nach absoluter Unabhängigkeit.

Was mich betrifft – den Lehrling, den Novizen: Als ich die kunstvollen Fanganweisungen las, begann ich manches zu begreifen, was nicht unbedingt formuliert, was sich jedoch als selbstverständliche Lehre am Rande ergab. Ich begann einzusehen, worauf es ankommt. Der Fisch hat nach Vorschrift zu beißen. Er muß mit Hilfe eines kunstvollen Reglements überlistet werden. Nie wird es ein vollkommener Angler wagen dürfen, mit Stock, Rute und ordinären Würmern Forellen zu fangen. Auch wenn er zwölf herrliche Exemplare vorweisen kann – die Demonstration der Beute hilft ihm nichts, und die vollkommenen Angler werden die ersten sein, die Kohlen an seinen Scheiterhaufen heranbringen. Denn es gilt nur der Fang, der in Übereinstimmung mit den erlaubten Kunstgriffen gelandet wird. Die Beute nicht schlechthin zu besiegen, sondern sie fair zu besiegen – darauf kommt es dem vollkommenen Angler an. Er läßt dem Fisch eine Chance, und ich spürte, was sich daraus für unseren Umgang ergeben könnte, wenn man diese Einstellung der Angler etwa auf die Gesellschaft überträgt. Wenn die großen Haie der Gesellschaft genötigt wären, sich an Regeln zu halten und den ausgesuchten Opfern Chancen einzuräumen. Doch ich möchte nicht theoretisieren. Wie Walton zeigt, läßt sich auch alles im Lied ausdrücken, in treuherzigen poetischen Empfindungen, von denen augenscheinlich kein Angler verschont bleibt. Walton hat bereits alles vorweggenommen in seinem »Anglerlied«:

Der eine liebt die Stille, der mehr die laute Welt,
das Jagen hinter Hunden und Falken viel gefällt.
Auch andern harten Sport hat mancher sich
erkoren,
beim Tennis, beim Hofieren ging manches Herz
verloren.
Ich fühle wenig Lust zu diesen Freuden allen,
mir kann allein das Angeln nur gefallen.
Die Hetzjagd bringt mit sich viel Härte und
Gefahren,
des Falkners Sorge stets die flücht'gen Helfer
waren.
Cupidos Schlinge schon so manches Unheil
brachte,
wenn einer blind vor Lust die Folgen nicht
bedachte.

Von allen den Bedenken ist doch der Angler frei,
ich lobe mir daher die edle Fischerei.
So lieb das Fischen ich, und auch nicht zu
vergessen
danach Geselligkeit und ein gepflegtes Essen.
Im lieben Freundeskreis den Fang dann zu
verzehren,
die Lust am frohen Mahl durch Heiterkeit zu
mehren.
Als Spender solcher Freuden nun an unserem
Tische
gedenke dankbar ich des Wassers und der Fische.

Die Lust am frohen Mahl, ja, auch das spielt eine Rolle, denn Walton scheint nicht allzuviel von *l'art pour l'art*-Anglern zu halten, die nichts anderes verlangen als den Kampf mit dem Fisch. Zwar bedeutet das Gefühl mehr als die Beute, gleichwohl sollte die Beute nicht völlig verschmäht werden, nachdem man sie kunstgerecht in seinen Besitz gebracht hat. Darum hält Walton es für angezeigt, dem Novizen, der ein vollkommener Angler werden möchte, einige wohlerprobte Rezepte der Zubereitung mit auf den Weg zu geben. So empfiehlt er beispielsweise für den Karpfen:

Ein möglichst kurz vorher gefangener Karpfen wird – ohne ihn zu schuppen – gründlich geschrubbt und mit Salzwasser abgewaschen. Danach werden ein paar Bündel aus verschiedenen Kräutern – Thymian, Majoran, Petersilie und etwas Rosmarin – in die Bauchhöhle gelegt; dazu tut man vier bis fünf

Zwiebeln, drei Anchovis und einige Austern. Man legt den Fisch dann in einen entsprechenden Topf und läßt ihn in Rotwein, gewürzt mit Salz, Muskatblüte und etwas Zitronenschale, auf kräftigem Feuer gar kochen. In der Brühe, die den Karpfen gerade bedecken soll, werden Leber und Blut mitgekocht. Der fertige Karpfen wird zum Anrichten in eine größere Schüssel getan und dann mit der verbliebenen Brühe übergossen, von der man etwas mit einem Viertelpfund zerlassener Butter, gehackten Kräutern und zwei Eidottern sämig schlägt und zum Schluß darüber gibt.

Ich glaubte, nachdem ich dies alles erfahren hatte, genug zu wissen. Von der reinen Erwartung, die am Anfang des Angelns steht, bis zum Geheimrezept für die Zubereitung der Beute hatte ich alles von meinem alten Meister angenommen. Der Ring war beinahe geschlossen. Aber damit er sich ganz schlösse, fehlte noch etwas – eine letzte Frage, die mich in der neuen Überzeugung zu bestärken hatte: Zu welchem Ende angelt man? Was ist sozusagen das Bleibende daran, und wie sind die Genugtuungen beschaffen? Ich befragte Walton und erfuhr von ihm die schlichtesten Begründungen:

Das Angeln ist die richtige Beschäftigung für die Mußezeit, die einen zwar nicht müßig läßt, aber nach der Arbeit eine wohltuende Entspannung für den Geist bedeutet, die Kräfte auffrischt, Sorgen vertreibt, Unruhe in das Gegenteil verwandelt, Leidenschaften besänftigt und Zufriedenheit bringt.

Erziehung zum Ausharren und zu friedlichen Lösungen sind mit diesem Tun in einzigartiger Weise verknüpft.

»Wunderbar, doch ich vermisse den Hinweis darauf, daß bei keiner Liebhaberei die Geduld so trainiert wird wie beim Angeln. Francis Francis meinte, die Hölle für den Angler liegt da, wo die Fische unaufhörlich beißen, dort nämlich muß er ohne Geduldsbeweis fischen, ohne die Freuden der Erwartung.«

Warten wir ab. Walton, mein umsichtiger Lehrer, erwähnt noch mehr Genugtuung.

> Ich saß und genoß die Aussicht auf die prächtige Wiese und das Wasser. Der Duft der zahllosen Wiesenblumen war so stark, wie er sicher nicht intensiver auf einer Wiese in Sizilien hätte sein können. Im Wasser sah man viele Fische nach Insekten steigen und manchmal aus dem Wasser springen, um Fliegen der verschiedensten Art und Farbe im Flug zu erfassen. Dazu der Blick auf die fernen Hügel mit dem mannigfaltigsten frischen Grün. Ein wunderbares Bild. Meine Zufriedenheit und meine reine Freude am Anblick dieser Schönheit waren nicht zu übertreffen. Den Sanftmütigen gehört die Welt, und zu solchen Sanftmütigen zählen, wie ich nun überzeugt bin, unsere nachdenklich und ruhig veranlagten Angler.

Tugenden genug, doch all diese Tugenden ergeben sich gleichsam nebenher. Sie sind eine zwangsläufige Folge des Angelgenusses an sich. Und so fragte ich weiter nach einem Schlüsselbegriff, der nur das Angeln bezeichnet, den Höhepunkt. Ich fand ihn. Walton hat in der Tat nichts vergessen.

> Nun verhält man sich völlig still und wartet, bis der Schwimmer Bewegung zeigt beziehungsweise absinkt. Ohne jede Hast nimmt man dann sofort die Rute in die Hand und wartet das meist danach folgende Abziehen vom Ufer weg ab. Dabei lockere man die Schnurreserve, die sich nicht verklemmen darf, und setze im Abziehen einen leichten zügigen Anhieb. Sofort pariert man dann durch die Federung der mit der Spitze angehobenen Rute die ersten Befreiungsversuche, gibt Schnur nach, soweit das nötig ist, und wendet unter keinen Umständen Gewalt an. Sonst gelingt es dem sehr schwimmkräftigen Fisch nur zu leicht, den ziemlich kleinen Haken durch Schlagen loszuwerden oder gar die Schnur zu sprengen beziehungsweise die Rutenspitze abzubrechen. Der Drill ist also nicht leicht und stellt bei größeren Fischen erhebliche Anforderungen an die Kunst des Anglers, bis ihm die Landung abseits von dem Angelplatz ohne zu große Beunruhigung für die anderen Fische gelungen ist.

Gewaltlosigkeit – das ist der Schlüsselbegriff für das Verhalten des vollkommenen Anglers. Sobald der Fisch am Haken ist, muß sich der Angler als disponibel erweisen. Er muß nachgeben können und anziehen, er muß sich angleichen und behaupten und auf alle Argumente des Bizeps verzichten. Die natürlichen Schwierigkeiten des

Anglers liegen darin, daß jede Situation neu ist; ein Hecht muß im See anders gedrillt werden als im Fluß, beim Fischen am Schilf gelten andere Bedingungen als beim Fischen hinter Gebüsch, und neu ist vor allem jedesmal das Temperament des jeweiligen Fisches. Eine elementare Forderung an den vollkommenen Angler ist also auch Phantasie. Besonders aber gilt in dieser leisen Kunst das Zugeständnis an den Fisch. Nicht Kraft, sondern Geschicklichkeit soll ihn besiegen. Nun, fast alle Forderungen, die sich dem Angler stellen, sind in gewisser Weise übertragbar auf andere Verhältnisse, und ich muß sagen, der alte Walton hat mich überzeugt. Und wenn man alles in allem nimmt, das innere und das äußere Inventar des vollkommenen Anglers – ich bin durchaus in der Lage, mir vorzustellen, daß einige Sorgen weniger die Welt beschäftigten, wenn es mehr vollkommene Angler gäbe. Zumindest meint das ein Angler.

1958

≈

Der Mensch auf dem Meeresboden

Die Geschichte, die ich erzählen will, sollte angemessenerweise wortlos erzählt werden – allenfalls im blubbernden, knarrenden, sanft brummenden Dialekt der Fische. Die Geschichte nämlich spielt im Wasser, genauer: im schönen, großen Schweigen, das über dem Meeresgrund liegt, zwischen wallender Unterwasserfauna, lichtlosen Felsschründen, zwischen der ruckartig krabbelnden Meeresspinne und dem glotzäugigen Tintenfisch. Die natürliche Umgangssprache, die hier herrscht, ist Schweigen, und folglich müßte ein angemessener Bericht über diese Welt schweigend gegeben werden ... Da dies aber einstweilen mit Schwierigkeiten verbunden ist, bitte ich um Entschuldigung für den Rückfall in die Sprache. Doch vielleicht kann man heute auch schon ohne Bedenken über diese letzte Welt des Schweigens sprechen; denn so still, so einsam und verschont wie ehedem ist sie nicht mehr. Ja, es spricht sogar einiges dafür, daß die alte Ruhe des Meeresbodens nicht mehr lange bestehen wird.

Mit seinem Hang, immer neue Paradiese der Kurzweil zu entdecken, mußte der Mensch ihn eines Tages annektieren – und diese Annexion ist gerade jetzt in vollem Schwange. Ja, die große Unterwasser-Saison hat angefangen, eine feuchte Passion für den Meeresgrund hat eingesetzt: die neuen Nachbarn im Urlaubsparadies sind Meerbrassen und Muränen ...

Die neue Unterwasserleidenschaft treibt auch bereits seltsame Blüten: In Filmen und Wochenschauen haben wir gesehen, wie man in Florida Modenschauen unter Wasser veranstaltete; wir haben betroffen einem Spaghetti-Wettessen auf dem Meeresgrund zugeschaut; wir waren Zeugen einer Unterwasser-Cocktailparty und haben verwundert verfolgt, wie man in Neptuns eigener Residenz Delphine zuritt, Karten spielte, sich die Haare schneiden ließ oder sogar die Zähne plombieren ...

Viele Leute, so hat es den Anschein, tun heute, was die kleinköpfigen Reptilien der Vorzeit taten, als sie in die erdgeschichtliche und wohl auch existentielle Kreide gerieten: sie marschierten am Strand auf und gingen nach 50 Millionen Jahren trauriger Landerfahrung zurück ins Wasser, woher sie gekommen waren.

Sie binden den Schnorchel vor, schlüpfen in die Flossen und wedeln in flüssiger Zeitlupenanmut hinab zum fächelnden, gefräßigen, glotzäugigen Vetter ... In der Tat, verfolgt man das flossenreiche Treiben etwa an den Küsten des Mittelmeeres, so hat man gelegentlich den Eindruck, daß sich hier ein organisiertes Heimweh nach dem Mutter-Ozean kundtut, in dessen Wasser die Elemente Natrium, Kalium und Kalzium ja fast in den gleichen Proportionen vorkommen wie im Körper eines Steuerzahlers.

Ja, die Leidenschaft für den Meeresgrund ist allgemein: so etwas wie eine Demokratie unter Wasser kündigt sich an. Wer auf sich hält – oder halten zu müssen glaubt –, macht seine Aufwartung dem naßlockigen Neptun. Und nicht nur dies; schon haben auch die Bürger Neptuns ihre Literatur erhalten: Unterwasser-Leitfäden, Fibeln für Flossenfreunde, Anleitungen zur Unterwasserjagd. Bekennend und erbauend äußert man sich darin über das neue Hoheitsgebiet, erzählt, was man auf dem Meeresgrund zu tun und zu lassen hat: mit einer submarinen Weltanschauung wird das Glück eines Tages vollständig werden.

Nun, auch ich bin in dem feuchten Arkadien gewesen; auch ich fühlte in mir die Elemente Natrium, Kalium und

Kalzium nach dem Meerwasser verlangen. Ich wollte, wo kein Untertan, so doch ein Bürger Neptuns werden, und so entdeckte ich eines Tages meine Leidenschaft für den Meeresgrund. Zu meinem Erstaunen wollte sie am gleichen Tag auch meine Frau entdeckt haben, und als Ehepaar mit dem Drang zum Meeresboden im Herzen beschlossen wir, uns auf das neue Elixier schulmäßig vorbereiten zu lassen. Wir fuhren ans Mittelmeer, und da wir beide schon etliche Kurse zur besseren Beherrschung des Lebens hinter uns hatten, meldeten wir uns auch diesmal ohne Zögern zu einem Kursus für Sporttaucher an, der uns für die neue Bürgerschaft zwischen Stachelrochen und Steingrundel präparieren sollte. Ungeduldig warfen wir uns auf das neue Metier.

Meine Ungeduld war begründet: ich hatte gelesen, was William Beebe, der amerikanische Meeresforscher, über das Unterwasser-Panorama gesagt hatte: Jeder Mensch – so hatte er gesagt –, jeder Mensch sollte dafür sorgen, daß er vor seinem Lebensende irgendeinen Apparat bauen, leihen oder stehlen kann, der ihm erlaubt, einen Blick in diese neue Welt zu tun. Das war eine vielsagende Ermutigung, denn sie ließ viel erwarten. Doch meine Erwartung, all meine Ungeduld in Richtung auf den Meeresboden, wurde schon am ersten Tag gründlich gebremst, und zwar von keinem anderen als dem Tauchlehrer.

Unser Tauchlehrer war Signor John Kwiatkowski, ein athletischer, schwermütiger Mann, der manchmal mit so viel träumerischer Verwunderung dastand, als hätten sie ihn gerade in Pompeji ausgegraben und gezwungen, einen

Blick in diese Zeit zu tun. Signor Kwiatkowski, wohlgewachsen, ein Italiener, wie er nicht im Buche steht, bremste also mein Verlangen, gleich auf den Meeresgrund zu steigen, indem er feststellte: »Alles – du verstehn – muß haben seine Zeit. Beim Tauchen ist es wie bei der Meditation: man muß sein vorbereitet, du verstehn? Wir müssen uns vorbereiten auf das Geheimnis, wo wir finden unter Wasser. Alles Leben – du verstehn – kommt daher, wo wir hinwollen, aber erst später, nach der Vorbereitung. Als die Tiere an Land kamen vor langer Zeit, sie haben sich umgestellt von Existenz mit Kiemen auf Existenz mit Lunge. Wir müssen verfahren umgekehrt; bei den Tieren hat es auch gedauert längere Zeit. Also wird es auch bei uns dauern längere Zeit, du verstehn?«

Ich verstand, wenngleich ich nicht wußte, worin die Vorbereitung auf den Meeresgrund bestehen sollte. Ein Schüler, ein Lernender überhaupt, muß ja früher oder später die Erfahrung machen, daß er nicht allein seine Lieblingsfracht laden darf – er muß auch Ballast übernehmen, viel Ballast. Und da ich mir bei einem früheren Kursus, »Die männliche Säuglingsschwester«, so viel Wissensballast erwarb, daß ich gleichsam wider Willen zum Amateurbiologen wurde, fügte ich mich auch diesmal der Notwendigkeit, Nebenkenntnisse zu erwerben. Meine Frau sagte zwar: »Die wollen uns hier biologisch verändern. Offenbar wollen sie uns zu Gespensterkrebsen machen, die ebenso auf der Erde wie im Wasser leben. Aber nicht mit mir, Fred. Sobald ich Kiemen spüre, klage ich auf Schadensersatz.«

Doch diese Befürchtung erfüllte sich natürlich nicht. Vielmehr lag die Vorbereitung auf das Erlebnis der Unterwasserwelt in den Händen eines gewissen Signor Luigi Luagi, der unsern Kursus für Sporttaucher als Theoretiker betreute. Signor Luagi war ein fanatischer Anhänger des Unterwassersports, klein, schmächtig, stechäugig und in gewissem Sinne drahtig. Seine Vorträge waren prägnant, und die Art, in der er sprach, glich den Feuerstößen eines älteren MG-Modells. Bereits zwei Stunden nach unserer Einweisung bereitete er uns auf das große Erlebnis des Meeresbodens vor. Er sagte etwa: »Sisisisisi –«, und fuhr nach längerer Pause, mit triumphierend zurückgelegtem Kopf, fort: »– früher war für uns die Welt am Ufer des Meeres zu Ende.

Wir begnügten uns mit 145 Millionen Quadratkilometern Festland und hatten wenig oder keine Möglichkeit, die 355 Millionen Quadratkilometer Wasser zu erforschen oder in Besitz zu nehmen. Das hat sich entscheidend geändert. Von Neugier oder aus Interesse getrieben, sind Männer in die Tiefe vorgedrungen, um unsere Kenntnisse von der Welt unter Wasser zu erweitern. Wir haben diese Welt in drei Stockwerke eingeteilt: das Parterre – es reicht vom Grund bis 1000 Meter unter dem Wasserspiegel – nennen wir die bathypelagische Zone, darüber, von 1000 bis 200 Meter Tiefe, liegt die mesopelagische Zone, und von 200 Metern bis zur Oberfläche folgt dann die epipelagische Zone. Die Welt unter Wasser liegt in einer Durchschnittstiefe von 4000 Metern. Sie weist Ebenen auf, Täler, Berge, und wir wissen, daß die tiefsten Abgründe des Meeres tiefer sind als die höchsten Berge des Festlandes hoch.

Zwar gelingt es einem Freitaucher noch nicht, in diese bemerkenswerten Abgründe hineinzukommen – gleichviel: wenn man eine mittlere Betätigungstiefe von 50 bis 60 Metern ansetzt, so steht dem Taucher heute ein Gebiet zur Erforschung offen, das so groß ist wie – sehr groß. Die Wissenschaftler haben bereits mit der Erforschung begonnen, und viele von ihnen tragen einen Taucheranzug: Meeresbiologen, Hydrographen, Ozeanographen, Physiologen, Ernährungskundler, Archäologen und Ingenieure. Auch wir werden eines Tages auf den Meeresgrund hinabsteigen. Doch bis dahin gilt es noch viel zu lernen.«

So sprach gleich am ersten Tag Signor Luigi Luagi. Die gewissenhafte Vorbereitung auf die neue Welt hatte begonnen. Zwar durften wir am Strand liegen, durften auch über das Wasser blicken, doch tauchen – das durften wir vorerst nicht. Das blieb den älteren Kursusteilnehmern vorbehalten, die wir beim Auftauchen beobachteten. Sie begegneten uns mit nachsichtiger Herablassung. Einer unter ihnen – Bosco hieß er – war ledig und Trompeter am Rundfunk. Regelmäßig brachte er meiner Frau etwas von seinen Unterwasser-Expeditionen mit. Meist handelte es sich um Wesen, die ich nicht kannte, doch der tauchende Trompeter ließ uns den ganzen Vorsprung seines Wissens fühlen, indem er etwa ein Mitbringsel so kommentierte: »Das ist eine von den aufregenden Euphansiiden, eine Garnelenart, die das Wasser mit ihren borstenartigen Auswüchsen durchzukämmen pflegt.« Und jedesmal bedankte sich meine Frau so überschwenglich, umfing ihn, der eine stramme, gummidurchwirkte Badehose trug, mit so versonnenem Blick, daß es mich ärgerte. Ob es Pfeilwürmer waren, Krebslarven oder Kieselalgen: meine Frau nahm sie so glücklich entgegen wie eine Halskette, streichelte das Zeug und sah dem Überbringer in der gummidurchwirkten Badehose lange nach. In einer Auswahl hatten wir den getrockneten Meeresgrund schon auf dem Fensterbrett, ohne selbst unten gewesen zu sein. Der Kursus sah das noch nicht vor. Statt dessen rief uns der schöne, schwermütige Tauchlehrer Kwiatkowski zusammen, um uns in die Kunst des Tauchens einzuweihen.

»Wir unterscheiden«, so sagte er, »berufliches Tauchen und sportliches Tauchen, was wir auch nennen ›Nackttauchen‹ – du verstehn? Der berufliche Taucher, der bis 200 Meter arbeitet, er muß haben Tiefltauch-Ausrüstung: also Panzer, Luftgenerator, Helm und so weiter. Wir – du verstehn – sind Nackttaucher, darum unsere Ausrüstung ist minimal und nicht sehr teuer. Alles, was wir brauchen, sind: Maske, Atemschlauch, Schwimmflossen, und, wenn wir jagen wollen Fisch, wir noch brauchen Harpune und Pfeil.

So wir sind angelangt beim ersten Kapitel, welches ich möchte überschreiben: die Maske. Du verstehn? Um die Augen zu schützen gegen die Reizwirkung des Meerwassers und um nicht betrogen zu werden von Lichtbrechung unter Wasser, der Nackttaucher muß haben eine

Maske. Die Maske muß sein wasserdicht und sich bequem – wie sagt man – anschmiegen, ja, an dem Gesicht. Die beste Maske ist die, die man gar nicht merkt, wenn man sie hat aufgesetzt.

So, das zweite Kapitel ich möchte überschreiben: Atemschlauch oder Schnorchel. Schlauch kann sein aus Kunststoff, kann sein aus Aluminium, beide sind gut, Kunststoff ist besser. Jedenfalls sie müssen haben biegsames Mundstück, das man bequem festhalten kann im Mund. Der Schlauch – er muß sich vom Mund abbiegen und dann leicht krümmen. Der Gummiriemen der Maske hält ihn fest, du verstehn?

So, letztes Kapitel der Ausrüstung möchte ich überschreiben: die Schwimmflosse. Ist wichtiges Kapitel. Mit Flossen wir schwimmen so elegant und schnell wie Fisch. Wir können kaufen verschiedene Flossen, Hauptsache, sie sind nicht zu kurz, zweite Hauptsache, sie sind nicht zu lang. Drittens dürfen die Flossen nicht sein zu leicht und viertens nicht zu schwer. Gut ist, wenn die Zehen haben viel Platz. Wenn man sie nicht kann ausstrecken, es gibt einen Krampf. Richtig, ich habe vergessen: Die Schwimmflossen sind aus Gummi. Schön, und jetzt wollen wir alle zur Übung anlegen die Ausrüstung für Nackttaucher. Aber langsam, wenn ich bitten darf. Wir haben Zeit.«

Ja, und unter den nachsichtig herablassenden Blicken älterer Kursusteilnehmer begannen wir die Ausrüstung zur Probe anzulegen. Mit Maske, Atemschlauch und Flossen nahmen wir Unterwassereleven ein so befremdliches Aussehen an, daß wir uns kaum wiedererkannten.

»Du siehst aus wie ein alter Sägebarsch«, sagte meine Frau zu mir, während ich in ihr eine dicklippige Meeräsche zu erkennen glaubte. Gleichwohl: die Klarscheiben der Masken richteten sich fast alle zur Küste, aufs Meer hinaus, und ich glaubte das Verlangen zu spüren, die gestaute Ungeduld der Schüler, endlich auf den Meeresgrund zu kommen. Dies Verlangen war so groß, daß wir bereits gereizt waren, und ich hätte für nichts garantiert, wenn nicht der Trompeter dagewesen wäre, der meiner Frau faszinierende Pfeilwürmer, Spinnen und Seegurken mitgebracht hatte.

Das allein versöhnte sie, dieser Vorschuß auf den Meeresgrund. Aber der Drang, der Reiz hielt sich hartnäckig, ja, wir hielten es kaum noch aus, als der tauchende Trompeter meiner Frau sein Unterwasser-Tagebuch zur Einsicht anvertraute. Als ich hörte, was dieser Trompeter alles erlebt und empfunden hatte, beschloß ich sogleich, auch ein Tagebuch zu führen.

So notierte Bosco beispielsweise: »Heute zum ersten Male unten. Das Gefühl, unter dem Meer zu sein, ist merkwürdig. Man kommt sich so frei vor, wie ein freier Mensch mit Flügeln. Man ist der sturen Formel der Erdanziehung entronnen. Ein Raum ist durchaus da, ist fühlbar. Eine Spannung und ein unbekanntes Vibrieren erfüllen den Körper. Der Atemschlauch wird das einzige Bindeglied mit der oberen Welt. Man schwebt. Der Körper wird ledig. Ich glaubte, die Trompete von Henry James zu hören …«

Doch wir waren noch nicht so fortgeschritten wie

der Trompeter Bosco. Wir verharrten bei Trockenschulung und Trockentraining und konnten nichts daran ändern, daß unsere Erwartung bis zum Unerträglichen gestaut wurde. Vor dem Originalerlebnis stand die Kenntnis weitläufiger Tauchmethoden – ein Umstand, der mich dahin brachte, die Biographie unseres Lehrers zu ergründen. Nein, er war kein Deutscher; Signor John Kwiatkowski war ein Amerikaner polnischer Abstammung – auf dem Sprung, die italienische Staatsbürgerschaft zu erwerben. Er hatte das Pensum des Kursus entworfen, und wenn auch nicht allein, so doch in Gemeinschaft mit dem fanatischen Unterwassersportler Signor Luigi Luagi. Dieser Luagi hielt es seinerseits für unentbehrlich, uns, bevor wir die schöne Andersartigkeit des Meeresbodens entdecken durften, sogar in die Geschichte der Nackttaucherei einzuweihen. So belehrte er uns beispielsweise folgendermaßen:

»Alles hat seine Geschichte, Damen und Herren, auch die Taucherei. Bereits vor zweieinhalbtausend Jahren berichtet Herodot von dem Taucher Scyllis, der vom Perserkönig Xerxes geheuert wurde, um Wertgegenstände aus gesunkenen Schiffen heraufzuholen. Ferner berichtet Aristoteles von Schwammtauchern, und Thukydides erzählt, wie es den Griechen gelang, die Verteidigungsanlagen von Syrakus im 3. Jahrhundert v. Chr. mit Hilfe von Tauchern zu zerstören.

Früh hat es bereits eine straff organisierte Taucherzunft auf Rhodos gegeben, und einer unserer Kollegen, der böotische Fischer Glaukos, war so erfolgreich, eine gewisse Unsterblichkeit zu erlangen. Viele Beispiele lassen sich finden und zitieren, sisisi – so etwa die Speerfischerei unter Wasser, die von den Südseeinsulanern seit vielen Jahrhunderten betrieben wird. Die Geschichte der Taucherei ist alt. Jung dagegen ist die sportliche Taucherei, wie wir sie betreiben oder, sagen wir, betreiben wollen. Sie begann vor dem Zweiten Weltkrieg. In der Welt gelten als Begründer des modernen Tauchsports die Japaner. In Europa halten wir die Entwicklung dieser Disziplin den Franzosen zugute.

Vier Namen sind es besonders, die wir uns merken sollten, bevor wir auf den Meeresgrund schwimmen: Louis de Corlieu – er entwickelte adorable Schwimmflossen –, sodann: Jacques-Yves Cousteau, Frédéric Dumas und Philippe Taillez. Mit selbsterdachten Flossen, Tauchbrillen und Atemrohren, mit hausgemachten Unterwassergewehren experimentierten sie in der Gegend von Marseille. Alle Herren waren von beträchtlicher Erfindungsgabe. Was wir heute genießen, haben sie unter Entbehrungen erprobt.«

Genossen wir es? Wir sammelten Kenntnisse, leicht eingängige Kenntnisse über die Geologie des Meeresbodens, über Tauchausrüstung und Tauchergeschichte, und selbstverständlich verhehlte man uns nicht die Gefahren, die auf jeden Taucher warten. Diese Gefahren erschienen meiner Frau so abwechslungsreich, daß sie beschloß, sich alle zu notieren und auswendig zu lernen – wenigstens stichwortartig. Und mir fiel – überraschend – die Aufgabe zu, sie abzufragen.

Nachdem man uns sorgfältig mit den Gefahren vertraut gemacht hatte, die auf einen Taucher warten, erläuterte man uns noch den Umgang mit Harpune und Unterwasserkamera, machte uns bekannt mit der Behandlung von Stichen, Stacheln und Wunden, zeigte uns Bilder der häufigsten Fischarten und demonstrierte endlich, was bei der Technik der Unterwasserjagd zu berücksichtigen sei. Damit – und ich fühlte mich durchaus so – waren wir vollkommene Nackttaucher, wenn auch erst auf dem Trocknen. Meine Frau meinte dazu: »Warum nicht? Ein Gefühl für alles ist schon da. Ich fühle mich schon wie eine Makrele im Sandkasten oder, sagen wir, wie ein Arthropode: du weißt doch, die Gliederfüßer, die vor 350 Millionen Jahren als erste ein Element wechselten. Stell dir vor: die Pioniere, die uns den Weg gewiesen haben und von denen wir lernen – unsere Vorbilder waren Krabben, Hummer und ganz besondere Insekten. Heute garnieren wir diese Vorbilder mit Mayonnaise und essen sie mit Zitrone.«

Doch eines Tages war die Zeit der Vorbereitung vorüber. Wir hatten, wenn auch nicht alles, so doch genug erfahren, und Signor John Kwiatkowski und Signor Luigi Luagi hielten uns für präpariert genug, die Bürgerschaft des Meeresbodens zu erwerben. So führten sie uns an einem späten Vormittag auf die Klippen, unter durchaus bedeutungsvollem Schweigen. Das Meer war ansehnlich, der Ort unserer Sehnsucht nicht zu erkennen, da Windstärke 1–2 herrschte. Obwohl die Sonne herabbrannte, fröstelten wir leicht – offenbar handelte es sich um vorweggenommene Entzückungsschauer, um die vorzeitige Behexung durch die Unterwasserwelt. Unser Tauchlehrer musterte uns, zählte uns insgeheim ab und mahnte:

»Nun wir wollen zeigen, was wir gelernt haben, du verstehn? Und alle hübsch zusammenbleiben. Wir wollen schwimmen im Kreis.« Damit stieg er ins Wasser, und wir watschelten mit angelegten Flossen, Masken und Schnorcheln hinter ihm her – eine Schulklasse von Arthropoden, die ausgezogen war, ein neues Elixier vorschriftsmäßig zu erobern.

Ein Ruck, und ich schwamm; ich steckte den Kopf unter Wasser. Sanft fächelten die Flossen, hielten den Körper in der Schwebe. Und was ich zuerst sah: es war der tauchende Trompeter, der grinsend auf dem Meeresboden saß und zu meiner Frau heraufwinkte. Ich blickte an ihm vorbei, ich suchte das optische Abenteuer, und da, da war es plötzlich. Und ich empfand es genau wie der Trompeter, der seinem Tagebuch anvertraut hatte: »Cousteau soll gesagt haben, Tauchen ist der zur Wahrheit gewordene Traum vom Schweben. Der Mann hat recht, zumindest kann man das schwer bestreiten. Das Gefühl des Schwebens kommt einem auf höchst merkwürdige Weise bekannt vor. Es sollte sich doch wohl nicht um eine Ur-Erinnerung handeln? Ähnlich merkwürdig ist das Gefühl, durch ein Gitter von Pfeilen zu schwimmen, Lichtpfeilen, die die Sonne zum Grund schießt.

Diese Strahlenpfeile kommen einem so massiv vor, daß man auf ihr Klirren wartet, wenn man hindurchschwimmt und ein kleines, migräneartiges Ziehen im

Kopf spürt. Noch merkwürdiger aber ist die Erfahrung, daß man unter Wasser nicht die Stille findet, die man anzutreffen erwartet hat. Es knackt und knistert, rumpelt und klickt; eine ferne Eisenbahn, schreiende Kinder am Strand, das Schraubengeräusch eines Dampfers, alles ist zu hören, zumindest noch in gewisser Tiefe zu hören. Das Meer ist die Ursprungssphäre sämtlicher Lebewesen, und wo Leben ist, ist unweigerlich Lärm.

Das ändert nichts daran, daß die Ursprungssphäre sämtlicher Lebewesen eine – wenn man es genau betrachtet – herausfordernde Schönheit besitzt. Es ist die verheißungsvolle Schönheit des Harems, die sich zunächst in den Farben zeigt: da ist persisches Nachtblau und ein bestimmtes Korallenrot, ein vielsagendes Dämmergrün und ein sanftes Violett. Das alles vor phosphoreszierenden Vorhängen: ein unterseeisches Miramar. Das pfeilförmige Seegras fächelt über den Grund, der Tang wallt in müden, sagen wir, in liebesmüden Bewegungen. In der Flossenspur liegen Perlen wie in einem orientalischen Rosengarten. Die Tiefe, die man empfindet, ist die kühle Tiefe von seidigen Kissen. Kurz gesagt: Nie war ich einem Harem näher als unter Wasser, und wenn's mit rechten Dingen zugeht, so muß es etwas wie einen submarinen Eros geben.«

Ja, es war mir ähnlich zumute wie dem Trompeter, sein Tagebuch sagte nicht zuviel. Und als wir schulmäßig im Kreis herumpaddelten und staunend, wie durch einen Vorhang, in diese herausfordernde Welt blickten, merkte ich, wie sich alles unvermutet erweiterte und wie sich ein

Gefühl rätselhafter Verlassenheit einstellte. Doch nicht allein Verlassenheit: plötzlich sah ich einen Fisch, und in einer ebenso spontanen wie unkontrollierten Empfindung schwamm ich auf ihn zu und versuchte ihn am Schwanz zu packen. Irgend etwas soufflierte mir, daß dies möglich sein müßte. Es war das Hochgefühl, die Bezauberung durch das neue Element. Der Fisch hielt nichts davon und entzog sich mir durch einen lässigen Flossenschlag.

Ich wollte ihn verfolgen, doch ein riesiges, fleischfarbenes Tier schoß auf mich zu und winkte mich nach oben – es war Kwiatkowski. Stumm, vergleichsweise andächtig, zogen wir unsere Kreise und sahen hinab auf ältere Kursusteilnehmer, die einen Kraken ärgerten. Sie bewegten sich so fischgleich, als ob sie nie den Gesetzen der Schwerkraft unterworfen gewesen wären. Wir waren gerade dabei, uns in der neuen Heimstatt umzutun, als ein Geräusch erklang: jaulend und perfide, so daß wir erschreckt auftauchten. Ein Motorboot raste auf uns zu, und wenn ich mich nicht sofort hätte sinken lassen – nie mehr hätte ich einen Friseur nötig gehabt.

So verlief die erste Inspektion in gleicher Weise verwirrend wie glimpflich. Meine Frau bilanzierte, als wir erschöpft am Strand saßen:

»Das reicht mir. Wohin man auch kommt: überall ist schon wer. Der erste Blick auf den Meeresgrund, und wer liegt da? Ein Trompeter!«

»Ich dachte, er sei dir nicht unangenehm«, sagte ich.

»Da unten will ich was anderes erleben«, sagte sie. »Ich

hatte mich auf die Stille gefreut. Was muß man erleben? Krach! Ich hatte mich auf die Einsamkeit gefreut. Und was ist? Der ganze Meeresgrund ist bevölkert. Bald werden sie da unten Zeitung lesen und Kaffee kochen. Und außerdem: wenn du hochkommst, um Luft zu holen, macht irgendeine Schiffsschraube Thüringer Mett aus dir. Für mich ist die Unterwasserwelt gestorben.«

Diese frühe Enttäuschung setzte mir zu, trotzdem brachte ich es nicht fertig, sie zu teilen und den Kursus in einem Augenblick zu verlassen, wo uns der schönste Teil doch erst bevorstand. Ich rief mir noch einmal die ersten Eindrücke von der Unterwasserwelt ins Gedächtnis und beschloß, zu bleiben. Gleichzeitig überlegte ich, wie ich den Unmut meiner Frau dämpfen, wie ich vor allem ihre Neugierde für den Meeresgrund wieder hervorrufen könnte. Ich war keineswegs entzaubert. Nachdem ich gelernt hatte, die herausfordernde Schönheit der Unterwasserwelt zu empfinden – die Farben, das Licht, die Schwerkraftlosigkeit des Körpers –, nahm ich an regelmäßigen Streifzügen teil, auf denen wir die natürlichen Bewohner des Meeresgrundes erkundeten, ihre Arten und Unarten feststellten.

Dabei fanden wir oft Gesellschaft; einem streunenden Maler begegneten wir, der unter Wasser Anregungen suchte, einem Hydrographen, der Wasserproben aus Grotten sammelte, einem jungen Archäologen, der darauf aus war, ein Wrack zu entdecken, aus dem er etliche Amphoren zu bergen hoffte. Zuerst hatten wir noch einige Schwierigkeiten bei der gegenseitigen Vorstellung unter Wasser, später ging es immer besser mit Verbeugung, Händedruck und zeichenhafter Befragung.

Übrigens konnte ich feststellen, daß besonders der deutsche Mensch ein lebhaftes Verlangen zeigte, sich unter Wasser vorzustellen und eine Konversation zu beginnen. Gesellschaftsfreudig waren ebenso Italiener, Franzosen und Dänen, während Engländer auch auf dem Meeresgrund sehr selbstbewußt und einzelgängerisch erschienen. Obschon wir manche Stunde unter Wasser gemeinsam verschweigen ließen, widmeten wir uns doch auch gelegentlich den alteingesessenen Meeresbewohnern. Das heißt: Luigi Luagi charakterisierte in seiner Art Erscheinungsformen und Wesen unserer neuen Nachbarn. So stellte er beispielsweise fest:

»Wohin wir auch gehen, überall sind wir der Nachbarschaft einiger Geschöpfe sicher. Im Wasser erwarten wir die Nachbarschaft der Fische, eine allerdings variationsreiche Nachbarschaft, denn immerhin gibt es weit über dreißigtausend bekannte Arten. Wir haben es allerdings mit weniger Arten zu tun. Die hauptsächlichsten im Mittelmeer sind, mit vielen Unterschieden innerhalb der Familien: Seebarben, Meeräschen, Lippfische, Brassen, Barben, Riffische und Drachenköpfe. Sodann die Familie der Haie, die Familie der Rochen, ferner Krake, Sepia und Kalmar, der Bärenkrebs, die Felsgarnele und die gemeine Sandkrabbe – kurz, es gibt Nachbarschaft genug. Außerdem können wir uns mit den Familien der Seeigel, Seesterne und Muscheln vergnügen. Gebissen kann man von etlichen werden, gestochen eigentlich nur von zweien – wenn man vom Drachenkopf absieht. Das eine, was sticht, ist die kleine Qualle; das andere, allerdings nur beim Auftauchen, die gewöhnliche Wespe. Beide Stiche sind ohne weiteres zu ertragen.

Doch zurück zu den Fischen: Das, Damen und Herren, was wie Schwärme von silbernen Zigarren über den Grund zieht, sind Meeräschen. Sie sind ständig in Bewegung, und deshalb ist es so schwer, sie zu jagen. Der günstigste Augenblick ist, wenn sie den Kopf zum Futtern in den Sand stecken. Meeräschen haben viel Kraft und schmecken gut. Was manchmal grün schimmert, manchmal blau und manchmal sogar gelb, schmeckt weniger gut, ist aber genauso schwer zu jagen: ich meine den Lippfisch. Er lebt in Höhlen, Spalten und Felslöchern, darum kostet er manchen verbogenen Pfeil oder zerspellten Dreizack. Bei den Brassen hingegen, die in Familien auftreten und bei denen die großen Exemplare die Funktion von Gouvernanten haben, hat man kaum Glück; es sei denn, man versucht, den letzten Fisch zu schießen. Anders verhalten sich Barsche. Sie denken nicht daran, zu fliehen, bleiben, wo sie sind, und glotzen. Trotzdem ist der Barsch schwer zu erjagen, weil er sich fortwährend und unmerklich bewegt. Ganz uninteressant ist die Jagd auf den Drachenkopf, ein Biest mit Höckern, Beulen und knöchernem Maul. Ihn bekommt man fast immer – nur, seine Stacheln sind giftig!

Spaß, viel Spaß, Damen und Herren, finden Sie beim Spiel mit Kraken. Kraken sind ängstlich, und wenn sie keine Möglichkeit zur Flucht haben, blasen sie sich auf, winden und biegen sich, um einen Eindruck von besonderer Fürchterlichkeit hervorzurufen. In solchem Augenblick möchte der Krake sagen: ›Alle Geschichten, die du über mich gehört hast, sind wahr.‹ Sie sind natürlich nicht wahr. Gekocht schmeckt sein Fleisch exzellent, gebraten nicht weniger gut.«

Und er fuhr fort, uns die Eigentümlichkeiten fast aller Fische zu erzählen, auf die wir eines Tages hätten stoßen können. Das gehörte zum Pensum des Kursus und erwies sich später als vollkommen platonisches Wissen, denn natürlich hatten sich die Fische von den Tauch-Eleven längst zurückgezogen. Meine Frau hörte dieser ichthyologischen Schnellaufklärung mit schweigender Erbitterung zu, und nach Luagis Vortrag stellte sie fest: »Da wollt ihr ein sogenanntes Paradies erobern, und was macht ihr? Ihr nehmt eure Harpunen mit und ballert los. Allenfalls laßt ihr euch nachher noch mit der Beute photographieren. Und dann? Auch im Körper der Fische sind die Elemente Natrium, Kalium und Kalzium enthalten. Das sollte euch doch zu denken geben. Wenn ihr die Fische eßt – gut. Aber wenn ihr nur Zielübungen machen wollt: es gibt so viele Leute unter Wasser, die sich dafür eignen. Bring mir doch mal einen durchwachsenen jungen Mann.«

Insgeheim mußte ich ihr recht geben, doch da die Krönung des Tauchsports in der Jagd auf den Fisch liegt – zumindest glaubte ich das damals –, suchte ich meiner Frau zu beweisen, daß die Unterwasserjagd vieles für sich habe und daß man durchaus obligate Risiken laufen kann.

Nach allen Vorstufen wollte ich mich nicht um den Inbegriff des Abenteuers bringen lassen. Ich wollte lernen, dem Fisch in jedem Fall nachzustellen. Ich hatte genug erfahren, und unter den mißbilligenden Blicken meiner Frau nahm ich Flossen, Maske und Harpune und zog los, um das Königsgefühl des Tauchsports zu erleben.

Ich kletterte auf einen mit Brandungsschaum bedeckten Felsen, legte die Ausrüstung an und ließ mich langsam ins Wasser. Die Wellen stießen mich hin und her, schubsten mich gegen einen Felsen, manchmal warfen sie mich in einen Wirbel von Luftblasen und Schaum. Es war nicht leicht, Luft zu bekommen, doch als ich endlich Luft hatte, tauchte ich mit gespannter Federharpune und strich neben den Felsen zu einer Bucht hinüber.

Über dem Grund war das Wasser ruhiger. Ich sah kleine, fingerlange Fische, die nervös hin und her zuckten; ich sah mitunter auch einen Schatten, der, als ich näher kam, in einer Felsspalte verschwand. Oben am Strand wußte ich ältere Kursusteilnehmer, die rauchend dastanden und darauf warteten, ihren Spott an den Mann zu bringen. Ich nahm mir vor, es ihnen nicht allzu leicht zu machen, und nachdem ich Luft geholt hatte, ging ich wieder runter und streifte nach einer Beute. Und vor einem sanft wallenden Tangfeld erschrak ich plötzlich, es war ein glückliches Erschrecken, denn ich entdeckte, halb unter dem Tang, einen Flachfisch, wie ich ihn nie zuvor gesehen hatte.

Zuerst hielt ich ihn für eine riesige Scholle oder eine riesige Seezunge, aber das Interesse für die Gattung wurde sofort zurückgedrängt durch das Fieber der Jagd. Versunken in einer Art Unterwasser-Meditation lag der Fisch da. Er kehrte mir überraschenderweise die weiße Seite zu, was mich wunderte. Dann aber sagte ich mir, daß vielleicht alle Flachfische ihre weiße Seite nach oben kehren, wenn sie zu meditieren anfangen. Es bedeutete mir nicht viel, und ich eröffnete – wie man sagt – den Angriff. Tadellos, mit beinah ausgestrecktem Arm, den Ellenbogen leicht angewinkelt, glitt ich auf den Fisch zu – so vorschriftsmäßig, daß Signor Kwiatkowski seine Freude gehabt hätte, und ich dachte an die höhnisch wartenden älteren Kursusteilnehmer am Strand. Wie würden die sich wundern! Sicher, gelegentlich hatte einer von ihnen einen Fisch mit heraufgebracht – aber was waren das schon für Fische! Daumenlange Drachenköpfe, verschüchterte Jungkraken oder ein unmündiger Lippfisch.

Ich stellte mir schon den schweigenden Triumph vor, den ich genießen würde, wenn ich ihnen den riesigen Flachfisch vorweisen könnte. Mit vorgestrecktem Arm zielte ich auf den Fisch, schwamm näher, schwamm heran, bis die Pfeilspitze einen Meter über ihm war: da drückte ich ab. Der Pfeil schlug in das weiße Etwas, und ich stieß, die Leine und den Pfeil und die Beute hinter mir herziehend, nach oben, weil ich kaum noch Luft hatte. Durch die Brandung schwamm ich zu den Felsen. Die älteren Kursusteilnehmer kamen heran, halfen mir herauszusteigen. Überlegen und wortlos zeigte ich auf die straffe Schnur. Meine Frau holte sie ein, und plötzlich hörte ich sie sagen: »Das ist doch die ›Times‹. Ja, sicher –

wahrscheinlich eine Unterwasser-Ausgabe. Scheint aber schon älter zu sein, denn hier steht noch was von der Suezkrise. Immerhin, sauber getroffen, ein Blattschuß in jeder Hinsicht.«

In der Tat, die erste Beute, die ich harpunierte, war ein altes Exemplar der ›Times‹, das offenbar ein englischer Unterwasserjäger verloren hatte. Immerhin hatte dieses Blatt ausgereicht, um mir ein Gefühl der Hochstimmung zu vermitteln, wie man sie nur bei der Jagd über den Meeresboden erlebt. Abgesehen von allem ist die ›Times‹ ja doch ein gutes, ein durchaus lesenswertes Blatt. Ich sah keinen Grund zu übermäßiger Enttäuschung.

Und später, nicht einmal sehr viel später, konnte ich auch die erste Beute vorweisen – einen Tintenfisch, der mich so auffällig umspielte, als wollte er auf sich aufmerksam machen. Ich harpunierte ihn zufriedenstellend. Manchmal denke ich, er war krank oder litt an Depressionen. Doch dann, allmählich, entdeckte ich ein ganz neues – vielleicht auch ganz altes – Verhältnis zur Unterwasserwelt.

Als ich es meiner Frau zu erklären versuchte, meinte sie mit all ihrem praktischen Sinn: »Laß mal: das ist die zweite Kindheit, in der das Mutter-Meer entdeckt wird. Das Meer ist nun eben mal fruchtbarer als die Erde, fruchtbarer und verehrungswürdiger. Hier hat alles seinen Anfang genommen. Hier wurde die Magie des Chlorophylls entwickelt. Hier haben sich die Einzeller spezialisiert. Hier haben die Fluten die ersten Gewächse gewiegt. Vielleicht handelt es sich bei dir um eine Art vorgeburtlicher Erinnerung – und nicht allein bei dir. Vielleicht ist diese ganze Leidenschaft für den Meeresgrund ein Zeichen legitimer Infantilität: Heimweh nach nasser, gelegentlich besonnter Vergangenheit.«

Merkwürdig, wie sich die Erde allmählich abgekühlt hatte – wobei ihre Granitrinde entstand –, so kühlte sich auch die Unterwasserleidenschaft meiner Frau ab. Meine aber blieb. Ich wurde ein alter Kursusteilnehmer, der auf die neuen, die das Trockentraining aufnahmen, mit der gebotenen Nachsicht blickte. Ich durfte, wenn Not am Mann war, sogar Signor Kwiatkowski vertreten, einmal auch Luigi Luagi. Ich genoß die Anerkennung von Luagi, der mich jedesmal heftig umarmte, und von Signor Kwiatkowski, der mir in träumerischer Dankbarkeit zunickte.

Unbeirrt gab ich mich meiner Hilfstätigkeit hin, und wer weiß, was aus mir geworden wäre, wenn mich nicht eines Tages eine ganz bestimmte Skepsis ereilt hätte. Bedenken stellten sich ein, als an einem Wochenende Autobusse aus Bebra, aus Xanten und Flensburg zu uns kamen, für deren Insassen ich Unterwasserausflüge veranstalten sollte. Autoreifen-, Kunsthonigfabrikanten schickten uns ihre Belegschaften, die ich bei gemeinsamen Spaziergängen auf dem Meeresgrund zu betreuen hatte. Immer mehr wurden es; Schulklassen erschienen und Meisterschulen für Mode, eine Gruppe von Zöllnern erschien, und als dann ein deutscher Architektenstab kam, um zu prüfen, ob man unter Wasser ein Hotel bauen könnte – alles aus widerstandsfähigem, durchsichtigem Glas –, ja, als die Architekten kamen, da wurde ich skeptisch.

Meine Frau unterstützte diese Skepsis, indem sie ein submarines Schreckenspanorama für die Zukunft entwarf. Sie meinte: »Das Beste steht uns noch bevor. Jetzt wird das Meer erst richtig entdeckt. Es wird nicht mehr lange dauern, dann werden sie unter Wasser Rennen veranstalten, boxen, Federball spielen und Denkmäler errichten. Und vielleicht wird es nicht mehr lange dauern, bis dann wieder die Erde stumm und verlassen und unbekannt sein wird – ein Gebiet, das entdeckt werden muß. Wir sollten beizeiten auf die Erde zurückgehen und uns da einen Platz sichern.«

1960

Aquariums-Kultur
oder
Der große Zackenbarsch

≈

Ein geretteter Abend

Für Marcel Reich-Ranicki

Reichhaltiger kann das Angebot einer Volkshochschule nicht sein: ob Porzellanmalerei oder Anfangsgründe der tamilischen Sprache, ob Webtechnik oder polynesische Musikinstrumente – in unseren zahlreichen Kursen kann sich der Besucher, übrigens zu durchaus erschwinglichem Preis, vertraut machen mit dem Wissen der Welt, mit den Fertigkeiten und dem Ausdrucksverlangen des Menschen. Jeder bei uns weiß, daß dieses variationsreiche Angebot allein Alexander Blunsch-Hochfels zu verdanken ist, unserem Direktor, der immer wieder Lücken im Programm aufspürt und es sich nicht nehmen läßt, bei der Auswahl der Referenten ein Wörtchen mitzureden. Seine Gelassenheit, sein meditatives Wesen und nicht zuletzt seine gelegentliche Verklärtheit lassen mich bei jeder Begegnung daran denken, daß er sechs Jahre als Mönch gelebt hat.

Immer hätte ich ihn so in Erinnerung behalten, wenn ihm nicht jene Mittwochsveranstaltung eingefallen wäre, bei der vor zahlreichem Publikum von ihm sogenannte »Heilsame Ärgernisse« verhandelt werden sollten. Die erste Veranstaltung trug den Titel »Scharfrichter oder Geburtshelfer? Über das Wesen literarischer Kritik«. Zehn vor acht ließ er mich durch den Hausmeister zu sich rufen, vergaß, mir einen Platz anzubieten, musterte mich mit seltsam unterlaufendem Blick, wobei er, heftig nach Atem ringend, eine Hand beschwichtigend auf seine Herzgegend legte. Schließlich wollte er mit belegter Stimme wissen, ob ich bereits einen Blick in den großen Vortragssaal riskiert hätte, der laufe über, da werde gleich das Chaos ausbrechen, vermutlich habe man schon einige Besucher totgetrampelt. Gerade wollte ich ihn zu dem unerwarteten Interesse beglückwünschen, als er stöhnend feststellte: Wir haben keinen Referenten, Klausnitzer! Wir haben zur Eröffnungsveranstaltung keinen Referenten! Aber Schniedewind, sagte ich, er ist doch unter Vertrag. Schniedewind, sagte er erbittert und richtete seine Augen zur Decke, Schniedewind hat Viertel vor acht eine Nierenkolik bekommen; seine Frau hat das gerade bestellt. Mit einem verstümmelten Fluch sank er in seinen Armstuhl – ihm, der noch nie einen Fluch gebraucht hatte, fiel in besorgniserregender Verzweiflung tatsächlich das Wort Stinktier ein; und als ich die Unvorsichtigkeit beging, ihn zu fragen, was wir denn nun tun sollten, seufzte er: Einen Referenten, Klausnitzer, schaffen Sie einen Referenten her, beweisen Sie, daß Sie ein geborener Volkshochschulmann sind.

Ich stürmte in mein Zimmer, rief bei Häfele an – der redete gerade in Itzehoe; rief Klimke an – der erwartete den Kulturdezernenten; schließlich faßte ich mir ein Herz und fragte bei Seegatz an, der nichts anderes zu tun hatte, als mich höhnisch auf seinen letzten Artikel hinzuweisen, in dem er mit unserem Programm unbarmherzig ins Gericht gegangen war.

Punkt acht trat ich auf den Korridor, ein unheilvolles Brausen drang zu mir herauf, ein Scharren und Poltern und dunkles Wehen, mit dem sich im allgemeinen klassische Sturmfluten ankündigen. Wieviel mühsam gebändigte Erwartung, wieviel Gereiztheit und thematische Hitze fanden da zusammen! An der Tür meines Direktors zu lauschen, bekam ich nicht fertig: zu sehr fürchtete ich mich vor seinem Stöhnen.

Gerade hatte ich beschlossen, in den großen Vortragssaal hinabzugehen und das Auditorium mit unserer exemplarischen Verlegenheit bekannt zu machen, als ein zartes, eisengraues Männchen auf mich zutrat und bescheiden fragte, wo der Vortragsraum B 6 zu finden sei. Ich sah ihn mir an: sein selbstgenügsames Lächeln, sein feines Lippenspiel, das Vergebungsworte zu produzieren schien, das kleine Leuchten in seinen Augen, das eine eigene Leidenschaft bezeugte, und plötzlich erfaßte mich ein waghalsiges Zutrauen. Sind Sie Referent? fragte ich. Meereskundler, sagte er mit leichter Verbeugung und fügte noch etwas hinzu, das ich allerdings nicht mitbekam; denn schon hatte ich ihn eingehakt, schon führte ich ihn die Treppe hinab – mit dem Mut, den man nur einmal geschenkt bekommt.

Da sich in unserem Haus die Referenten selbst vorstellen, bugsierte ich das Männchen zum Pult und überließ es sich selbst. Ein kurzes, freudiges Erschrecken zeigte sich auf seinem Gesicht – vermutlich war er andere Zuhörerzahlen gewohnt –, dann wartete er geduldig, bis es ganz still geworden war, nannte seinen Namen – Elmar

Schnoof – und gab das Thema an: »Über Aquariums-Kultur – Ein Streifzug durch ein Seeaquarium«.

Mir stockte der Atem, um es mal so zu sagen, das Auditorium lauschte verblüfft, hier und da meldete sich Ratlosigkeit, aber unüberhörbar waren auch einige Laute glucksender Belustigung und heiterer Zustimmung – anscheinend witterten einige Zuhörer ein parabelhaftes Versteckspiel. Elmar Schnoof breitete die Arme zu segnender Geste aus, und mit einem rhetorischen Feuer, das mich erstaunte, ließ er sich mit allgemeinen Bestimmungen über das Seeaquarium aus. Ein Schöpfungsspiegel sei es, ein mit Hilfe von Erkundung und Erkenntnis komponiertes – er sagte tatsächlich: komponiertes – Kunstwerk, in dem das Geheimnis der Tiefe ans Licht gebracht, anschaulich und erlebbar wird. Was dem Leben in Zeit und Verborgenheit je einfiel, der unglaubliche Formenreichtum, die mit Zweckmäßigkeit gepaarte Schönheit und nicht zuletzt das Gesetz, unter dem unser Dasein steht: im Seeaquarium biete es sich uns dar, in dieser geglückten, ja gedichteten Nachahmung, die die Forderung nach Wissen und nach Unterhaltung gleichermaßen erfüllt.

Mein Nebenmann, redlich befremdet, stieß mich an und fragte flüsternd, ob er sich hier im großen Vortragssaal befinde, und als ich es ihm nickend bestätigte, warf er sich kopfschüttelnd zurück. Ein bärtiger Kerl, der sich auf der Fensterbank lümmelte und der mir schon mehrmals als Zwischenrufer unangenehm aufgefallen war, ermahnte den Referenten: Zur Sache, worauf der mit entwaffnender Unbeirrbarkeit fortfuhr: Also ist das Seeaquarium ein Anlaß zu gelenktem Entdecken – es ist, ähnlich wie die Literatur, eine Wieder-Erfindung der Welt.

Dankbar für den Vergleich, zu dem er gefunden hatte, entspannte ich mich ein wenig, konnte jedoch nicht verhindern, daß meine Gesichtsnerven zuckten, daß mein linkes Bein ausschlug wie unter elektrischen Schlägen. Ein leichtes Herzrasen aber setzte ein, als das Männchen, selig abschweifend, die niederen Organisationsformen aufzählte und lobte: er erwähnte die Schwämme, pries die Cölenteraten, von denen er die gelbe Koralle und die Seeanemone besonders hervorhob; dann befaßte er sich mit Krebstieren, Stachelhäutern und Würmern, wobei er den Röhrenwurm eigens herausstrich; und schließlich äußerte er sich geradezu schwärmerisch über einige Weichtiere, vor allem Pilgermuschel und Kielschnecke. Mein Nebenmann stieß mich abermals an, und nicht mehr flüsternd, sondern halblaut fragte er: Spinnt der, oder will er uns verarschen? Ich brauchte ihm nicht zu antworten, denn in diesem Augenblick rechtfertigte der Referent seine Aufzählung: Alles, so bilanzierte er, hat seine Niederung, den blühenden, den nährenden Lebensstoff, das im Schweigen Ruhende; ohne einen Begriff von sich selbst zu haben, liefert es uns dennoch einen Begriff von der Welt.

Während das Männchen sich einen Schluck Wasser genehmigte, verließen zwei Zuhörer den Saal – anscheinend jedoch nicht, weil sie enttäuscht waren, sondern weil sie ihren Hustenreiz nicht loswerden konnten. Das große Auditorium schwankte zwischen Unverständnis und amüsierter Neugier; man hob die Augenbrauen, man grinste, man schüttelte den Kopf und tuschelte angeregt, viele wie angeleimt von Erwartung.

Nun aber zu ihnen, rief das Männchen, zu den formenreichen Wesen, die uns entzücken und erschrecken, die uns die Schönheit vor Augen führen und die Unerbittlichkeit des Daseins, zu ihnen, die den Sinn für Mythos und Symbol wach erhalten: zu den Fischen. Er erinnerte daran, daß Assyrer und Ägypter den Fisch als göttlich verehrten und daß die Priester in Lykien aus dem Erscheinen gewisser Fische weissagten. Er erwähnte auch, daß der große Aristoteles sich in einer Klassifikation versuchte, und danach begann er endlich, sein Seeaquarium zu besetzen. Respektvoll gab er Lurchfisch und Quastenflosser, die den Beweis unseres Herkommens lieferten, den Vorzug, ließ Schmelzschupper auftreten, frühe Knorpel- und Knochenfische, die die Tiefe der Zeit bezeugten. Und schmunzelnd ließ er dann alles durcheinanderschwärmen, was sich einen Namen verdient hatte: den Knurrhahn, den Meeraal und das Petermännchen, den Zitterrochen und sogar den Schleierschwanz. Nicht annäherungsweise läßt sich das farben- und formenreiche Inventar schildern, das er seinem Seeaquarium zudachte.

Sie haben den Hammerhai vergessen, rief plötzlich der ewige Zwischenrufer, worauf der Referent bescheiden sagte: Sie können sich ihn gern hinzudenken, Ihren Hammerhai, der es freilich an Selbstbewußtsein, an Entschiedenheit, an Wachsamkeit und Schwimmkunst bei weitem nicht mit einer Art aufnehmen kann, die das mannigfache Leben im Seeaquarium nicht nur kontrolliert, sondern auch reguliert: ich meine den Großen Zackenbarsch (Serranus gigas), den schon die phönizischen Fischer für bemerkenswert hielten.

Jetzt hielt es meinen Nebenmann nicht mehr, er sprang auf, er wollte tatsächlich wissen, was denn das Bemerkenswerte am Großen Zackenbarsch sei, und das Männchen antwortete bereitwillig; stellte also fest, daß der Große Zackenbarsch sich durch keinen Köder verführen lasse, mithin unbestechlich sei. Obwohl er einen nennenswerten Appetit habe, fuhr er fort, verschlinge er die Beute nicht wahllos, sondern, wie schon die Phönizier beobachtet haben, nach aufschlußreichem Prinzip: als Gegner modischer Extravaganz schnappe er sich vorzugsweise, was blendet, was verschleiert, was garniert und dekoriert und sich arg verstellt, zum Beispiel Papagei- und Trompetenfisch, Schleierschwanz und Kofferfisch. Sein Wirken, sagte der Referent, habe durchaus etwas Richterliches; oder genauer: etwas Anklägerisches. Indem der Große Zackenbarsch nun aber auf seine eigene Art eine Auswahl treffe, begünstige, ja, rechtfertige er andere Erscheinungen des Schöpfungstextes, so zum Beispiel den redlichen Kabeljau, den Laternenfisch und das humorvolle Seepferdchen. Anklage und Verteidigung, so bilanzierte der Referent, sie gehören immer zusammen.

Zugegeben: im ersten Augenblick glaubte ich mich wirklich verhört zu haben, doch was aus einer Ecke zu mir drang, war tatsächlich Beifall; und als das Männchen bemerkte, daß der Große Zackenbarsch gewissermaßen das juristische Prinzip im Seeaquarium darstelle, erntete er zustimmendes Schmunzeln. Die Aufmerksamkeit steigerte sich, als der ewige Zwischenrufer fragte, ob dieser bemerkenswerte Zackenbarsch sich nicht auch mal irren könnte, verhängnisvoll irren könnte.

Das ist wahr, sagte der Referent; trotz aller Erfahrung, trotz enormen Unterscheidungsvermögens irre er sich mitunter, aber noch sein Irrtum – so krähte er – ist insofern bedeutsam, als er auf die exemplarische Funktion einer Erscheinung verweist, die in sich Ankläger und Verteidiger vereinigt. Ja oder nein: wer den Mut zu letzter Klarheit aufbringt, ist irrtumsfähig; nur ein taktisches Sowohl-als-auch schützt vor Irrtümern.

Für immer rätselhaft wird mir das Verhalten des Auditoriums bleiben: je länger der Referent sprach, desto spürbarer ließen Unduldsamkeit und Gereiztheit nach, ein maulender Zuhörer, dem das Thema verfehlt schien, wurde ausgezischt, und nachdem er und drei, vier weitere Unzufriedene den Saal verlassen hatten, lud das Männchen zu einer Diskussion ein, wie sie erschöpfender und beziehungsreicher nicht gedacht werden kann. Entspannt lauschte ich dem Frage-und-Antwort-Spiel. Da wurde heiter gefragt, ob man dem Zackenbarsch Maßstäbe zugute halten könne, und der Referent sagte: Wohl nur seine eigenen. Ob dieser Richter im Seeaquarium sich auf irgendeinen Auftrag berufen könne, wurde gefragt. Der Referent schüttelte den Kopf. Offenbar waltet er seines Amtes, sagte er, weil er Meinungen hat, weil er also – zum Beispiel – Anspruch und Vermögen des Papageifisches beurteilen kann. Und weiter ging es in sonderbarem Einverständnis; keine Frage brachte den Referenten in Verlegenheit, selbst als einer wissen wollte, ob der Große Zackenbarsch auch eine gesellschaftliche Funktion erfülle, gab er bereitwillig, wenn auch etwas gequält, Antwort.

Plötzlich erschrak ich. Als ich einmal zufällig zur offenen Tür blickte, erkannte ich zwei Sanitäter, die die Treppe hinaufstürmten. Ich wußte sofort, wohin sie wollten. Von Sorge bestimmt, verließ ich den Vortragssaal, angegiftet und von ungnädigen Blicken begeisterter Zuhörer begleitet.

Blunsch-Hochfels, mein Direktor, lag ächzend in seinem Sessel und überließ gerade eine schlappe Hand einem der Sanitäter. Der Hausmeister, der die Sanitäter gerufen hatte, machte mir überflüssigerweise ein Zeichen, leise aufzutreten. Ich übersah sein Zeichen. Ich trat in den Gesichtskreis des Zusammengebrochenen und fragte, was geschehen sei. Mühevoll, wie es seiner Lage entsprach, öffnete mein Direktor die Augen und sagte: Botho von Sippel ... abgesagt ... seine Schwester hat eben angerufen. Der banalste Grund: Autounfall. Aber er ist doch erst morgen dran, sagte ich. Niemand kann Botho von Sippel ersetzen, sagte mein Direktor, niemand ist so geeignet, über »Geist und Macht« zu sprechen, wie er. Über »Geist und Macht«? fragte ich und gab schon einem Einfall nach. Über »Geist und Macht«, bestätigte mein Direktor. In diesem Augenblick drang aus dem großen Vortragssaal ein Beifall zu uns herauf, wie wir ihn nur sehr selten gehört hatten, frenetisch zunächst und dann rhythmisch. Wem gilt das? fragte Blunsch-Hochfels matt und verwirrt, und ich darauf, spontan: Wem? Dem Großen Zackenbarsch.

1990

Epilog:
Kleines Strandgut

Meditation und Wasser sind, das weiß jedermann,
für immer miteinander vermählt.

Herman Melville, *Moby Dick*

≈

Wenn es doch nur einmal zurückwiche, wenn es doch – plötzlich, in einer Nacht – schrumpfte und austrocknete und seinen runzligen Grund freigäbe mit allen Geheimnissen! Auf der Düne, am Strand, auf der Mole: immer wieder hab ich's mir gewünscht, daß das Meer sich nur einmal entleerte, verginge, verdampfte und daß zum Vorschein käme, was in lichtloser Tiefe ruht. Prompter kann sich ein Wunsch gar nicht einstellen. Kaum stehe ich vor dieser dünenden Weite, versuch ich mir auch schon auszudenken, was tief unten, unter gleichmütig anlaufenden Wellen, verborgen ist, was dort lauert und treibt und trudelt.

Und ich denk mir glitzernde Schlammfelder und ermattete Tangwälder, bilde mir unterseeische Gebirge ein und Muschelbänke und feine, aufgeworfene Sände, die geduldig auf einen Schiffskiel warten. Gleich steigen auch Stimmungsbilder auf: ein einsamer Heringshai streicht durch ein lautloses Atlantis; in den Wanten des schnellen Salpeter-Seglers »Mary Andersson«, der mit sanfter Krängung auf Grund liegt, hängt ein toter Albatros; von großäugigen Sepien umspielt, treibt der zu Lebzeiten immer fröhliche Bootsmaat Jan Vollmer durch grüne Dämmerung, und neben der muschelbewachsenen Karavelle »Esperanza« schnappt eine Muräne nach den blitzenden Dublonen, die aus der geborstenen Schiffskiste herausrieseln. Groß ist die Beute, die das Meer in tausend Jahren gemacht hat, groß dürfen deshalb auch die Erwartungen sein.

Aber, ich weiß, alles Wünschen hilft nicht, das Meer wird sich niemals zurückziehen, den gewellten Mantel aufheben, der alles deckt, was auf dem Grund liegt oder über ihn hinschwebt – Männer und Mäuse, Schiffe und sagenhafte Städte, Inseln und altersschwache Leuchttürme: was es sich holt, das behält es, das meiste verschwindet auf Nimmerwiedersehen. Es versinkt, es geht unter, willkommen geheißen vom großen Kraken und bestaunt vom tief tauchenden Blauwal.

Oben jedoch, an den Küsten, da ernährt das Untergegangene die Phantasie; in pausenreichen Gesprächen, vor gleichgültigem Horizont hören sie nicht auf, von denkwürdigem Schiffbruch zu erzählen, der nichts übrigließ von der Fähre, die eine Hochzeitsgesellschaft zu der Insel bringen sollte und nie mehr gesehen wurde, oder vom Silber des rothaarigen O'Rourke, das er so tollkühn erbeutete und das auf der Heimreise das Meer ihm abjagte. Verführt von Untergegangenem, das niemals mehr auftauchen wird, erwählen wir Geschichten – gerade so, als könnten wir uns nicht abfinden mit gewissen Verlusten. Es schluckt alles, das Meer, zieht es hinab mit seinem gewaltigen Atem, ohne ein Verzeichnis zu führen über Schiffsnamen und Ertrunkene und die vielen geraubten

Schätze. Nicht auszudenken, was in der Tiefe gehäuft und bewahrt wird.

Aber ich muß zugeben, das Meer nimmt nicht nur, es gibt auch freiwillig her: als Strandläufer weiß ich, wovon ich rede. Als Sucher und Sammler, immer darauf aus, etwas zu finden, kenne ich Geschenke, die das Meer dem Strand macht. Manchmal wirft es sie unwirsch weit aufs Land hinauf, manchmal deponiert es sie dort, wo noch die kleinen kippenden Wellen hinreichen – seine gebleichten, zerwaschenen, seine salz- und rostbesetzten Geschenke. Wir nennen sie kleines Strandgut.

Strandgut: das sind die Dinge, die keinem gehören und deshalb also dem, der sie findet. Auf den ersten Blick erscheinen sie ziemlich wertlos – ausgespiene Nutzlosigkeiten, Reste, zernagte Belanglosigkeiten, die dem Meer nichts bedeuten und die es uns vor die Füße spült. Manche stupsen sie nur an, horchen und riechen an ihnen, kratzen vielleicht auch noch ein bißchen und schleudern sie berechnet in die nächste Welle, die gerade tote, milchige Quallen heranrollt. Das freilich hat das Strandgut nicht verdient, denn was manchem wie Abfall vorkommt, ausgespuckt aus salzigem Mund, ist keineswegs unbedeutend, nutz- und wertlos. Jedem Stück – ich bin erst nach und nach darauf gekommen – ist etwas abzuhorchen, abzusehen, jedes, auch das unscheinbarste, alltäglichste ist bereit, etwas zu erzählen und damit preiszugeben, und zwar nicht nur von seewindumzauster Reise, sondern auch von zäher Wanderung über den Grund.

Dies Tauende, diese Buddel, dieser Knochen und dieser pockenbesetzte Pott: ein wenig gedreht und gewendet und träumerisch gegen den Horizont gehalten, laden sie uns ein, ihrer Herkunft nachzudenken. Sanft appellieren sie an unsere Phantasie, mögliche Schicksale zu entwerfen – und das heißt ja schon, ihnen eine Geschichte zu erfinden: ihre eigene Geschichte. Und wir lassen uns um so leichter dazu verführen, weil alles, was wir am Saum des Meeres finden, etwas bezeugt: einen Unfall, ein Versehen, Leichtsinn und Übermut, Gewalt und ordnungsgemäßen Tod.

Muscheln zum Beispiel sind die alltäglichste Münze. Überall liegen sie herum, längst zu Tode getrocknet, es kracht unterm Schuh, wenn sie zerbrechen, der kleine Sebastian aus Solingen-Os schneidet sich auch schon mal an ihrem scharfen Rand; doch wer stehenbleibt und sich hinabbeugt zu dem armen Häufchen, könnte so einiges bemerken. Ich meine nicht nur die vielfältigen Formen und den irisierenden Glanz in ihrem Innern – so glänzen die Flossen des fliegenden Fischs auf, wenn er sich aus dem Rücken der Welle hebt –, ich denke vor allem an die unvergänglichen Farben, an das Rosa, das Stahlgrau, das Blau – jenes Blau der Tiefe. Das kann nur, das muß Undines Blau sein, das Blau ihrer Augen, das zur Tiefe lockt, bei dessen Anblick man liebliche Stimmen hört. Vielleicht, denk ich, war es Undine selbst, das heißt: ihre meergewohnte Schwester, die dieses Häufchen zusammengesucht hat, um in der Nacht, wenn endlich das Gekreisch der Möwen aufhört, ihren ganz privaten Matrosenfriedhof zu schmücken.

Seltsam, am Strand erschrickt man nicht allzusehr, wenn man auf Knöchlein stößt, auf ein gebleichtes, sauber beschliffenes Skelett – hier scheint es dazuzugehören. Von den Mühlen der Strömungen gemahlen, abgenagt, auf letzte Formel gebracht, ruft es statt kleinem Schaudern eher Bewunderung hervor. Ein Vogel, gewiß, aber welch einer? Wie war sein Ende? Und weil dir nichts anderes einfällt, denkst du vor den weißgewaschenen Vogelknochen an einen alten Leuchtturmwärter, der bei Einbruch der Dunkelheit pflichtgemäß seine Kennung übers Meer schickt, den spielerisch kreisenden Lichtarm, der zwanzig Seemeilen weit reicht und den aufkommenden Schiffen ihre Position angibt.

Am Nachmittag erst hatte er Pedder freigesetzt, den verletzten Tölpel, der sich, ein überraschend guter Segler, vor der Plattform fallen ließ und in den Wind drehte und davonflog. Sieben Tage hatte er das Tier gefüttert und gepflegt, er hatte es Pedder getauft, erlebte mit Freude, wie der Vogel bald hinter ihm herwatschelte und in sein Hosenbein biß; nach manchen Fütterungen bekam er knarrenden Dank zu hören. Die Verletzungen, die Pedder sich zugezogen hatte, als er eines Nachts – wohl auf der Flucht – gegen das dickwandige Glas der Leuchtsektion geprallt war, schienen gut verheilt zu sein; der alte Wärter war sicher, daß der Vogel es bis zur Küste schaffen würde. Er stand auf der Plattform, es blies auf; er sah den Lichtarmen nach, die den Schiffen heimleuchteten, plötzlich hörte er einen schwachen Aufprall hoch über sich und wurde gleich darauf von einem fallenden Vogelbalg gestreift, der trudelte und am Fuß des Leuchtturms in die See klatschte. Besorgt richtete er den Schein der Handlampe in das Schäumen tief unter sich, ließ das Licht über die wehende Gischt fahren, und für einen Augenblick glaubte er den Balg des Vogels erkannt zu haben, der von einer Welle gegen den Sockel geworfen wurde. Es gab keinen Zweifel für ihn, daß es ein Tölpel war.

Vielleicht hebst du wirklich auf, was von einem Pedder übriggeblieben ist, läßt dir von ihm bezeugen, daß das Meer seine kleinere Beute herausgibt; dennoch bleibt es ein Raffer. Ruhig widerlegt es das größte Geschick, alle Fertigkeiten, und selbst den wehrhaftesten Bewohnern beweist es ihre Unterlegenheit. In einer Sandmulde, gebacken von der Sonne, liegt still, was sich einmal selbstbewußt und gepanzert zeigte und mit geöffneten Scheren Furcht einflößte. Urtümlich wirken noch die Reste der Krabben. Ihre Panzer tragen den Befall vergangener Epochen und die Kratzer durchstandener Kämpfe, hier fehlt ein krummes, horniges Bein, dort ein Stück des Greifers. Mit leisem Knacken bricht alles auseinander – die Keilschrift des Zerfalls. Die nächste Flut wird es sich holen, und feine Sände werden den Kalk zerreiben. Waren es nicht seitwärts gehende Krabben, die einst Sartres Angstträume bevölkerten? Und hat man ihnen nicht, so im allgemeinen, die größte Garantie fürs Überdauern gegeben? Ihr Alter ist ihnen eingeschrieben – in die geborstene Form.

Immer wieder muß ich beim Weitergehen den Blick heben, hinausschauen in die Weite, aus der die stets gleichen

Nachrichten kommen auf flüchtigem Rücken. Was da draußen gewiegt wird: Tang und weißgewaschene Hölzer, tote Fische und Glaskugeln, aus kunstvollem Netzwerk befreit, Quallen und ein unsinkbarer Wimpel, den ein Sturm vom Mast riß.

Wie schön alles ist, solange es gewiegt wird, und wie arm es uns vorkommt, wenn die letzte Welle es auf den Strand geworfen hat! Der Fisch gehört in die Tiefe, ins Schweigen, dort ist sein Gleiten eine Art von Fliegen, aber hier auf dem Sand schrumpft seine ideale Form, er dörrt, wird seiner Farben beraubt, die herrliche Schwanzflosse leuchtet nicht mehr, und auch das Glotzauge verliert seinen Glanz. Ihre Schönheit ist für die Tiefe gemacht, jedenfalls für den Meeresgrund. Traurig, wie der Seestern hier an der Sonne seine Arme krümmt, wie die kleinen Saugfüße immer wieder hervorschmelzen auf der Suche nach einem Halt. Welch eine Muskelkraft in ihm steckt; mit ihr hat er einst die widerständigste Muschel geöffnet; nun platten sich schon die Arme ab; bald wird er steif und trocken, und Silke aus Pinneberg wird ihn vielleicht als Lesezeichen in ihr Buch legen.

Höher hinauf, dort, wo die Flut ihre letzte Markierung hinterließ, liegt ein Stück Netz; du hebst es auf und erkennst an der Verknotung, daß es das Endstück einer Reuse ist, und nicht nur dies: dein geübter Blick sagt dir, daß es gewaltsam abgetrennt wurde vom ausgeklügelten Fangsystem. Doch wer hat es getan? Und mit welchem Werkzeug? Und du setzt dich in den Sand und denkst dir einen Klaas Matthiesen, der mit seinem alten Kajütmotorboot hinaustuckert auf eine friedliche, sommerliche See, an einem warmen Abend. So könnte es sich zugetragen haben: nur weil das Meer so still war und so harmlos aussah, gelang es Klaas, Eva Eicken zu einem kurzen Ausflug zu überreden, nur mal eben ein Stück an der Küste entlang. Sprechen konnten sie nicht viel, gegen den pochenden Motor war kaum anzukommen; sie begnügten sich damit, einander zuzulächeln und mit ausgestreckter Hand auf die Dinge zu deuten, die sie sich zeigen wollten. Nie zuvor war es Klaas gelungen, Eva Eikken so für sich allein zu haben, er wünschte sich, daß die Fahrt dauerte, doch sie waren kaum auf der Höhe der bewaldeten Halbinsel, als Eva ihn auch schon bat, zurückzufahren – vielleicht, weil es fast dunkel geworden war. Bekümmert ging er auf Gegenkurs, er fuhr näher an den Strand heran und drosselte den Motor, nur ein einziger Gedanke beherrschte ihn: die Zeit zu dehnen.

Und plötzlich saßen sie fest, der Motor spuckte einmal und hechelte und schwieg, und das Boot glitt nicht aus, sondern wurde festgehalten von elastischen Fesseln. Um Himmels willen, sagte die Nichtschwimmerin Eva Eicken, was ist passiert, worauf Klaas Matthiesen ihr beibrachte, daß sie in ein Reusensystem geraten waren und daß die Messingschraube hoffnungslos von Netzwerk umschlossen war. Beim ersten frühen Licht, erklärte er, werde er hinabtauchen und die Schraube mit seinem Bordmesser freischneiden.

Da ihnen nichts anderes übrigblieb, richteten sie sich aufs Warten ein, die Kühle überredete sie, näher aneinander heranzurücken, vielleicht noch ein bißchen näher, und bald zeigte es sich, daß man den langsamen Gang der Zeit völlig vergißt, wenn man sich der Wohltat sprechender Berührungen überläßt. Die erste Helligkeit kam fast zu früh, doch versprochen ist versprochen: Klaas Matthiesen ließ sich übers Heck ins Wasser, schnitt die Schraube aus der Fessel des Netzes frei und brachte, wie zum Beweis, das Endstück der Reuse an Bord. Diesem bißchen, sagte er, haben wir alles zu verdanken. Er warf es in die See und ließ den Motor an. Daß es seine eigene Reuse war, sagte er nicht; das brauchte auch nicht gesagt zu werden.

Was du hier am Strand erfahren willst, mußt du dir erfinden, denn magst du auch noch soviel entdecken und sammeln: über seine Herkunft schweigt jedes Ding. Wer den Ast brach, den die Wellen an Land warfen, kann keiner ermitteln, doch du fühlst dich aufgefordert, dem weißen, gepökelten Holz eine Reise zu entwerfen, zu denken, welche Strömungen es entführten, wo es sich verfing und wie es zu der Manschette aus unentwirrbaren Halmen gekommen ist. Wie glatt, wie poliert sich der Ast anfühlt. Und wieviel Zeit Halme und Seegras brauchten, um sich so am Holz zu befestigen.

Zeit: hier am Strand geht dir gleich auf, daß ein Tag wie ein Tropfen ist, ein Tropfen aus diesem unendlichen Wasser. Gelassener als das Meer arbeitet keiner. Ob es aufbaut oder verbraucht, ob es rosten oder versteinern läßt, ob es anschwemmt oder mit heftigen Schlägen wegwäscht: ihm gelingt alles, denn auf seiner Seite ist der Sieger Zeit.

Dicht nebeneinander liegen zwei ebenmäßig aufgebukkelte Steine – es ist schwer zu glauben, daß die beiden einmal lebten, schwollen, zuckten, daß sie sich ihre Nahrung holten aus planktonreichen Strömungen. Damit sie für immer Seeigel bleiben, machte das Meer sie zu Stein. Um die zauberische Form der Wurzel aufzuheben, bepflasterte es sie mit Pocken, beschwerte und bewahrte sie so vor zu früher Fäulnis. Und die Schalen der geknackten Austern, gewachsen in widerstandsfähigen Terrassen, erscheinen dir wie ein Inbegriff der Unzerstörbarkeit; so sieht aus, was für die Dauer konzipiert ist. Im Glanz des Perlmutts singt sich das Meer sein eigenes Loblied.

Fragen, immer zahlreicher werden die Fragen angesichts der Dinge, die am Strand zu finden sind, und oft genug stutzt man und schüttelt den Kopf. Was hat diese Fahrradkette hier zu suchen, die, von sanften Wellen beleckt, in mutwilligen Buchten verschlungen, still vor sich hin rostet? Ein submariner Radfahrer, der genußvoll durch die Stille der Tangwälder gondelt und Dorsch und Makrele zunickt, läßt sich beim besten Willen nicht vorstellen, wohl aber ein Olaf Friis, dem bei verbissener Strandfahrt die Kette riß und der sie mit berechtigter Wut einfach ins Wasser schmiß. Man kann ihr auch eine andere Geschichte erfinden, eindeutig aber bleibt, daß der strafende Rost schon seine Wirkung getan hat: nie mehr wird diese Kette auf einem Zahnrad liegen und sich einen Rocksaum, ein Hosenbein fangen.

Und stutzen wirst du nicht weniger beim Anblick dieser eigentümlich gekrüllten Blätter und des trockenen

Schilfhalms, denn weit und breit ist kein Baum, ist kein Schilfgürtel zu sehen. Klar, sie stammen von einer anderen Küste, und ebenso ersichtlich, daß sie sich selbst zum Segel machten und dem Wind anboten, der sie, da sie keine Fracht zu tragen hatten, leicht über das Wasser trug, ohne Bugwelle, ohne Kielwasser. Segel: sie sind der Bindestrich zwischen den Küsten, ein Kunstwerk aus Tampen und Leinen hält sie fest, wenn der Wind sie erprobt, wenn er sich grollend in ihnen verfängt – sie hier, Blatt und Schilfhalm, haben ihre eigene Takelage, fast wie diese gebogene Vogelfeder, die aber nicht so ausdauernd segeln kann, weil sie früher Wasser zieht. Leere Schrotpatronen bestätigen, daß in der Frühe der Jäger unterwegs war, daß er unter seinem selbstgemachten Tarnnetz auf die Ringelgans lauerte, auf die kluge, mißtrauische Brandgans, die mit den schwarzen Steuerfedern. Nach altem Aberglauben soll sie nicht aus dem Ei, sondern aus einem Holzstück stammen, weswegen sie als Fastenspeise so beliebt war. Jedenfalls, die Federchen sagen dir, daß zumindest eine dran glauben mußte.

Unglaublich, was das Meer alles ausspuckt und verstreut, was es deiner Einbildungskraft anbietet. Sehnsucht nach Weite kommt da wie von selbst auf, gleich möchte man Reisepläne wälzen. Du merkst aber auch, wieviel du zu empfinden beginnst für die Geschehnisse draußen auf See. Diesem Endstück eines Tampens zum Beispiel ist anzusehen, daß er mit einer Axt Bekanntschaft machte in einem dramatischen Augenblick. Als ich es aufhob, den Sand wegwischte, als ich mit dem Daumen über die zersplissene Schnittstelle strich, sah ich auf einmal diesen altmodischen Ewer; der Himmel war tintig, alle Zeichen standen auf Sturm, und der breitgebaute Schollenfänger floh vor dem Wetter, das da heraufzog, in eine vermeintlich ruhige Bucht. Sie warfen ihren Stockanker raus und steckten Leine nach, und eine Probe sagte ihnen, daß der Anker gegriffen hatte. Dann horchten sie auf den Sturm draußen, auf sein ordentliches Toben, und merkten nicht, wie stark die Strömung war, die in der Bucht ging, eine parallel zum Strand laufende Strömung, die sie gegen eine Steinbank drückte. Wir müssen hier weg, sagte der Schiffer zum Jungmann und schickte ihn nach vorn und befahl ihm, den Anker hochzuholen. Der aber saß fest, der hatte sich in den Aufbauten eines Wracks verfangen und ließ sich nicht ausbrechen wie aus sandigem Grund; auch als sie sich zu dritt bemühten, schafften sie es nicht. Und mit einem einzigen Axthieb kappte der Schiffer das Ankertau und warf den Stumpen ins Wasser. Sie verließen die Bucht. Der Jungmann konnte tags darauf erzählen, wie er seinen ersten Sturm abritt.

Allmählich beginnst du zu zögern, das Wort »Meereseinsamkeit« für rechtens zu halten. Gewiß, die enorme Ausdehnung des Wassers legt es nahe, eine gewisse Einsamkeit anzunehmen, aber die Dinge, die du am Strand aufhebst, beweisen, wieviel Leben es gibt auf See. All die Schiffe, die Bojen, die Bohrinseln! Die Regatten und Traumreisen und das weltumspannende, hart kalkulierte Gewerbe der Linienschiffahrt. Wieviel Leben schwimmt da von Ziel zu Ziel! An der Kimm, gerade noch erkennbar, schleppt ein Küstenfischer, während zu gleicher Zeit ein arktischer Wind in den Antennen eines Forschungsschiffes summt. Vom ersten stammt vielleicht die ausgediente Flaschenbürste, mit der der Eigner von Zeit zu Zeit seine Taschenbuddel mit dem Patentverschluß säuberte; und es ist durchaus denkbar, daß die elektrische Birne, die einst ein Schiffsdeck erhellte, glimpflich an kalbenden Eisbergen vorbeizog und nach einjähriger Reise an deinen Strand trieb. Es muß keine Perle sein! Der Reichtum des Lebens auf See wird von anderen Dingen bezeugt.

Nein, weder Meereseinsamkeit noch Meeresstille. Horch nur mal hin: selbst wenn es nur daliegt in seinem Glanz, wenn es, das zeitlose Meer, zu schlafen scheint, vernimmst du ein Seufzen, einen tiefen, gedämpften Atem, der die Erregungen ahnen läßt und das Verlangen, sich die Erde zurechtzufeilen. Etwas rollt da und leckt, ein sanftes Klatschen, ein Zischen und feines Murren sind noch auf dem Strand zu hören, und vielleicht erlebst du sogar einmal, wie Tümmler eine Glockenboje umspielen und sie sachte tanzen lassen, so daß sie einen dünnen, klagenden Ton von sich gibt.

Etwas schmerzt dich beim Anblick der zerbrochenen Buddel, du weißt noch nicht, was es ist, aber wenn du das scharfkantige Ding etwas länger anguckst, wird es dir klar: da war eine Flaschenpost drin, ein unbestimmter Sehnsuchtsbrief von Asmus Asmussen. Das Meer war dagegen, daß er einen Empfänger erreichte, und zwar weniger wegen der grammatikalischen Fehler, die Asmus gemacht hatte, als einfach deswegen, weil es neugierig war, diese Flaschenpost zu lesen. So warf es die Buddel gegen einen Stein. So spülte es den Brief heraus. Ja, das Meer redet mit, und was es mißbilligt, das unterbindet es, oder es läßt sich an ihm aus.

Mich wundert es nicht, daß es eine Limonadendose, die ein Namenloser vom Ausflugsdampfer »Tom Thule« geworfen hat, zuerst verbeult und eindellt und behämmert, ehe es sie ausspuckt. Sachen dieser Art haben im Meer ebensowenig zu suchen wie eiserne Rohrstücke oder eine Stabtaschenlampe oder sogar eine ausgediente Injektionsspritze. Das freilich ändert nichts daran, daß du sie aufhebst und nach ihrer Herkunft fragst. Und schon siehst du einen falschen Dr. Crippen mit der Taschenlampe Blinksignale absetzen, glaubst dich dabei, wie die schöne, aber erfolglose Schauspielerin Susi Saluti auf mondhellem Oberdeck die Spritze zückt, um sich an der einsichtslosen Welt zu rächen, als plötzlich der Kapitän selbst auftaucht, um ihr das ersehnte Telegramm zu bringen – worauf sie die Spritze einfach ins Meer fallen läßt.

Vollgestopft mit Nachrichten von überall her, zwangsunterrichtet auch über entlegene Vorkommnisse, muß ich angesichts des Plastikhelms sogleich an eine Bohrinsel denken, an ausgesuchte Männer, die auf ihr im Vierzehntagetörn schuften, hochbezahlt, von hoher Reizbarkeit. Ohne Zweifel hat da einer von ihnen dem ewig raunzenden Vorarbeiter Kjell Mosegrøn eine Lektion erteilt, mit dem Resultat, daß er sich, als er wieder zu sich kam, einen neuen Helm beschaffen mußte. Ein Uppercut sorgt immer dafür, daß eine Kopfbedeckung davonfliegt.

Seltsam, wie oft sich hier am Strand ein hoffnungsloses Heimweh einstellt; vor dem Glanz der Weite, dem Abgrund spürst du auf einmal eine unerklärliche Hingezogenheit; die Unschuld unserer Anfänge kommt dir in den Sinn, das Meer, das noch seinem ersten Bild gleicht, sagt dir: du bist ganz nahe, deine Suche hat sich gelohnt. Man möchte ein Netz nach sich selbst auswerfen.

Der Schuh dort, mit Sand gefüllt, ist ein Beleg dafür, daß das Meer den toten Matrosen behalten hat. Meist schweigt es sich aus über die Unglücksfälle, die auf ihm passieren; doch wenn das Meer es für angezeigt hält, liefert es uns die traurigen Beweise: den Schuh, den Arbeitshandschuh, die gerissene Leine, an der das Leben hing, den Spanten des gekenterten Ruderbootes, ein salzgebeiztes Stück Segel oder sogar das rostige Schloß der kapitänseigenen Schiffskiste, die Heuer und Order barg. Nun bewacht das Schloß nur noch sich selbst. Bei Hai und Hummer sind all die Dinge, die es vor unbefugtem Zugriff sichern sollte – da, wo auch der Kapitän ist, der sich, die Schiffskiste in der Hand, weigerte, seinen sinkenden Seelenverkäufer zu verlassen. Vielleicht zeugt auch die Schrubbürste, die eine lange Welle auf den Strand geworfen hat, von einem Unglück auf See. Daß du bei ihrem Anblick lächelst, liegt daran, daß dir der letzte Befehl eines Bootsmannes einfällt, mit dem er die Matrosen des sinkenden Schiffs warnt: Koomi nich anne Farv. Kann sein, daß derselbe Bootsmann einem Leichtmatrosen befahl, weiter und weiter zu schrubben, obwohl der Dampfer sacht abblubberte. Das soll's ja gegeben haben auf See.

Wie der Strand leuchtet! Fast blendet dich der weiße Sand, der, je weiter du blickst, in der Ferne verflimmert. Schau lieber vor dich hin, denn beinahe bist du draufgetreten, auf das kurze Stück Stacheldraht, das wie eingebacken im Sand liegt, unscheinbar und tückisch zugleich. Kein Zaun weit und breit. Kein Gehöft in der Nähe. Wer mag es hierhergebracht haben? Dieser einsame Strand war nie befestigt, wurde nie gestürmt. Wer also? Ole Puttnaes natürlich, der alte Rumschmuggler. Das harmlose Stückchen Stacheldraht verrät ihn und seine Methoden.

Nie brachte er seine Flaschen direkt an den Strand, er versenkte sie zunächst in den Sack seines Grundnetzes, das an vierundzwanzig Pfählen befestigt war; dort ruhten sie sicher. Mitunter waren so viele Flaschen im Netz, daß Aal und Hornhecht darauf verzichten mußten, hineinzuschwimmen. Wollte er eine Ladung absetzen, so fuhr er bei Mondschein hinaus, machte sich ganz unverdächtig an seinem Netzwerk zu schaffen, holte, etwa zu gleichen Teilen, Fische und Flaschen herauf – das war ein schönes Glänzen und Gleiten. Es ging lange gut.

Doch in einer Nacht – er war nicht mehr allzu weit vom Strand entfernt – sah er eine Gestalt auf unbeleuchtetem Fahrrad näher kommen, und er wußte sofort, daß es Bultjohann war, der Strandgendarm. Zurückfahren konnte er nicht mehr, also warf er die Flaschen – sachte, jedenfalls nicht in hohem Bogen – ins Wasser, ausgerechnet da, wo eine ablandige Strömung ging. Bultjohann erwartete ihn, und wie es seiner Art zu fragen entsprach, wollte er von Ole lediglich wissen, ob das, was Ole ins Wasser geworfen hatte, die Fische unter Maß gewesen seien. Ja, sagte Ole, und mehr brauchte er nicht zu sagen.

Mehr mochte er auch nicht sagen, denn die Wut über die Flaschen, die er nie mehr wiedersehen würde, hielt ihn vollkommen besetzt. Er trug die Fische nach Hause und überlegte, wie und womit er es Bultjohann heimzahlen könnte, und weil er immer dem ersten, wenn auch nicht immer dem besten Einfall nachgab, entschied er sich dafür, ein Stück Stacheldraht abzuknipsen und es in der Radspur des Gendarmen auszulegen. Zu seinem Pech aber erschien Bultjohann in der nächsten Nacht von der Seeseite, in einem schnellen Boot kam er heran, und da er kein Mann von vielen Worten war, packte er schweigend mit an, um die Flaschen aus dem Netzsack zu holen. Danach bat er Ole, in sein Boot umzusteigen, bot ihm ein wenig Pfeifentabak an und brachte ihn in Sicherheit, zur Station. Daß er bald darauf mal seinen Schlauch flicken mußte, machte ihm nichts aus; er mußte es von Zeit zu Zeit immer wieder tun.

Du denkst an diese oder an eine andere vergleichbare Geschichte und vergißt nicht, das Stückchen Stacheldraht aufzuheben und mitzunehmen, ebenso wie die herausgerosteten, jeder Ferse drohenden Eisenteile aus dem einst schönen Topf, einem Stück des sogenannten Staatsgeschirrs, das benutzt wurde, wenn der Kapitän des Gaffelschoners »Margarethe« seinen Reeder bewirtete. Ich kann nicht anders: alles, was sticht, was schneidet, was pikt und sich in den Zehballen einbohrt, muß ich hier draußen aufsammeln und forttragen – dorthin, wo ein nackter Fuß garantiert nicht tritt. Sauber soll mein Strand nicht sein, wohl aber frei von allem Krempel, den wir achtlos verstreuen.

Nein, es geht nicht ohne Erbitterung ab. Es scheint zuviel, sich ein unversehrtes Meer zu wünschen. Weil einige mehr oder noch mehr verdienen wollen, richten sie zugrunde, was allen gehört. Da liegt er, der tote Alk, mit verklebtem Gefieder, Öl in seinen Lungen, verpestet sein Inneres. Du nimmst den armen Körper auf und weißt nicht, wem du deine Empörung zeigen sollst, denn der, der sein Schmutzöl auf freier See abgelassen hat, ist schon hundert Meilen entfernt, bald wird er belobigt werden für kostensparende Transaktion. Der kleine tote Wasservogel, den das Wetter fast zur Chiffre gedorrt hat, läßt uns nicht so hadern und empört sein; wir wissen, welch ein fortwährendes Risiko das erfahrene und unerfahrene Leben am Meer läuft, und wenn wir auch die Tribute beklagen, die es entrichten muß, so finden wir uns doch eines Tages mit ihnen ab. Es hat keinen Zweck, den Balg ins Meer zurückzuwerfen, es wird ihn früher oder später an Land spülen: da, seht, so geht ihr mit allem um, was sich nicht wehren kann. Und du fragst dich, warum wir einige Verbrechen nachsichtiger behandeln als andere, fragst dich auch, warum entsprechende Gesetze auf sich warten lassen. Nun erregt euch doch nicht so, war in einer Frankfurter Zeitung zu lesen, noch gibt es ja Fische in den Geschäften an der Küste. Der Mann war offensichtlich nicht zugegen, als die zwergwüchsigen, die verkrümmten, die von den Schwermetallwunden bedeckten Fische bereits auf See ausgesondert wurden.

Vergiß deinen Zorn nicht, während du dich über die schönen Schalen der Pinna beugst, dieser Steckmuschel. Wie prompt dir das Alter des Meeres einfällt, wenn du eine Venusmuschel entdeckst; noch findest du in ihr Auroras Glanz. Und diese Herzmuschel, die gab es schon in der Trias. Formen der unaufhebbaren Dauer. Farben, aus denen die Ewigkeit zurückstrahlt. In der Gegenwart des Meeres mag man das denken, doch man denkt es nicht unbeschwert.

Einmal verschwindet jeder hinter dem Horizont, so wie Odysseus verschwand und Kapitän Ahab, wie Robinson und Nemo und der große Beutemacher Sir Walter Raleigh. Kein Anker hält für immer. Wünschenswert ist, ohne Groll zu verschwinden, mit den begrenzten Erfahrungen, die du auf deinem Floß gemacht hast. Hier an der Küste des Meeres hat man seine eigenen Empfindungen, das merkt man bald und besonders dann, wenn man so bepackt ist mit seltsamem Strandgut, wie du es bist. Es gibt manches zu tun, denn auch das Meer schreibt oft genug verschlüsselt. Am Ende eines Strandgangs, da mach es wie ich: nimm dir ein Stöckchen und ritz deinen Namen in den Sand, dort, wo er feucht ist und die Welle noch hinlangt; ritz ihn ein und warte und sieh zu, wie er erlischt. Danach kannst du leicht fortgehen.

1986

Quellenverzeichnis

ED = Erstdruck (in Zeitungen, Zeitschriften oder Anthologien); EA = Erstausgabe; WA(iE) = Werkausgabe (in Einzelbänden); SE = Ausgabe sämtlicher Erzählungen; HB = Hörbuch

Arnes Nachlaß
Roman. Hamburg: Hoffmann und Campe, 1999

Das Feuerschiff (1959/60)
ED: siehe EA
EA: *Das Feuerschiff. Erzählungen*. Hamburg: Hoffmann und Campe, 1960. S. 7–154
WA: *Erzählungen 2. 1956–1962*. Hamburg: Hoffmann und Campe, 1997 (WAiE; Bd. 14). S. 171–335
SE: *Die Erzählungen.* Mit einem Geleitwort von Marcel Reich-Ranicki. Hamburg: Hoffmann und Campe, 2006. S. 564–662
HB: *Das Feuerschiff*. Hamburg: Hoffmann und Campe, 1997

Das Wrack (1952)
ED: siehe EA
EA: *Jäger des Spotts. Geschichten aus dieser Zeit*. Hamburg: Hoffmann und Campe, 1958. S. 38–55

WA: *Erzählungen 1. 1949–1955*. Hamburg: Hoffmann und Campe, 1996 (WAiE; Bd. 13). S. 70–87

SE: *Die Erzählungen*. Mit einem Geleitwort von Marcel Reich-Ranicki. Hamburg: Hoffmann und Campe, 2006. S. 98–108

Der Beweis (1964)

ED: *Westermanns Monatshefte*, 106. Jahrgang, Heft 8 (1965). S. 5–12

EA: *Der Spielverderber*. Hamburg: Hoffmann und Campe, 1965. S. 158–174

WA: *Erzählungen 3. 1964–1975*. Hamburg: Hoffmann und Campe, 1998 (WAiE; Bd. 15). S. 54–72

SE: *Die Erzählungen*. Mit einem Geleitwort von Marcel Reich-Ranicki. Hamburg: Hoffmann und Campe, 2006. S. 844–854

HB: *Erzählungen*. Mit Siegfried Lenz. 2 Teile. Hrsg. von Hanjo Kesting. Hamburg: Hoffmann und Campe, 2006 (NDR, 8. April 1985)

Der Hafen ist voller Geheimnisse (1955)

ED: siehe EA

EA: *Der Hafen ist voller Geheimnisse. Ein Feature in Erzählungen und zwei masurische Geschichten.* Lübeck/Hamburg: Matthiesen Verlag, 1960 (Die Leserunde. Dichter der Gegenwart; Heft 18). S. 1–17; zuletzt: *Die Wracks von Hamburg*. Oldenburg/Hamburg: Stalling Maritim, 1978. S. 11–59

HB: *Das Rundfunkwerk. Hörspiele, Essays, Features, Gespräche u. a.* Hrsg. von Hanjo Kesting. Hamburg: Hoffmann und Campe, 2006 (NWDR, 9. März 1955)

Der Mann im Strom

Roman. Hamburg: Hoffmann und Campe, 1957

Der Mensch auf dem Meeresboden (1960)
ED: *Sonntagsblatt*, Hamburg, 19. und 26. Juni 1960
SE: *Die Erzählungen.* Mit einem Geleitwort von Marcel Reich-Ranicki. Hamburg: Hoffmann und Campe, 2006. S. 675–689
HB: *Das Rundfunkwerk. Hörspiele, Essays, Features, Gespräche u. a.* Hrsg. von Hanjo Kesting. Hamburg: Hoffmann und Campe, 2006 (NDR, 11. September 1960; »Auf Wiedersehen unter Wasser«)

Der vollkommene Angler (1958)
ungedruckt
HB: *Das Rundfunkwerk. Hörspiele, Essays, Features, Gespräche u. a.* Hrsg. von Hanjo Kesting. Hamburg: Hoffmann und Campe, 2006 (NDR, 4. November 1958)

Deutschstunde
Roman. Hamburg: Hoffmann und Campe, 1968

Die allerletzte Reise (1964)
ED: *Tuchfühlung. Neue deutsche Prosa.* Hrsg. von Peter Jokostra. Hamburg: Hoffmann und Campe, 1965. S. 125–144
EA: *Der Hafen ist voller Geheimnisse. Ein Feature in Erzählungen und zwei masurische Geschichten.* Lübeck/Hamburg: Matthiesen Verlag, 1960 (Die Leserunde. Dichter der Gegenwart; Heft 18). S. 125–144

Die Bergung (1982)
ED: siehe EA
EA: *Das serbische Mädchen. Erzählungen.* Hamburg: Hoffmann und Campe, 1987. S. 165–183

WA: *Erzählungen 4. 1976–1995*. Hamburg: Hoffmann und Campe, 1999 (WAiE; Bd. 16). S. 352–372
SE: *Die Erzählungen.* Mit einem Geleitwort von Marcel Reich-Ranicki. Hamburg: Hoffmann und Campe, 2006. S. 1225–1238
HB: *Das Rundfunkwerk. Hörspiele, Essays, Features, Gespräche u. a.* Hrsg. von Hanjo Kesting. Hamburg: Hoffmann und Campe, 2006 (NDR, 6. April 1982)

Die Flut ist pünktlich (1953)
ED: siehe EA
EA: *Jäger des Spotts. Geschichten aus dieser Zeit*. Hamburg: Hoffmann und Campe, 1958. S. 11–169
WA: *Erzählungen 1. 1949–1955*. Hamburg: Hoffmann und Campe, 1996 (WAiE; Bd. 13). S. 100–109
SE: *Die Erzählungen.* Mit einem Geleitwort von Marcel Reich-Ranicki. Hamburg: Hoffmann und Campe, 2006. S. 151–156

Die Kunst, einen Fisch zu fangen (1955)
ED: *Sonntagsblatt*, 4. September 1955; danach in *Weltbetrachtung 10 Uhr abends. 19mal Nachtprogramm*. Hrsg. und angesagt von Joachim Schickel. Hamburg: Hoffmann und Campe, 1962. S. 143–164 (»Am Widerhaken hängt das Glück«; erweiterte Fassung)
HB: *Das Rundfunkwerk. Hörspiele, Essays, Features, Gespräche u. a.* Hrsg. von Hanjo Kesting. Hamburg: Hoffmann und Campe, 2006 (NDR, 26. August 1956)

Die Nacht des Tauchers (1954)
ungedruckt
Erstsendung: HR, 28. Januar 1954

Die Wracks von Hamburg (1978)

ED: siehe EA

EA: *Die Wracks von Hamburg*. Oldenburg/Hamburg: Stalling Maritim, 1978. S. 61–123

Ein geretteter Abend (1990)

ED: *Frankfurter Allgemeine Zeitung*, 19. Juli 1990 (»Der Große Zackenbarsch«)

EA: *Ludmilla. Erzählungen*. Hamburg: Hoffmann und Campe, 1996. S. 77–88

WA: *Erzählungen 4. 1976–1995*. Hamburg: Hoffmann und Campe, 1999 (WAiE; Bd. 16). S. 405–414

SE: *Die Erzählungen.* Mit einem Geleitwort von Marcel Reich-Ranicki. Hamburg: Hoffmann und Campe, 2006. S. 1414–1419

HB: *Ludmilla.* Hamburg: Hoffmann und Campe, 1998; auch: *Ein geretteter Abend.* Hamburg: Hoffmann und Campe, 2002. CD 2, Track 16/17 (NDR, 23. Oktober 1990); sowie: *Erzählungen.* Mit Siegfried Lenz. 2 Teile. Hrsg. von Hanjo Kesting. Hamburg: Hoffmann und Campe, 2006 (NDR, 23. Oktober 1990)

Einstein überquert die Elbe bei Hamburg (1969)

ED: *Die Zeit*, Hamburg, 7. November 1969

EA: *Einstein überquert die Elbe bei Hamburg. Erzählungen.* Hamburg: Hoffmann und Campe, 1975. S. 125–139

WA: *Erzählungen 3. 1964–1975*. Hamburg: Hoffmann und Campe, 1998 (WAiE; Bd. 15). S. 384–398

SE: *Die Erzählungen.* Mit einem Geleitwort von Marcel Reich-Ranicki. Hamburg: Hoffmann und Campe, 2006. S. 973–981

Eisfischen oder Was man mit Hechten erleben kann (1966)
ED: *Dichter erzählen Kindern.* Hrsg. von Gertraud Middelhauve. Köln: Middelhauve, 1966. S. 164–168
EA: *Die Kunstradfahrer und andere Geschichten.* Hamburg: Agentur des Rauhen Hauses, 1976 (Benjamin Taschenbuch; Bd. 3). S. 5–10
SE: *Die Erzählungen.* Mit einem Geleitwort von Marcel Reich-Ranicki. Hamburg: Hoffmann und Campe, 2006. S. 959–961

Ich zum Beispiel (1966)
ED: (mit Waldemar Besson und Gerd Klepzig:) *Jahr und Jahrgang 1926.* Hrsg. von Joachim Karsten. Hamburg: Hoffmann und Campe, 1966. S. 59–87 (»Jahrgang 1926«)
EA: *Beziehungen. Ansichten und Bekenntnisse zur Literatur.* Hamburg: Hoffmann und Campe, 1970. S. 11–41; zuletzt: *Selbstversetzung. Über Schreiben und Leben.* Hamburg: Hoffmann und Campe, 2006. S. 7–30
WA: *Essays 1. 1955–1982.* Hamburg: Hoffmann und Campe, 1997 (WAiE; Bd. 19). S. 11–51
HB: *Das Rundfunkwerk. Hörspiele, Essays, Features, Gespräche u. a.* Hrsg. von Hanjo Kesting. Hamburg: Hoffmann und Campe, 2006 (NDR, 10. März 1966)

Kleines Strandgut
EA: (Lieselotte Lenz:) *Kleines Strandgut. 48 Farbstiftzeichnungen.* Mit einem Text von Siegfried Lenz. Hamburg: Hoffmann und Campe, 1986

Leute von Hamburg (1966)
ED: in *Hamburg – Merkurs eigene Stadt.* Hrsg. von Henning Jess. Hamburg: Hoffmann und Campe, 1968. S. 205, 215, 222, 231, 250, 258 f., 262, 266, 271 f., 276, 282, 285, 287 f., 291

EA: *Leute von Hamburg*. Hamburg: Hoffmann und Campe, 1968
WA: *Erzählungen 3. 1964–1975*. Hamburg: Hoffmann und Campe, 1998 (WAiE; Bd. 15). S. 281–318
SE: *Die Erzählungen.* Mit einem Geleitwort von Marcel Reich-Ranicki. Hamburg: Hoffmann und Campe, 2006. S. 937–959
HB: *Das Rundfunkwerk. Hörspiele, Essays, Features, Gespräche u. a.* Hrsg. von Hanjo Kesting. Hamburg: Hoffmann und Campe, 2006 (NDR, 23. Februar 1967)

Stimmungen der See (1957)
ED: siehe EA
EA: *Das Feuerschiff. Erzählungen*. Hamburg: Hoffmann und Campe, 1960. S. 246–281; danach: *Stimmungen der See. Erzählungen*. Stuttgart: Reclam, 1962. S. 3–34
WA: *Erzählungen 2. 1956–1962*. Hamburg: Hoffmann und Campe, 1997 (WAiE; Bd. 14). S. 16–55
SE: *Die Erzählungen.* Mit einem Geleitwort von Marcel Reich-Ranicki. Hamburg: Hoffmann und Campe, 2006. S. 356–379
HB: *Erzählungen.* Mit Siegfried Lenz. 2 Teile. Hrsg. von Hanjo Kesting. Hamburg: Hoffmann und Campe, 2006 (NDR, 10. Dezember 1958)

Wo die Möwen schreien …
(mit Dieter Seelmann:) *Wo die Möwen schreien … Flug über Norddeutschlands Küsten und Länder*. Hamburg: Christians Verlag, 1976

Glossar

achtern
hinten, der hintere Teil eines Schiffes

aufschießen
hier: ein Tau zusammenlegen

Back
hier: Aufbau auf dem Vorschiff

Backbord
linke Seite des Schiffes

Bake
feststehendes Seezeichen meist zum Anzeigen von Untiefen oder der Fahrrinne

Barkasse
kleines Dampfboot, Hafenverkehrsboot, Beiboot von Kriegsschiffen

bathypelagische Zone
sogenannte lichtlose Zone, von 1000 bis 4000 Meter unter dem Meeresspiegel

Brigg
kleiner Zweimaster

BRT
Bruttoregistertonne, Raummaß für Schiffe

Brückennock
das äußere Ende einer Navigationsbrücke

Buhne
dammartiger Küsten- oder Ufervorbau aus Steinen oder Pfählen als Schutz vor Abspülung

Bulleye
Bullauge, kreisrundes Kajütenfenster

Dalben
kurz für Duckdalben

Davit
beweglicher Kran an Bord, mit dem Boote zu Wasser gelassen werden

Dock
Anlage zum Trockensetzen von Schiffen

Dollbord
umlaufende Oberkante des Bootsrumpfes

Ducht
Sitz- oder Ruderbank eines Bootes

Duckdalben
Pfahlbündel zum Befestigen von Schiffen

epipelagische Zone
oberste Wasserschichten im Meer bis 200 Meter Tiefe

Ewer
Küstensegler mit flachem Boden

Fallreep
außenbords niedergelassene Strickleiter oder Treppe

fieren
eine Last herablassen, einem belasteten Tau Lose geben, es lockern

Fregatte

Typ eines Kriegsschiffs; schneller Dreimaster

Gaffelschoner

mehrmastiges Segelschiff mit trapezförmigem Segel, das an seiner oberen Kante von der Gaffel, einem Rundholz mit gabelförmigem Ende zum Mast hin, gehalten wird

Gatt

niederdeutsches Wort für Loch, hier: Durchlaß

Helling

zum Wasser hin geneigter Montageplatz einer Werft, auf dem der Schiffsneubau errichtet wird und vom Stapel gelassen werden kann

Heuer

Sold eines Seemanns

Karavelle

schnelles Segelschiff mit hohem Heckaufbau aus dem 15. bis 17. Jahrhundert

Kimm

hier: Horizont

Klüse

Loch in der Schiffswand zum Hindurchführen von Tauen und Ketten

Kogge

hochbordiges, zwei- oder dreimastiges Segelschiff mit mehrstöckigen Aufbauten, v. a. in der Hansezeit

Korvette

Kriegsschiff, kleiner als die Fregatte, Dreimaster

krängen
seitliches Neigen eines Schiffes

Leichter
kleines, flach gebautes Schiff ohne eigenen Antrieb zum Entladen größerer Schiffe

leichtern
entladen

Lose
schlaffer Teil eines Taus

mesopelagische Zone
Wasserschicht von 200 bis 1000 Metern unter dem Meeresspiegel

Persenning
Plane aus wasserdichtem Segeltuch

Ponton
flacher Schwimmkörper zu verschiedener Verwendung

Prahm
flacher Segelkahn mit steilen Wänden

Reuse
Fischereigerät mit trichterförmiger Verengung

Riemen
hier: Ruder

Schäkel
mit einem Bolzen verschließbares Kettenglied, dient zur Befestigung von Tau-, Draht- oder Kettenenden

Schapp
ein Schrank, Spind, Schubfach unter Deck

Schott
Trennwand in einem Schiff

Schute
flaches, offenes Lastfahrzeug

Sliphaken
Metallhaken, der sich mechanisch öffnen läßt

slippen
plötzliches Lösen einer Leine

Spanten
rechtwinklig zum Kiel stehende Rippen eines Schiffes

Spiere
stärkere Rundhölzer

Spill
Winde mit senkrechter Achse

spleißen
Verbinden der Enden zweier Taue durch Verflechten

Steuerbord
rechte Seite des Schiffes

Steven
hier: Balken, die vorn und achtern den Schiffsrumpf begrenzen und auf dem Kiel aufsitzen

Takelage
die Masten und sämtliche dazugehörigen Rundhölzer, Seile und Befestigungen

Tampen
Tauende

Trawler
Fischereischiff mit Grundschleppnetz (Trawl)

Trosse

dickes Seil aus Hanf oder Draht, das aus drei Kardeelen gedreht ist, die wiederum aus mehreren zusammengedrehten Strängen bestehen

Typhon

dampf- oder druckluftbetriebenes Schiffs- oder Leuchtturmhorn

Vorreiber

einfacher Fenster- oder Türverschluß in Form eines um einen Dorn drehbaren Flügels

wriggen

ein Boot durch Hin- und Herbewegen eines am Heck befestigten Riemens fortbewegen